中国法治文化读本系列

法治文化与法治中国

FAZHI WENHUA YU **FAZHI ZHONGGUO**

中国法学会法制文学研究会◎编

群众出版社·北京

图书在版编目（CIP）数据

法治文化与法治中国／中国法学会法制文学研究会编．—北京：群众出版社，2015.5

ISBN 978－7－5014－5339－9

Ⅰ.①法… Ⅱ.①中… Ⅲ.①社会主义法制—建设—中国—文集 Ⅳ.①D920.0－53

中国版本图书馆CIP数据核字（2015）第062787号

法治文化与法治中国

中国法学会法制文学研究会 编

出版发行：群众出版社

地　　址：北京市丰台区方庄芳星园三区15号楼

邮政编码：100078

经　　销：新华书店

印　　刷：北京兴华昌盛印刷有限公司

版　　次：2015年5月第1版

印　　次：2015年5月第1次印刷

印　　张：8.25

开　　本：880毫米×1230毫米　1/32

字　　数：226千字

书　　号：ISBN 978－7－5014－5339－9

定　　价：49.00元

网　　址：www.qzcbs.com

电子邮箱：qzcbs@sohu.com

营销中心电话：010－83903254

读者服务部电话（门市）：010－83903257

警官读者俱乐部电话（网购、邮购）：010－83903253

文艺分社电话：010－83903973

目录

序

用法治文化夯实法治中国建设根基

陈冀平

我很高兴参加中国法学会法制文学研究会举办的“法治文化与法治中国”2014 年学术年会。首先，我代表中国法学会党组，代表王乐泉会长，向本次学术年会的成功举办表示热烈的祝贺！向与会同志和全国法治文化工作者表示诚挚的问候！

刚才，岳宣义同志作了《肩负起建设中国法治文化的崇高使命》的主旨报告。报告对中国特色社会主义法治文化作了深入研究和系统阐述，对法治文化工作者在建设社会主义法治国家中如何肩负起法治文化使命提出了明确要求，对下一步研究会的工作有引领作用。这是一个求真务实、积极奋进的报告。

这次年会，是中国法学会法制文学研究会深入贯彻落实党的十八届四中全会精神和习近平总书记在文艺座谈会上的讲话精神的一次重要会议。这次年会，也是中国法学会法制文学研究会一年一度定期面对面进行学术交流的重要平台，它密切关注我国法治文化研究的发展趋势，积极开拓新的法治文化研究领域，创新法治文化研究方法，分析回答现实生活和法治实践中迫切需要解决的重大法治文化理论问题，努力打造符合我国实际的法治文化话语体系，以期促使研究成果转化成推动法治中国建设的重要力量。

围绕本届学术年会主题，专家学者们提交了近30篇学术论文，涉及立法、执法、司法、守法各个方面，是法治文化界对法治中国建设中的法治文化问题进行研究的新成果。法制文学研究会对本次年会进行了精心的筹备、精心的组织，有12位专家学者和实务部门的同志发了言，开出了一个有质量的会议。这个年会为法制文学研究会奠定了良好的基础，是一个富有成效的年会，一个非常成功的年会。

2014年以来，中国法学会法制文学研究会在会长岳宣义同志的率领下，积极开拓创新，做了大量富有成效的工作。贯彻中国法学会批示精神，开展了中国法治文化研究会筹备的前期工作。将“法制文学”改为“法治文化”，虽然只改了两个字，但含义、覆盖面要比原来宽泛得多。它涉及的内容不光是文学问题了。要把法治文化研究会的活动开展好，需要认认真真地进行设计，你们已经做了很好的前期筹备工作。还有，“中国法学会法制文学研究会网”获得了中国法学会直属研究会“十佳”优秀网站称号。学术成果《中华法治史话》荣获了第十二届全国公安系统“金盾文化工程”金盾图书奖，其学术研讨会经新华网、法制日报等媒体报道后产生了良好的社会反响，扩大了法制文学研究会在法学领域及全社会的影响力。学术成果《法治文学与法治中国》于2014年7月由群众出版社出版后，广受好评。刚出版的普法书画作品集《丹青翰墨法治情》汇集了这几年的书画展示成果，这是用书画艺术传播法治文化的一次有益尝试。学术课题《中国法治文化概论》，作为即将诞生的中国法治文化研究会的理论和学术奠基作，已经召开了两次专家学者会议，写作大纲已基本形成。“中国特色社会主义法治文化支撑平台体系项目”，目前已形成《中国特色社会主义法治信仰读本》《中国特色社会主义法治思维读本》《中国特色社会主义法治方式读本》等研究课题，其研究成果必将成为构建中国特色社会主义法治文化话语体系的坚实基础。《中国法治文化》读本，经过近4个月的筹备即将面世，将成为进行法治文化学术交流，为推动法治中国建设进程建言献策的重要读物。“中国法治文化网”正在全面改版，重新设置栏目，将成为法治文化学术交流的重要平台。“首届年度中国法治文学作品精选”活动，目前正在征集中，以后将每年开展一次，通过一年一度的评选、编辑出版，推出代表本年度法治文学创作的最高水准的作品，必将进一步推动法治文学的创作与研究的发展繁荣。

党的十八届四中全会通过的《中共中央关于全面推进依法治国若干重大问题的决定》明确要求：“必须弘扬社会主义法治精神，建设社会主义法治文化”。中国法学会党组批复同意以中国法学会法制文学研究会为基础，组建中国法治文化研究会，就是落实四中全会的一个重要举措，目的就是要把研究会建设成为以法治文化服务法治中国建设的智囊团和思想库。它既回应了全国法治文化工作者的期待，也是建设社会主义法治国家的现实需要。

社会主义法治文化，是以追求法治、民主、自由、平等、公正为目标，在我们党治国理政和与此相适应的法治理念、法治思维的治国模式确立过程中，形成的一种具有引领作用的社会文化形态和生活方式。它是社会主义先进文化的重要组成部分，是引领法治中国前行的精神火炬。

但是，现在的问题是，法治文化的相关领域的研究还比较薄弱。

第一，什么叫法治文化？文化是大概念，法治文化是文化中的一部分。作为以法治文化为研究对象的学科研究机构，我们的法治理论研究含量更高一些。因为研究会的目的是通过研究理论来指导实践，用理论来推进整个法治文化建设。同时，法治文化又是一门实践性很强的学科。例如，党的十八届四中全会有这么多重要举措，它涉及许多文化形态，不光是文学，还有戏曲、影视、书法、美术等，涵盖面很宽，包括法治书刊、网站的传播。所以，我们做这项工作的时候，首先要把“法治”两个字的特征弄清楚，抓住重点，在“法治文化”四个字，特别是“法治”两个字上做文章，要根据这个特点来开展我们的工作。我们现在要做的是，十八届四中全会中提出190项重大举措，有一条红线，就是建设社会主义法治国家的五项原则，其中首要的是党的领导和依法治国的关系，这五项原则是我们推进依法治国的重要指导思想。我们法学法律界包括我们各级党政干部，要推进依法治国，必须把思想统一到这五项原则上来。这是一条红线。十八届四中全会还有一条主线，就是两个建设，建设社会主义法治体系，建设社会主义法治国家。四中全会提出了建设法治国家的六大任务，提出了依法治国、依法执政、依法行政共同推进，法治国家、法治政府、法治社会一体化建设，思路是非常清晰的。所以，我们理论研究的出发点和落脚点都要落在这个上面，要把十八届四中全会提出的一些重大的关系、重大的问题，通过我们的法治文化把它弘扬、宣传出来。要紧紧围绕这个目标，在法治理论的阐述、法治文艺的表现、宣传工具的运用等方面多角度地宣传。同时，还要注意，我们现在进行的是中国特色社会主义法治建设，这就必须巩固马克思主义在法治理念、法治意识形态的指导地位，旗帜鲜明地坚持十八届四中全会的五项原则，要对现在很模糊的看法、错误的提法加以澄清。要通过宣传，把思想认识统一起来，统一到十八届四中全会的精神上来。一个决议要大力推进，首先思想要高度一致。这是非常重要的，尤其像我们十三亿人口这样的国家，要做成一件事情，思想统一了，我们推进起来速度就会很快。

第二，我们的法治文化是中国特色社会主义法治文化。那么，中国特色社会主义法治文化的含义是什么？今天岳宣义同志谈了我国传统法治文化，这是必须研究的。过去我们习惯于人治，不习惯于法治，但不是我们没有法律。中华法系是世界五大法系之一。现在我们讲以德治国和依法治国相统一，就要把传统的东西弄清楚，因为传统的东西对国人影响比较大。那么，新中国成立以来，特别是改革开放以来，我们在法治建设过程中有哪些经验和存在什么问题，更要进行研究。我认为，法治文化理论研究，重点应该放在这一块。在推进中国特色社会主义法治国家的建设过程中，到底应该推行什么、改进什么、坚持什么，同时要反对什么，我们要研究得非常清楚。我们要很好地把新中国成立以来、改革开放以来的一些做法认认真真地进行总结。经验就是经验，问题就是问题。现在进行全面深化改革，习近平总书记讲了一个很重要的观点，问题导向，就是把问题作为研究的切入点。不要认为我们所做的事情都是那么正确，我们有许多问题存在。只有把问题研究透了，我们才能有正确的解决办法，才能够向前发展。我们现在正在全面深化改革，依法治国，全面建设小康社会，这一过程中肯定还会出现许多新的情况和新的问题，我们的法治文化研究，要比较敏锐地抓住这些问题，要超前，要有导向性研究，起到引领作用。

第三，要用法治文化增强全体人民的法治信仰。法治社会是法治国家建设的基础。现在我们国家存在一个比较大的问题，就是从领导干部到广大人民群众，法治观念、法治思维、法治方式还不是非常习惯。群众的法治观念不是很强，领导做的事情往往缺乏法治思维。现在为什么矛盾纠纷比较多，究其原因就是在公平、公正中出了问题。公平、公正之所以出问题，是我们在依法行政过程中存在着问题。法治文化研究，就是要抓住这些问题。把这些问题解决了，让群众真正感受到公平、公正，他自然而然就对法治、法律有敬仰之心。只有形成一种法治信仰，你所做的工作，才能够得到广大人民群众的真正拥戴。所以，我们要将法治观念、法治思维内化于心、外化于行，就必须树立法治信仰；而要树立法治信仰，就得把法治宣传教育工作做好。我认为，法治文化对于研究会来讲，在这方面大有可为，也大有作为。

中国法学会对广大法治文化工作者寄予厚望。希望法制文学研究会以组建中国法治文化研究会为契机，以这次学术年会为新的起点，团结和带领广大法治文化工作者，为建设中国特色社会主义法治文化作出更大的贡献，用中国特色社会主义法治文化夯实法治中国建设根基，引领中国法治前行！

（作者系中国法学会党组书记、常务副会长。本文是作者在中国法学会法制文学研究会2014年学术年会上的讲话。根据年会录音整理）

肩负起建设中国法治文化的崇高使命

岳宣义

摘　要　汲取古今中外法治文化营养，丰润社会主义法治文化沃土；弘扬社会主义法治精神，建设社会主义法治文化；培育全民法治信仰，汇聚建设法治中国的力量。

关键词　法治文化　使命

这次年会的主题是：法治文化与法治中国。这个主题事关法治中国建设的大局，体现了全国广大法治文化工作者关注社会主义法治国家建设的人文情怀和使命担当。我们要以党的十八届四中全会通过的《中共中央关于全面推进依法治国若干重大问题的决定》（以下简称：《决定》）和习近平总书记在文艺座谈会上的重要讲话为指针，通过学术交流，凝聚智慧，开拓创新，发展繁荣中国特色社会主义法治文化，为建设社会主义法治国家提供根本性、基础性、长期性的法治文化保障。

党的十八届四中全会通过的《决定》，立足我国社会主义法治实际，直面实现“两个一百年”奋斗目标征程上国家治理的突出问题，鲜明地提出了“建设中国特色社会主义法治体系，建设社会主义法治国家”的总目标，明确了实现这一总目标的指导思想和基本原则，对科学立法、严格执法、公正司法、全民守法，加强和改进党对全面推进依法治国的领导等作出了全面的部署，提出了依法治国的一系列新思想、新观点、新论断。《决定》是加快建设社会主义法治国家的纲领性文件，是中国共产党依法治国的宣言书，是建设社会主义法治国家的冲锋号，也是闪耀着社会主义法治文化光辉的时代华章。

当今时代是法治时代。我们正处于国家治理领域里一场广泛而深刻的革命大潮之中。法治文化领域的崇高使命是：围绕“建设中国特色社会主义法治体系，建设社会主义法治国家”这个总目标，高举中国特色社会主义伟大旗帜，在党的领导下，以马克思列宁主义、毛泽东思想和中国特色社会主义理论为指导，构建中国特色社会主义法治文化体系，为法治中国建设提供理论基础、学理支持。如何肩负起建设中国法治文化的崇高使命，年会上许多同志提出了很好的意见。我也谈几点粗浅的认识，同大家交流，以求得中国法治文化更好地为法治中国建设服务。

一、汲取古今中外法治文化营养，丰润社会主义法治文化沃土

法治文化，是一种以“法治”为核心的文化体系。它是法治与文化相结合，以法治文化发生、发展作为总体对象加以研究的一门交叉学科。它同其他学科的基本概念一样，往往需要经历较为漫长的、含义模糊的初级阶段，随着学科范围的明朗化和研究的精密化，逐步从不确定走向确定，使那些基本概念的内涵和外延获得新的深度和广度，从而形成一门高级阶段的新型学科。

法治文化一个显著的特征是它具有历史性、传承性和创造性。中国共产党人不是历史虚无主义者，也不是文化虚无主义者。我们从来都认为，马克思主义基本原理必须同中国具体实际紧密结合，

以发展的观点，科学地对待中华民族法治史所形成的法治文化基因，科学地对待世界各国不同特色的法治文化元素，吸纳人类创造的法治文明成果，古为今用，洋为中用，推陈出新，从而形成中国特色社会主义法治文化。汲取古今中外法治文化营养是多方面的，我们至少应该在以下几个方面予以重视：

第一，从中华民族创造的博大精深的灿烂文化中汲取法治文化营养。

习近平总书记说："在五千多年文明发展进程中，中华民族创造了博大精深的灿烂文化，要使中华民族最基本的文化基因与当代文化相适应、与现代社会相协调，以人们喜闻乐见、具有广泛参与性的方式推广开来，把跨越时空、超越国度、富有永恒魅力、具有当代价值的文化精神弘扬起来，把继承传统优秀文化又弘扬时代精神、立足本国又面向世界的当代中国文化创新成果传播出去。要系统梳理传统文化资源，让收藏在禁宫里的文物、陈列在广阔大地上的遗产、书写在古籍里的文字都活起来。"

首先，让我们先从让文字活起来说起。

汉字是世界上文字体系中唯一传承至今的表意文字。它包含着丰富的文化内涵和审美意蕴，是中华民族智慧的结晶。汉代的许慎在《说文解字》里说："盖文字者，经艺之本，王政之始。前人所以垂后，后人所以识古。故曰：本立而道生，知天下之至，赜（zé）而不可乱也。"汉字中的"法"、"治"、"文"、"化"四个字，就蕴含着丰富的法治文化因子。

繁体字的"灋（fǎ）"，由三点水、廌（zhì）和去三部分组成。古代曾有神兽决狱的传说：相传在很久以前，部落联盟首领舜委任皋陶为司法官。皋陶正直无私，执法公正，非常受人爱戴。他在处理案件时，若有疑难，就令人牵出一头神兽。该神兽名廌，又名獬豸（xiè zhì），俗称独角兽。獬豸有分别罪与非罪的本能，有罪则触，无罪则不触。见人争斗时，它用一只角向无理有罪的一方触去，是非曲直，立见分晓。这就是中国古代借助神的力量和方式来考验、考察当事人，以确定其是非曲直，判定有罪或无罪的原始审判方式。

《说文解字》说："灋，刑也。平之如水，故从水；廌所以触不直者去之，从去。"平之如水，喻示"法"像水一样平，是为公平、公正。

法律的产生和实施离不开社会权威的力量，是社会强制力的代表。古代中国，法又往往与律通用。《说文解字》说："律，均布也"。律原为音乐之音律，音乐只有遵守音律才能和谐，否则杂乱无章。均布，是古代调整音律的工具，以正六音。律后来引申为规则、有序，成为规范所有人及其行为的准则，即规范天下千差万别的所有人、所有事，而趋于整齐划一。

"治"，从水从台，本义为"水"名，引申义为"治水、整治、修治"，故"治"又与"始"音近义通。《说文解字》说："治与始为一音之转，古同义"。治的引申义为伦理、治理，从始即治。"法"、"治"二字，均带有三点水的偏旁，老子的《道德经》中说："上善若水"。水有诸多品格，其中，善治、公平是最显著的品格。

汉语中的"文"和"化"是常用字汇。"文"的本义是指各色交错的纹理。《易·系辞下》说："物相杂，故曰文"。文，引申为包括语言文字在内的各种象征符号，进而具体化为礼乐制度、经纬天地、文德教化、至美至善、文辞文章等。"化"则有化生、造化、化育等意。庄子说："化即化育万物"。化，引申为教行、迁善、化而成之等意。《说文解字》说："化，教行也"。《华严经·音义上》说："教成于上，而易俗于下，谓之化"。荀子则讲："化，谓之善也"。

"文"与"化"关联使用，较早见于战国末年的《易传》，其中有这样的话："刚柔交错，天文也。文明以上，人文也。观乎天文，以察时变；观乎人文，以化成天下"。这里的"天文"是指天道自然规律，"人文"是指人伦社会规律。

通过对"法"、"治"、"文"、"化"四个汉字的字源、字意的基本考证，我们可以得出这样一个基本概念：汉语言中的"法治文化”，是一种以辨别是非曲直为手段，惩恶扬善为目的，处罚与教化并重以及追求公平、公正、有序、和谐地治理国家和调整社会关系的文化形态。对此，我们应该加以探究、阐发、传承和弘扬。

其次，让我们再来看看书写在古籍里的法治文化。

我国浩如烟海的史籍书林，蕴藏着丰富多彩的法治文化。其中，中华法系被誉为世界五大法系之一。然而，近年来，一些人在“全盘西化”的鼓噪下，恶意肢解中华法系，把它歪曲成“人治史”、“封建专制史”，并且含沙射影，借古讽今，竭尽攻击之能事。清代著名文学家龚自珍曾说过：“欲要亡其国，必先灭其史；欲灭其族，必先灭其文化”。我们对此要保持高度的警惕。

一部中华法治史，蕴含着中华民族诸多治国理政的智慧。如果我们从政治学、法学的学术意义上加以探讨，就不得不赞叹中华法治史的卓越文化贡献。这种文化贡献是多方面的，我略举几个主要方面：

一是中华大一统的政治法律文化观。

自古以来，实现天下大同就是中华民族政治法律的重要追求之一。这种追求迄今为止，一以贯之。《礼记·大同与小康》描绘的“大道之行也，天下为公”的大同理想，是中国古代社会的价值追求。虽然统治者在贯彻大同理想时，未必全然遵守文化亲和与同化的“王道”方式，从而与文化圣贤们所构想的大同理想不尽相同，但在这种实践中，大同理想的精神不但被维持了，而且从精英文化被推演为大众文化。统一为治，分裂为乱；统一得民心，分裂失民意；统一行王道，分裂兴霸业。健全的法律制度，正确的政策策略，领导集团的权威，三者合为一体，对扬威中华大一统的局面发挥着巨大的支撑作用。

二是德主刑辅、修齐治平的治国理念。

“德治”的源头，最早应追溯到我国远古时期的西周，周公姬旦提出了“以德配天”、“敬德保民”的思想。后经先秦诸子百家争鸣、西汉经学兴盛、魏晋南北朝玄学流行、隋唐儒释道并立、宋明理学发展的多个历史时期，其中，《唐律疏议》确定了“德礼为政教之本，刑罚为政教之用”的治国方略，并为以后历代所尊崇。

我们从中国古代德治和法治的产生与演变中可以看出，德治作为一种治国方式，它在强调道德教化的同时，没有放弃刑罚的辅助作用，从而成为德主刑辅的治国形式。修身、齐家、治国、平天下，是德治的集中体现，修身为首要，治国从治家开始。德治的核心就是“八德”：孝、悌、忠、信、礼、义、廉、耻。家国情怀和修齐治平、崇德重礼的德治思想，把社会教化和国家治理结合起来，相辅相成，使中华民族得以延续。

三是“法”的统治思想。

法律是治国之重器。我们的先贤对此有许多论述。例如，法律——治乱安国之重器的思想。诸如，“国无常强，无常弱，奉法者强，则国强；奉法者弱，则国弱”（《韩非子·有度》）；“治国无其法则乱，守法而不变则衰”（唐·欧阳询《艺文类聚》）；“法令既行，纪律自正，则无不治之国，无不化之民”（包拯《致君》）。例如，重法——公正执法之基石的思想。诸如，“有法度之志者，不可巧以作伪；有权衡之称者，不可欺以轻重；有寻丈之数者，不可差以长短”（《管子·明法》）；“治国者，必以奉法为重”（《三国演义》）等。例如，执法——法治公平之关键的思想。诸如，“私情行，而公法毁”（《管子·八观》）；“法令至行，公正无私”（《战国策·秦策》）；“法平则吏无奸”（《商君书·靳令》）；“是法平等，无有高下”（清·史襄哉《中华谚海》）等。这些思想无疑对当今依法治国过程中的立法、执法、司法、守法大有裨益。

第二，从中国近现代以来法治变革的教训中汲取营养。

以追求公正为核心的西方法治理念，伴随着殖民扩张的枪炮声传入中国。1840 年鸦片战争以后，中国社会开始遭受西方列强的一连串侵略和欺凌。在内忧外患之中，中国社会也开始了艰难的转变。中国传统法律体制、法律观念开始变革。鸦片战争以后，中国由一个主权独立的国家，沦为一个半殖民地半封建国家。清政府存在的最后十年中（即 1901—1911 年），被迫进行了范围广泛的法律改革，大量引进了西方近代法律学说与法律制度，对清代原有法律进行了一定程度的改造，中国开始由古代法律体制向近现代法律体制过渡。

1911 年 10 月，爆发了著名的辛亥革命。以孙中山为首的资产阶级革命派，彻底抛弃了君主立宪的设想，提出了创建民主共和制的主张。“中华民国”南京临时政府成立后，进行了一系列立法活动，初步奠定了民国时期法制的基础。但是，由于其自身的弱点，不仅无力治国，反而给军阀以可乘之机。1912 年 3 月，袁世凯篡夺了中华民国政权，借法制之名，行专制之实。1927—1949 年，是国民党建立的南京国民政府统治时期。南京国民政府建立以后，也曾进行了广泛的立法，颁布了大量的法律、法令以及判例、解释例，形成了“六法体系”（宪法、民法、民事诉讼法、刑法、刑事诉讼法和行政法）。但国民党政权的法律制度带有明显的双重性特点，司法上极其黑暗，尤其刑事特别法，采用的是赤裸裸的暴政。中国近现代法治的过程，是一个始而弄法，继而毁法，终而无法的过程，其实践证明，西方法治在中国水土不服，全盘西化、三权分立、议会制是行不通的。中国的法治必须与中国实际相结合，绝不能照搬外国法治理念和模式。

第三，在中外法治文明史的交流互鉴中汲取外国有益的法治文化营养。

正如习近平总书记所说：“文明因交流而多彩，文明因互鉴而丰富”。法治是人类文明的重要成果，法治文明的交流互鉴，是推动人类社会文明进步的重要力量。

目前，在有关法治现代化的论述中，人们更多地认为法治是西方文化的专利。殊不知，西方法治制度中也有中国传统法治文化的因素。且不说《唐律》对日本及东亚各国的影响，仅中国形式平等的考试取仕制度，就对近现代以来西方社会的组织化产生过重大影响，也为西方宏观政治的选举范式打开了全新的局面。正如孙中山先生所言：“英国行考试制度最早，英国的考试制度就是学我们中国的”。如果说公正是现代法治的基础，自由是现代法治的灵魂，那么，这些被西方奉为经典的思想，都可以在中国传统文化中得到验证。客观地认识中国传统文化对西方法治观念的影响，意在提升对我国传统法治文化的自信。

在法治文化的世界范围的交流互鉴中，我们应该以平等、包容之心，学习借鉴外国法治文化。这种学习是在尊重的前提下，扬弃其糟粕，吸收其精华，而不能生搬硬套、削足适履。西方法治中一些优秀文化观念，对我们构建中国特色社会主义法治文化有着许多有益的启示。例如，关于“法治应包含两重意义：已成立的法律获得普遍的服从，而大家所服从的法律又应该本身是制定得良好的法律”的思想（亚里士多德）；关于“法律是使人类行为服从于规则之治的事业”的思想（富勒）；关于“法律的目的不是废除或限制自由，而是保护和扩大自由”的思想（洛克）；关于“法律需要被信仰，否则它形同虚设”的思想（道格拉斯）；关于“法律是显露的道德，道德是隐藏的法律”的思想（林肯）；关于“自由就是做法律许可范围内事情的权力”的思想（西塞罗）；等等。对于国外现代法治中对我们有启迪的法治文化，要结合我国法治实践，赋予其新的含义。

综上所述，我们提倡汲取古今中外法治文化营养，不是对中国传统法治文化整体沿袭，而是要再造和新生；不是全盘西化，而是像鲁迅所说：“运用脑髓，放出眼光，自己来拿。”“周虽旧邦，其命维新”（《诗经·大雅·文王》）。我们只有融汇中外，贯通古今，有所抉择，大胆吸收，才能创造出无愧于法治时代的中国特色社会主义法治文化。

二、弘扬社会主义法治精神，建设社会主义法治文化

党的十八届四中全会通过的《决定》中明确要求，依法治国“必须弘扬社会主义法治精神，建设社会主义法治文化”。文化是法治之源，有什么样的文化，就有什么样的法治形态。社会主义法治文化，是社会主义先进文化的重要组成部分，是社会主义理论自信、制度自信、道路自信的文化基础，是法治中国建设的根本保障。

新中国成立65年来，中国共产党带领亿万人民开创和拓展了

中国特色社会主义道路，建成了具有强大生命力的国家制度体系。以党的十八届四中全会为标志，我国进入国家治理体系和治理能力现代化的新阶段。在国家治理体系和治理能力的实践中，我们党坚持以马克思主义法学理论为指导，吸取世界上其他社会主义国家兴衰成败的经验和教训，借鉴古今中外法治文明，形成了中国特色社会主义法治文化。

中国特色社会主义法治文化，是中国共产党以马克思列宁主义、毛泽东思想和中国特色社会主义理论为指导，领导人民在推进国家治理体系和治理能力现代化过程中，形成的法治精神文化、法治制度文化、法治物态文化和法治行为文化的总和。

（一）社会主义法治精神文化是社会主义法治文化的灵魂

社会主义法治精神，包括社会主义法治理念、法治原则、法治价值观等，是中国特色社会主义法治意识形态。它有以下几个鲜明的特征：

第一，坚持中国共产党的领导。党的领导是中国特色社会主义最本质的特征，是社会主义法治最根本的保证，也是社会主义法治文化先进性的首要标志。党的领导是历史的选择，是人民的选择，是党和国家的根本所在、命脉所在，是全国各族人民的利益所系、幸福所系。党的领导与社会主义法治性质上根本一致，方向上根本一致，任务上根本一致，机制上根本一致。党领导立法，保证执法，支持司法，带头守法，确保中国特色社会主义法治体系的制度属性和前进方向。

第二，坚持社会主义法治目标和理念。党的十八届四中全会通过的《决定》，对社会主义法治目标和理念作了科学的阐释，即在中国共产党领导下，坚持中国特色社会主义制度，贯彻中国特色社会主义法治理论，形成完备的法律规范体系、高效的法治实施体系、严密的法治监督体系、有力的法治保障体系，形成完善的党内法规体系，坚持依法治国、依法执政、依法行政共同推进，坚持法治国家、法治政府、法治社会一体化建设，实现科学立法、严格执法、公正司法、全民守法，促进国家治理体系和治理能力现代化。

第三，坚持人民主体地位。人民，只有人民，才是创造历史的真正动力。《宪法》总纲第1条规定："中华人民共和国是工人阶级领导的，以工农联盟为基础的人民民主专政的社会主义国家"。这一规定，既阐明了我国的国体，也阐明了包括社会各阶层人民在内的最广大人民是国家的主人。人民当家做主是社会主义民主政治的本质和核心。

第四，坚持法律面前人人平等。平等是社会主义法律的基本属性，也是社会主义核心价值观的重要内容。法律的实体内容必须符合平等的原则，法律的执行程序和结果必须公平、公正。

第五，坚持依法治国和以德治国相结合。法律是成文的道德，道德是内心的法律，两者都是治国理政的重要手段。要坚持道德滋养法治精神，强化道德对法治的支撑作用；要坚持法治体现道德理念，强化法律对道德建设的促进作用。

第六，坚持从中国实际出发推进依法治国。建设法治中国，必须以中国特色社会主义道路、理论体系、基本制度为根本遵循，必须同改革开放不断深化相适应，必须推进法治文化创新。

（二）社会主义法律制度文化是社会主义法治文化的核心

法律制度文化，是法治精神文化的产物，是治国理政的准绳。在长达65年党和国家制度建设的过程中，党领导人民经历了奠定国家制度、巩固完善社会主义基本制度、推进国家治理体系和治理能力现代化的光辉历程，形成了依党章治党的执政党制度；坚持和完善了以人民当家做主为核心的人民代表大会制度、中国共产党领导的多党合作和政治协商制度、民族区域自治制度、基层群众自治制度；形成了以宪法为核心，以宪法相关法、民法商法、行政法、经济法、社会法、刑法、诉讼与非诉讼程序法等多个法律部门的法律为主干，由法律、行政法规、地方性法规等多个层次的法律规范构成的中国特色社会主义法律体系。党、国家和社会生活的各个方面总体上实现了有法可依。这是我国社会主义法治建设史上的重要里程碑，是中国特色社会主义制度逐步走向成熟的重要标志。法律体系的形成和发展，有力地推动和保障了改革开放和社会主义现代化建设的顺利进行，有力地维护和发展了最广大人民的根本利益，也形成了具有中国特色的社会主义法治制度文化。

只有系统地梳理和提炼社会主义法律制度的文化精髓，准确地阐述我国法律制度形成的历史传承、文化传统、制度创新和比较优势，科学地回答社会主义制度优越于资本主义制度，才能提升人民对中国特色社会主义制度的自信。我们应充分运用社会主义制度文化的软实力，进一步推动中国特色社会主义制度更加成熟定型，为党和国家事业发展、为人民幸福安康、为社会和谐稳定、为国家长治久安，提供一整套更完善、更稳定、更管用的制度体系，使我党的执政能力和国家治理能力更加强大，治理绩效更加卓越。

(三) 社会主义法治物态文化是社会主义法治文化的中介

社会主义法治物态文化，是社会主义法治精神文化和制度文化的凝聚与积淀，具有显性文化的特征，是可以具体感知、看得见、摸得着的法治文化物质载体。它可以反复唤醒人民心中的法治意识，反复激发广大法律工作者对其职业的尊敬感和使命感。

在社会主义法治物态文化建设方面，我们尤其要注重法治文化符号的提炼和运用。社会主义法治文化符号，承载着社会主义法治的核心价值。以我国公安机关、检察机关、审判机关的警徽、检徽、院徽为例，都蕴含着党的领导、人民主体、公平公正等社会主义法治理念。

社会主义法治物态文化符号，体现了法的形象、法的尊严和法的神圣，是社会主义法治文明的基本单元。它的表现形态丰富多彩。除警徽、检徽、院徽外，还有诸如国家宪法日、宪法宣誓、司法礼仪、法槌、法袍、公共法治标志和法治书刊、美术、音乐以及公检法司的建筑、法治文化景观，等等。我们要更好地借助法治物态文化符号的力量，引领社会主义法治文明。

法治中国建设的进程，对法治物态文化的需求越来越高。我们应该以社会主义法治理念为指导，把已成型的社会主义法治物态文化固定下来，进行广泛传播。同时，从党领导人民群众的法治实践中，创新更多的蕴含和彰显现代法治文明的物态符号、仪式和标志，更加充分地发挥法治物态文化在法治建设中的积极作用。

（四）社会主义法治行为文化是社会主义法治文化的品格

社会主义法治行为文化，是人们依据我国法律制度和社会主义核心价值观表现出来的行为范式。它包括社会行为和个体行为两个方面，其实质是法治常态化的社会发展方式和人的生活方式，以及这种方式所贡献的促进我国法治文明、社会进步的创造性活动。

法治行为文化，就是要通过法律、道德和优秀传统文化的力量，厉行法治，使国家和社会生活法治化，形成崇尚法律、敬畏法律、遵守法律的社会风尚。用公平、公正的司法实践展示法治的力量，坚定人们对法治的信心，在全社会树立宪法和法律至上的理念、一切以法律为准绳的理念、法律面前人人平等的理念。党员干部特别是领导干部，要带头遵法守法、依法办事，提高用法治思维和法治方式深化改革、推动发展、化解矛盾、维护稳定的能力，促进法治国家、法治政府、法治社会一体化建设。要弘扬中华民族优秀传统文化，实现法律和道德相辅相成、法治与德治相得益彰，展现中华民族修身、齐家、治国、平天下的文化风貌，实现中国梦所描绘的天下大同理想。

社会主义法治文化，是社会主义法治精神文化、法治制度文化、法治物态文化和法治行为文化相互联系、相互作用的有机体系。它具有历史传承、开放创新的特点。我们一定要遵循法治文化发展规律，激发社会主义法治文化的创造活力，把社会主义法治文化建设好、弘扬好。

三、培育全民法治信仰，汇聚建设法治中国的力量

党的十八届四中全会通过的《决定》中明确提出：“法律的权威来自人民的内心拥护和真诚信仰”。法国思想家卢梭曾说过：“一切法律之中最重要的法律，既不是铭刻在大理石上，也不是铭刻在铜表上，而是铭刻在公民的内心里，它形成了国家的真正宪法，它每天都在获得新的力量，当其他法律衰老或消亡的时候，它可以复活那些法律或代替那些法律，它可以保持一个民族的精神”。

“问渠哪得清如许，为有源头活水来”（朱熹）。在建设社会主义法治国家的进程中，人民对法律的信仰，是实现国家治理体系和治理能力现代化永不枯竭的力量源泉。培育全民法律信仰，增强全社会厉行法治的积极性和主动性，推动全社会形成守法光荣、违法可耻的良好氛围，使全体人民都成为社会主义法治的忠实崇尚者、自觉遵守者、坚定捍卫者，是法治文化工作者义不容辞的职责。

2014年，中国法学会法制文学研究会围绕培育全民法治信仰，开展了卓有成效的工作。我们遵照中国法学会2014年6月19日《关于同意组建中国法治文化研究会的批复》的要求，开展了以中国法学会法制文学研究会为基础，组建中国法治文化研究会的筹备工作。我们进一步加强了“中国法学会法制文学研究会”官网的建设，该网被评为中国法学会十大优秀网站之一。我们召开了《中华法治史话》研讨会，进行重点宣传推广，该书获得公安部金盾图书奖。我们对“中国法治文化网”进行全面改版，使之更加适应新媒体对法治文化传播的需要。我们创办每月一辑的《中国法治文化》读物，增加一个新的法治文化宣传载体。我们举办以“法治书画与法治中国”为主题的书画笔会和展览，编辑出版了《丹青翰墨法治情》画册，为法治中国抒情化境。我们加大了法治文学理论研究力度，编辑出版了《法治文学与法治中国》论文集。我们启动了《年度中国法治文学精选》的选编和《中国法治文化概论》的策划。我们基本建成了本会的长久性会址，有效地改善了会务工作条件。

2015年，将是中国法学会法制文学研究会发展史上重要的一年。我们要认真领会中国法学会《关于同意组建中国法治文化研究会的批复》的重要性。这一重要批复，是中国法学会党组贯彻落实习近平总书记关于依法治国、培养社会主义法治文化的一系列重要指示的重大举措。我们要深入贯彻落实中国法学会党组书记、常务副会长陈冀平同志和党组成员、副会长张文显同志关于法制文学研究会要充分利用更名、换届、社团登记这一契机，认真谋划未来工作，进一步加强队伍建设，大力拓宽业务领域，在中央高度重视法治中国建设、社会主义法治文化建设的背景下，实现研究会事业的跨越式发展的重要指示，以组建“中国法治文化研究会”为重点，带动法治文化的发展和繁荣，在汇聚建设法治中国文化软实力、培育全民法治信仰方面，作出更大的努力。

第一，充分发挥拟组建的“中国法治文化研究会”在法治中国建设中的积极作用。

党的十八届四中全会通过的《决定》中提出，发挥人民团体和社会组织在法治社会建设中的积极作用。如何在法制文学研究会基础上，组建好中国法治文化研究会，发挥好中国法治文化研究会的积极作用，事关重大，其中最重要的一条，就是把握性质定位。

拟组建的“中国法治文化研究会”，是中国法学会主管的法学社团之一，它的性质与中国法学会的性质一脉相承。它肩负着光荣的政治责任和法治文化使命。它是法治文化领域全国性群众团体和学术团体，具有广泛的群众性，在法治文化研究领域负有引领学术方向，组织并推动国内外法治文化学术交流，营造“百花齐放、百家争鸣”的学术环境，持续不断地推出优秀法治文化研究成果和优秀法治文艺作品，培养造就高素质法治文化研究和创作人才的重任。它是我国政法战线和意识形态领域的重要组成部分，是党和政府联系广大法治文化工作者的桥梁和纽带，肩负着及时向广大法治文化工作者宣传党的法治理论和依法治国的大政方针，及时反映广大法治文化工作者对社会主义法治建设的意见和建议，为党和政府有关决策提供参考的责任。它要利用自身的组织优势，团结广大法治文化工作者，协调各方资源和力量，为法治中国提供法治文化支撑。拟组建的“中国法治文化研究会”，要成为弘扬社会主义法治精神的重要力量，成为党和国家社会主义法治文化建设的“思想库”和“智囊团”。

我们只有充分把握拟组建的“中国法治文化研究会”的性质，明确发挥作用的基本领域，提供发挥作用的组织保障，建立健全发挥作用的机制和制度化渠道，构建发挥作用的自律和服务功能，发挥组织对成员的行为引导、规则约束、权益维护，才能够不辜负中国法学会党组对我们的期望，才能够真正发挥中国法治文化研究会在法治中国建设中的积极作用。

第二，加强社会主义法治文化学科体系建设。

党的十八届四中全会通过的《决定》中强调："加强法学基础理论研究，形成完善的中国特色社会主义法学理论体系、学科体系、课程体系，组织编写和全面采用国家统一的法律专业核心教材，纳入司法考试必考范围"。《决定》的这一要求，指明了我国法学教育和法学研究必须坚持的正确方向，明确了把法治教育纳入国民教育体系的基本路径，是我们的基本遵循。

法治文化学科体系，是法治文化理论体系提炼升华的集成，具有稳定规范的基本概念、基本方法、分析工具及其分支系统。法治文化课程体系则是理论和学科体系的重要载体和集中反映。中国特色社会主义法治文化学科体系，是对法治文化客观规律的理性认识，是党领导人民在丰富的治国理政实践基础上形成的文化积累。

当前，我国已经形成多层次高等教育的法学教育体系，但在法治文化学科体系建设方面相对滞后，尤其是运用马克思主义法学思想和中国特色社会主义法治理论指导研究和阐释方面，还有许多薄弱环节。全盘西化现象不可小视，敌对势力把法治作为借口，大肆渲染西方法治理念和法治模式，企图从法治问题上打开缺口，全盘否定中国共产党的领导和我国的社会主义制度。有相当一部分的法治类文章，对国外法治文化和我国历史形成的法治文化缺乏科学的鉴别。

在建设社会主义法治文化学科体系方面，2015 年我们要落实好两个方面的重点工作。一是组织编写好《中国法治文化概论》。要选聘高水平的专家学者，以党的十八届四中全会通过的《决定》和习近平总书记在文艺座谈会上的讲话为指导，汲取中华民族优秀的法治文化营养，借鉴各国优秀的法治文化成果，立足中国特色社会主义法治建设的丰富实践，较为全面准确地反映中国特色社会主义法治文化研究的最新成果，使之成为中国特色社会主义法治文化学科体系的一部精品力作，力争成为国家统一的法学教育的核心教材之一，成为全社会普法宣传的重要读本。二是做好“中国特色社会主义法治文化支撑平台体系项目”。2015 年是完成中国特色社会主义法治文化支撑平台体系项目工程的紧要之年。我们要完成企业法治文化、乡镇法治文化、公务员法治文化、校园法治文化、家庭法治文化、法治信仰、法治思维、法治方式等课题的研究，任务十分繁重。我们要从建设中国特色社会主义法治文化体系的高度，精心谋划，精心组织，确保每一个课题都落到实处。实行课题研究项目负责制，落实课题带头人，落实课题经费，落实课题完成时限。改革课题研究成果转化方法，引入竞争机制。通过不懈的努力，推出一批既有理论深度，又深入浅出、通俗易懂的法治文化研究成果，为人民群众提供更多更好的法治文化精神食粮。

第三，大力推动社会主义法治文艺大发展大繁荣。

法治文艺是法制文学研究会工作的基础和核心。法制文学研究会成立的五年，是法治文艺发展繁荣的五年。广大法治文艺工作者致力于法治文艺的研究、创作和传播，取得了显著成绩。拟组建的“中国法治文化研究会”，发展和繁荣法治文艺，仍然是其重要的法治文化使命。我们要认真学习习近平总书记在文艺座谈会上的重要讲话，坚持以人民为中心的创作导向，创作更多无愧于时代的优秀法治文艺作品。

法治文艺，是以语言文字和艺术表演为工具，形象化地反映法治社会客观现实，表现作者心灵世界对法治生活审美的一种艺术形式。它包括法治题材的小说、散文、诗歌、报告文学、影视、动漫、游戏、寓言、童话、书法、美术、戏剧等艺术种类，是法治文化的重要表现形式，具有鲜明的意识形态属性。

改革开放以来，我国的法治文艺呈现出发展繁荣的生动景象，为建设社会主义法治国家作出了积极的贡献。同时，我们必须看到，在法治文艺创作方面也存在不少问题。我们应该激浊扬清，铭记法治文艺家的良知和责任。“盖文章，经国之大业，不朽之盛事”（曹丕《典论》）。推动社会主义法治文艺的发展繁荣，最根本的就是要创作出无愧于法治时代的优秀作品。我们的法治文艺工作者要坚持为人民服务、为社会主义服务的根本方向，坚持为人民抒写、为人民抒情、为人民抒怀，坚持文以载道、文以化人。

“文变染乎世情，兴废系乎时序”（刘勰《文心雕龙》）。法治文艺，最能代表当今法治时代的风貌，最能引领法治时代的风气。我们广大的法治文艺工作者，应该以高度的文化自觉，感国运之变化，立时代之潮头，发时代之先声。要解决好“为了谁、依靠谁、我是谁”的根本问题，树立马克思主义文艺观和鲜明的群众观，深入立法、执法、司法第一线，深入最广大人民群众法治生活之中，用革命的现实主义精神和革命的浪漫主义情怀，观照法治现实生活，创作出无愧于法治时代的优秀作品，掌握好法治话语权，讲好中国法治故事，传播中国法治好声音，引导人民养成崇尚社会主义法律、追求真善美的法治境界。

拟成立的“中国法治文化研究会”，将充分发挥组织的优势，设立法治文学精品工程公益扶持基金，并请示中国法学会审批重启“中国法治文学原创作品大赛”，助推法治文艺的繁荣发展，更好地弘扬社会主义法治精神，建设社会主义法治文化。

第四，积极投身法治宣传教育。

党的十八届四中全会通过的《决定》中明确要求：“坚持把全民普法和守法作为依法治国的长期基础工作，深入开展法治宣传教育，引导全民自觉守法、遇事找法、解决问题靠法”。“把法治教育纳入国民教育体系，从青少年抓起，在中小学设立法治知识课程”。《决定》的这些重大举措，对增强全民法治观念、推进法治社会建设具有十分重要的指导意义。

当前，建设法治社会面临的一大纠结，是公民权利意识觉醒和维权理性不足的矛盾。要有效地解决这一矛盾，只能靠行之有效的法治宣传教育。我们要认真总结我会成立五年多的普法宣传成功经验，从法治文化的视野，审视新形势下普法宣传的规律和特点，创新普法工作理念和普法工作方式，加强新媒体、新技术在普法宣传中的运用；进一步发挥我会“三网一刊一系列读本”的作用，为公众提供良好的学法平台；充分发挥我会会员联系群众紧密的优势，开展群众性的法治文化活动；通过举办法律知识竞赛、法治文艺演出、法治书画笔会，通过法治动漫和影视作品征集制作、法治文化宣传阵地创建、法治文化创意产品生产等多种形式，进行法治宣传，吸引广大人民群众参与，使他们在喜闻乐见的法治文化氛围中受到法律知识、法治精神和法治理念的熏陶，从而引导全社会树立法治意识，自觉学法、守法。

第五，大力建设高素质法治文化队伍。

党的十八届四中全会通过的《决定》中提出："全面推进依法治国，必须大力提高法治工作队伍思想政治素质、业务工作能力、职业道德水准，着力建设一支忠于党、忠于国家、忠于人民、忠于法律的社会主义法治工作队伍，为加快建设社会主义法治国家提供强有力的组织和人才保障。"贯彻落实好这一要求，对于建设中国特色社会主义法治文化体系，建设社会主义法治文化强国，意义十分重大。

法治文化队伍，是国家治理队伍中的一支重要力量，是法治精神的弘扬者、法治理论的研究者和法治文艺作品的创造者，是培育全民法治信仰的灵魂工程师。能不能忠实履行社会主义法治文化建设的崇高使命，关键在于坚持党的领导，关键在于人，在于有一大批政治上靠得住、专业上有水平、工作上有本事、作风上过得硬，有公益奉献之心的人组成的法治文化工作队伍。

首先，选好中国法治文化研究会领导集体。中国法学会法制文学研究会更名、换届、社团登记，要按照《中国法学会研究会换届工作细则》的要求，把那些政治素质好、领导能力强、学术造诣深，体现政法界、文艺界等不同部门、不同研究领域和创作方向的代表性人物，尽可能地吸纳进来，按照组织程序选举产生会领导班子。

其次，重点打造学术团队。要建设一支政治立场坚定、理论功底深厚、创作实力雄厚、熟悉中国国情的高水平法治文化专家团队，尤其要重点选拔和培养一批高素质的学术和创作带头人。我们要主动与法治人才培养单位、法律和文化实务部门、中国法学会所属各研究会、地方法学会、文学艺术团体进行多方位的联系与合作，特邀他们当中的领军人物和权威人士加盟，助力法治文化的发展和繁荣。

最后，着力壮大会员队伍。从法制文学到法治文化，研究的内涵和外延都大大扩展了，这为全国有志于法治文化研究、创作、创意、传播的人才提供了更大的舞台。在会员发展方面，要不拘一格，力争实现全国立法、司法、执法、法律服务各领域和文学艺术各门类的全覆盖，实现全国600多所法学院校的全覆盖。尤其要注重吸纳法学院校从事法治文化教学研究的机构以团体会员形式加入。要注重吸纳年轻的有学术造诣的法律工作者加入。要创新法治文化人才培养机制，探索本会内部组织和运行的规律，采取给课题、给任务、给经费、给目标的方式，使大批优秀的法治文化人才脱颖而出。

建设一支在法治意识形态领域听党指挥、让人民放心、特别能战斗的法治文化大军，我们就能够抵御敌对势力对法治中国的各种攻击和渗透，回击社会上各种诋毁党的领导和社会主义制度的反动错误言论，为法治中国建设开创新的境界。

同志们，朋友们！建设法治中国的蓝图已经展现。建设中国特色社会主义法治体系，建设社会主义法治国家的总目标正在召唤。十三亿中国人民已经投身到建设法治中国的伟大实践之中。让我们紧密地团结在以习近平同志为总书记的党中央周围，在中国法学会的领导下，肩负起建设中国法治文化的崇高使命，凝心聚力，奋发有为，推动社会主义法治文化大发展大繁荣，为建设法治中国而努力奋斗！

（作者系中国法学会法制文学研究会会长。本文是作者在中国法学会法制文学研究会2014年学术年会上的主旨报告）

浅析我国为防止利益冲突而和谐立法的文化基础

逯卫光

摘　要　我国立法存在的主要问题：利益冲突化。其大致分为三种类型：一是私权利益与私权利益之间的冲突，二是公权利益与公权利益之间的冲突，三是私权利益与公权利益之间的冲突。而阻碍防止利益冲突立法的根子在于其文化因子。只有打破这些旧有的文化因子，积极培育新的法治文化基因，才能探求到属于我国自身特色的为防止利益冲突而和谐立法的文化路径。

关键词　利益冲突　立法　文化

一、引子

党的十八届四中全会提出了全面推进依法治国的时代命题。在依法治国进程中，法治文化是不可或缺的重要因素。现代国家发展经验证明，加强法治文化建设是促进法治实施的重要支柱！法治的建立必须有法治文化作为支撑，如果说法律的约束是硬约束的话，那么，文化的规范则是软约束。法治文化所负载的核心价值、内在精神和基本理念可以为个体行为和社会生活提供指导，从而促进和保障法律的实施。美国法学家哈罗德·伯尔曼曾说过一句非常著名的话："法律必须被信仰！否则将形同虚设。"这就充分说明了文化对于法治潜移默化的作用。

党的十八届四中全会提出将建设中国特色社会主义法治体系、建设社会主义法治国家作为全面推进依法治国的总目标，针对中国特色社会主义法治体系这一全新命题，全会明确提出要形成完备的法律规范体系、高效的法治实施体系、严密的法治监督体系、有力的法治保障体系、完善的党内法规体系。其中，法律规范体系就是法治的一个重要体系。我们知道，许多法律本身就是根据某些习惯、传统价值观等制定的。一部法律的制定，必然反映文化精神、文化价值和文化观念，没有文化精神内核和文化价值的法律是不存在的。简言之，在两者的关系中，法律是文化价值性的反映，所承载的本身就是文化的内容，而文化又是法律规范性的源泉，是指导和约束其合规行为的价值理念。因此，两者之间的良性互动及其功能的有效发挥，是解决当前我国立法疑难问题的最近路径，并将大大提升法律规范体系制定的规范性和权威性。

二、我国立法存在的主要问题：利益冲突化

2011 年 3 月 10 日，以宪法为统帅，以宪法相关法、民法商法等多个法律部门的法律为主干，由法律、行政法规、地方性法规等多个层次的法律规范构成的中国特色社会主义法律体系正式形成。中国特色社会主义法律体系是中国特色社会主义永葆本色的法治根基，是中国特色社会主义创新实践的法治体现。党的十八届四中全会明确了全面推进依法治国的重大任务，首先就是"完善以宪法为核心的中国特色社会主义法律体系"。这是对中国特色社会主义法律体系形成四年后，如何完善我国社会主义法律体系提出的新的更高的要求。如果说中国特色社会主义法律体系的建立，完成了制度初创，解决了制度有无问题，初步实现了制度体系化，那么，完善以宪法为核心的中国特色社会主义法律体系，则将为中国特色社会

主义法律体系注入灵魂与生机!

不容置疑，如何正视当下而进一步完善我国法律规范体系，是今后我国立法机关必须面对的一个重大课题。如果对目前我国立法的不足作冷静分析和深刻思考，在立法环节中存在的各方利益冲突化便是当下亟待解决的主要现实问题。

按照利益主体权利（力）性质的不同，大致可将我国立法中的利益冲突分为以下三种类型：

一是私权利益与私权利益之间的冲突。这种类型的利益冲突发生在一般社会民众以及公司、企业等其他私人主体之间。例如，在道路交通安全立法过程中，机动车、非机动车以及普通行人都希望通过立法保障自己的通行安全。

二是公权利益与公权利益之间的冲突。这种类型的利益冲突发生在公权力部门之间，主要是政府职能部门之间的利益冲突。立法实践中这种情况大量存在，例如，土地管理法的修改时至今日仍在讨论便是一例。这类冲突主要是不同主体权力行使范围之争，其核心问题是合理划分公权力部门职能。

三是私权利益与公权利益之间的冲突。这种类型的利益冲突主要发生在私权利主体与公权力部门之间。其中，根据涉及冲突主体数量的不同又可分为：单对冲突，即单个私权利主体与公权力部门之间的冲突；多重冲突，即一个私权利主体或者多个私权利主体与多个公权力部门之间的冲突。例如，一个违法行为人与多个行政处罚部门之间的冲突。

在我国立法实践中，各地立法都是由立法涉及的部门拟定初稿，然后立法机关对初稿进行修改，这样难免出现通过法律而固定部门利益的情况，这对社会管理非常不利。在涉及部门利益和社会公共利益发生冲突的条款上面，很难避免部门利益的扩大化。

确认和调整利益关系，实现利益的初次分配，是立法的核心内容。我国立法如何正确认识、合理平衡错综复杂的利益关系及其相互冲突，为构建和谐社会提供法治保障，正是我们立法机关必须面对的重要课题。那么，在建立和完善我国法律规范体系的进程中，如何有效地防止利益冲突呢？在建立利益冲突的合理解决机制中，如何推进立法的民主化而全面提高立法质量呢？“一切问题，由文化问题产生。一切问题，由文化问题解决！”被称为一代国学大师的钱穆先生，曾用这样的警句对文化的价值功用作了至高的评价。这种用文化的眼光来研究问题的方法和思维模式，给了我们以方法论上的启示。因此，强化立法的文化基础并选择有的放矢的文化路径，正是解决立法冲突化问题的首要选项。

三、我国阻碍防止利益冲突立法的文化因子

党的十八届四中全会明确要求建立健全防止利益冲突的制度。从学界来看，为防止利益冲突的和谐立法将是未来必须面临的一个重要课题。但从现状来看，我国防止利益冲突的立法仍有很长的道路要走。其背后的深层原因之一，就在于还存在以下一些旧有观念和文化障碍：

（一）官本位的思维模式由来已久

官本位在中国存在了几千年，由此对法律制度形成了僭越。官本位遵循的是权力意志，讲究的是以权压人、以权制法，而不是以理服人、依法办事。在官本位的思维模式下，权力意志就是社会行为的最高范式。法律制度统统臣服于权力，生活在人治传统中的国人普遍缺乏对法律制度的敬畏。

（二）公民的民主权利意识淡薄

我国有漫长的封建社会历史，在封建时期，统治者们为了维护自己的地位和统治权威，大都采用愚民政策，长期推行这种政策的结果就是导致百姓畏官思想的形成。虽然现在讲法律面前人人平等，但是要真的实现人民当家做主，形成民主意识，还需积极反复实践。为防止利益冲突而和谐立法，要求公职人员回避利益冲突、进行财产申报、限制从业行为等，实际上，正是公民民主权利意识的觉醒。但在我国，“事不关己，高高挂起”的自顾意识还普遍存在，以科学立法全面推进民主法治进程仍任重道远。

（三）我国民法平等的立法理念缺乏历史传承

在中国整个法律文化中，刑法文化的发展是最全面的。历代社会，尤其是在漫长的封建社会时期，统治者们所指定的法典，其内容往往都是刑法内容，即使是纯粹的民事纠纷，官方也无一例外地使用刑法的手段进行处理。现代意义上的民法中最基本的概念，如“主体平等”、“契约关系”、“不告不理”等，在中国古代社会从未出现过。因此，从民法的平等理念中衍生出来的防止利益冲突便成为一种较为陌生的概念，其相应的立法又主要是一种前瞻性、预防性的立法，因此极易被忽视。

四、为防止利益冲突而和谐立法的文化路径

尽管目前存在以上阻碍法治进程的文化因子，但是这些文化因子随着我国法治建设的日益深入将会不断弱化。常言道：“不破不立”，只有打破旧有的阻碍我国民主法治进程的这些文化因子，反复总结并积极实践新时期的新法治文化基因，才能探求到属于我国自身特色的为防止利益冲突而和谐立法的文化路径。以下是几个实现未来法治社会的文化路径选择：

（一）强化宪法意识，夯实宪法的文化基础

党的十八届四中全会通过的《决定》中明确提出：“坚持依法治国首先要坚持依宪治国，坚持依法执政首先要坚持依宪执政。”可以说，这表明我国多年来首次明确了宪法地位，强化了宪法权威。为什么党中央重提宪法的至高地位？这表明，中国在实行宪法的进程中，除了应进一步制定和完善宪法外，尚有一些深层的问题需要我们认真地思考和研究。这些深层问题，不仅包括宪法的权威性问题，还包括宪法的文化传统和道德力量，以及由此而应考虑的国人普遍应该遵循的法治精神。如果不强化国人的宪法思维模式，不改良传统文化和传统道德中的非法治思想，实现宪法政治的理想将会成为泡影。

要真正实现依宪执政，就根本而言，首先必须唤醒民众的宪法意识。因为民众如果看不到法律和自己的密切关系，意识不到法律

应该反映自己的意愿，那么，就会普遍缺乏守法的自觉性。为此，我们有必要考察传统法律理论中的一些基本概念规定。例如，我们的法律规定，公民是具有一个国家国籍的人；在我国《宪法》中明确规定，人民是拥有国家一切权力的主体，因此，人民是一个政治概念。然而，由于长期缺乏平等的理念和精神，人民的利益，尤其是农民的利益往往得不到平等的保护。必须引起重视的是，在一个拥有9亿农民的国家，如果不考虑或者充分重视农民的切身利益，其结果就像革命战争时期没有农民参与绝不可能取得胜利一样。宪法绝不是法学家单纯的构想或设计，而是一个实践问题。新中国成立至今，“三农”问题的根源也许就在于此。在中国传统文化中，所谓“民”，是与“官”相对的；所谓“百姓”，是与“一姓”相对的；所谓民主，有两种理解：一是“民之主”，二是“民为主”。所以，如果不对传统文化中的非法治思想进行扬弃，如果不从实际上培养公民的现代宪法意识，如果不从基础上做好宪法的工作，那么，就很难实现真正的宪法政治。要做好宪法的基础工作，我们就必须唤醒广大民众的权利意识和法治精神，不再以传统道德作为要求和标准，而要代之以平等的、民主的法治教育；在制定法律时，就必须确保不是基于考虑部门利益，而是考虑普天下的大众利益，真正让所有人都能够关注法律，表达意志。

不但在民众的层面如此，在国家公职人员层面，我们更应该对那些具有某种权力的人员进行法治精神和宪法意识的培养。因为中国目前存在的腐败问题，其直接根源在于从事公务的人员对权力的滥用。如果我们深究其道德传统和法治精神就不难发现，传统的人治色彩的文化观念在那些公务人员的脑海里如此根深蒂固！以至于必须经过艰辛的长期努力才可彻底改变！

（二）构建现代法治的理念基础，不断革新我国的立法观念

现代法治的理念来源于西方。在西方，明确提出法治的第一人是古希腊的亚里士多德。他认为：“法治应包含两重意义：已成立的法律获得普遍的服从，而大家所服从的法律又应该本身是制定得良好的法律”。在他看来，首先，法治的前提是良法，良法是能够

促进正义的法律，体现全体人民的利益；良法意味着对自愿的臣民的统治；良法必须能够维护合理的城邦政体于久远。其次，法治必须要求法律得到普遍的尊重和保持至上的权威。民众的活动和国家政治权力都要服从法律。由此可见，亚里士多德的法治理想模式中，包含着“法律正当”和“法律至上”的理念。

从以上西方部分法治理论来看，现代法治的重要理念主要包含以下五个方面：

一是法律体现人民主权。人权神圣，不可侵犯。法律应反映社会公众的共同意志和根本利益。用法律来制约权力，使国家权力服从公众的共同意志，让人民当家做主，有效地治理社会。

二是法律至上，法律面前人人平等。要求法律具有至高无上的权威，在全社会中得到有效的实施和普遍的遵守。排除人治的专断，人人依法行事。

三是现代法治以维护和保障人的权利为依归。国家权力以保障公民权利为宗旨，义务的设定和履行均以维护一定的权力和利益为目的。尊重公民作为法律关系主体的资格和地位，保障公民的正当利益。

四是法律应包含公正性、合理性。正义是法律追求的重要价值。不仅要求形式上的正义、程序上的公正，还要求实体正义，切实维护社会的公共利益。

五是法律还应具有科学性，即法律的制定和实施必须反映客观规律。法律应与现代科学技术相结合，运用客观规律调整社会关系，优化社会结构。

相对于现代法治的理念，我国的立法观念还需要不断变革和创新。虽然中国特色社会主义法律体系已初步形成，我国的立法工作也迈上了一个新的台阶，但是这并不表明我国当前的立法观念也会自动随之进步。为此，对于以下传统立法观念就应当予以更新，否则将影响我国立法质量的提高：第一，国家利益本位。如果国家利益本位立法观念不进行革新，宪法中“尊重和保障人权”的条款将有被虚置的危险，立法权的人民性也难以得到体现。第二，立法浪漫主义。如果立法机关不正确行使立法权，做到“有所为”和“有所不为”的合理兼容，那么浪漫主义立法观念所带来的必是立法权的滥用和立法资源的浪费。第三，重实体轻程序。在当今社会，虽然人们已经日益认识到立法程序的重要价值，但与实体相比较，程序无论是在观念还是在制度建设上仍需进一步加强。

（三）在二元法律文化结构中，弘扬立法的人文关怀和民主精神

当前，中国的法治社会正处于形成过程中，法治的文化背景也呈现出多元文化并存的特点。对此，刘作翔在《法律文化理论》中鲜明地提出，当代中国法律文化呈现出二元结构，那就是：“以适应现代化社会潮流的较为先进的制度性法律文化和以传统社会为根基的较为落后的观念性法律文化”。

中国的传统文化已有几千年的沉淀，在中国文化现代化进程中，我们对待传统文化应该“取其精华，弃其糟粕”。一方面，不能固守传统的愚昧，应用科学理性和人本精神重塑中国文化，以适应现代社会。另一方面，反对彻底否定传统的历史虚无主义，继承和发扬传统文化中适应现代化的积极因素，让中国文化重新焕发出生命力，从而使法治建设体现中国文化特色。为此，中国法治建设特别是立法环节，即法律规范体系的建立和完善必须尊重中国传统文化的精华特质。

中国文化的特质之一，在于注重人文关怀。孔孟主张爱民、重民、以民为本，提倡贤人政治、仁政、德治等，都体现了人本思想。有鉴于此，加强科学立法进程，不能忽视人的因素，应当发扬传统文化中的人本思想，特别是法律草案在广泛征求民意等各个环节中注入人文关怀，以人为本；同时，注意对立法权的行使实行制约和监督，保证公民的合法权益，促进民主政治的发展。

中国文化的特质之二，在于讲求人与自然、人与人的和谐相处。其中，人与自然交融的环境伦理为中国在资源环境方面的立法进程提供了文化支持。“天时不如地利，地利不如人和”，追求和谐的社会可以为防止利益冲突的立法建设提供稳定有序的环境。

值得欣慰的是，党的十八届四中全会为促进科学立法和民主立

法的进程，在立法决策环节引入了第三方评估机制。《决定》中提出，“在立法方面，要从体制机制和工作程序上有效防止部门利益和地方保护主义法律化；对部门间争议较大的重要立法事项，由决策机关引入第三方评估；探索委托第三方起草法律法规草案；清理有违公平的法律法规条款。”笔者认为，这正是基于立法文化基础的考量，更是传承了我国传统文化的精华特质而再造的鲜活实例。

五、小结

法治文化是法治建设各环节的内在精神要素。历史发展的趋势表明，未来世界的竞争主要是文化的竞争，其焦点又将会主要地表现在法治文化的竞争上，即不同渊源和不同性质的法治文化的竞争与冲突，其主要表现是西方资本主义法治文化与东方社会主义法治文化的激烈较量。面对这种未来社会的发展趋势，我们要实现依法治国，建设社会主义法治化国家，就必须重视社会主义法治文化的建设。

党的十八届四中全会提出了全面推进依法治国的重要任务，而我国法律规范体系的建立和完善正是依法治国进程中的首要环节。在法治进程与文化构建的二维关系中，立法与文化正是其中最为关键的因素。综上所述，加强立法的文化基础，对于促进我国科学立法和民主立法的进程具有十分重要的意义。

参考文献：

1. 李岩：《试论中国法治的文化基础》，载《法制与社会》2007 年第 2 期。

2. 周农：《从法治文化建设视角看防止利益冲突的立法：文化困境与出路》，载《法治湖南与区域治理研究》（第 10 卷）。

（作者系中国民主法制出版社副编审）

论以公正审判为核心的法院法治文化

吕　芳

摘　要　法院作为一个组织或者机构，其所建构的法院文化是法治文化的重要组成部分。从目前法院系统对法院文化建设的推进历史来看，法院文化是以精神、行为、制度、物质文化的综合体的概念最终被确定下来的。当法律决定权被交于法官手中时，人们就期待着获得公正的审判。何为公正的审判？不同法系国家有不同的侧重。英美法系是判例法国家，没有或很少有成文的法条，因此其法律制度优先考虑的是程序，强调的也是程序公正；而以德国、法国为首的大陆法系国家，有着卓越的法典，强调的是法律条文高于所有的程序，其所谓的公正就倾向于道德和理性上的公正，即实体（实质）公正。在当代中国，强调法律效果和社会效果的统一，不过是结果论实体公正的变种而已。

关键词　公正审判　法院法治文化

作为一个社会组织成员的法院，其理性化的组织行为在本质上是文化的，并且处于法治文化的核心，尤其是英美法系的法院组织。可以说，英美法系国家的现代法治文化，正是围绕着法院的工具理性建构起来的。英国学者艾伦·麦克法兰于2014年年末在清华大学的演讲中提到："在英国，法治首先意味着普通法的至高无上地位，不受强权的影响，排斥政府内的随意性和特权，——所有阶层皆服从法庭所执行的这个国家的法律。""简单讲，法治一直通过法庭和议会产生作用。从而，英国的司法原则也被延伸运用到决定王室及其臣属的地位等方面上去。"① 美国则通过马伯里诉麦迪逊案件所确立起来的司法审查制度，确立了司法在国家三权鼎力中重要一"鼎"之地位，从而使得美国的法治文化更多以司法文化的面目出现。

当代中国社会，当2011年时任全国人大常委会委员长吴邦国宣布中国社会主义法律体系已经形成时,② 中国社会已经从以立法为中心的时期，进入执法、司法、守法的法律实现时期。③ 这带来了中国法治的转型，有人将其概括为："这些法治举措成功与否取决于它们在如下方面能否迅速且坚定不移地得到落实：一、法律法规和行政决定的透明和可预期性。二、法院的裁决只能依据法律，诸如地方政府和其他官员干预司法的行为未来必须停止。三、人人都有诉诸法律的自由和平等权利。"④ 上述法治转型经由2014年中共十八届四中全会所提出的"全面推进依法治国"会议决定而获得了更多的政治文化支持。尽管对法治讨论良多，法治也已成为中华

① 艾伦·麦克法兰：《法治为何重要》，载《南方周末》2014年11月27日C20版。

② 周婷玉、杨维汉、崔清新、陈菲：《吴邦国：中国特色社会主义法律体系已经形成》，载《人民日报》2011年3月9日第1版。

③ 当然，这并非意味着立法的完美，立法存在的问题，诸如针对性不强、可操作性不强，有的立法实际上是一种利益博弈，一些地方利用法规实行地方保护主义等问题仍比较突出。参见习近平总书记在十八届四中全会上的讲话和相关报告。

④ 德国驻华大使柯慕贤发表于《南方周末》2014年12月4日C20版的文章《法治：关乎中国未来，关乎德中关系》。

民族共同体分享的美好愿景，更为迫切的任务则是：在没有法治文化传统的当代中国，法治文化需要各个方面的合力建构。核心问题是：政府依照法律保障每一个公民的合法权利，合法权利得到保障的公民依照法律履行自己的义务和责任。前者是依法执法，后者是依法守法，这是理想型的法治样本。理想型法治的实现还需要另外一些参加者，即司法主体。当权利与权利或权力产生冲突，当权利被权利或权力侵害，社会中纠纷解决机制的最后环节是在司法场域中完成的。[①] 在司法场域中，法院所承担的社会正义最后一道防线的使命，集中为公正审判这一职业活动的履行。因此，尽管在当代中国，笔者不能作出“法院是法治文化的核心行为主体”这一判断，但其所占有的重要的地位不容置疑。法院通过公正审判这一职业行为，为社会生产公正的文化产品，是法治文化实践重要的核心参与者。

一、当代中国司法场域中的法治文化现象

“场域”是法国社会学家布尔迪厄创造的一个原理论概念，在他看来，场域是“位置之间客观关系的网络或图式。这些位置的存在、它们加诸于其占据者、行动者以及机构之上的决定作用都是通过其在各种权力（或资本）的分布结构中的现在的与潜在的情境客观地界定的，也是通过其与其他位置之间的客观关系而得到界定的”。[②] 依照场域进行思考的方式是关系性的思考。依照布尔迪厄场域的概念，以及司法场域的概念：“司法场域是竞争垄断法律决

---

① 根据我国《宪法》第129条，检察机关是法律监督机关；《宪法》第135条，“人民法院、人民检察院和公安机关办理刑事案件，应当分工负责，互相配合，互相制约，以保证准确有效地执行法律”。因此，本文所谓的司法场域主要行为者包括法院、检察院、公安机关。

② 转引自［美］戴维·斯沃茨：《文化与权力：布尔迪厄的社会学》，陶东风译，上海译文出版社，2006年5月第1版，第136页。

定权的场所”。[1] 我们思考当代中国司法场域，[2] 就会发现，在之前的司法场域中，法院、检察院、公安机关、司法行政部门（律师受其管理）、学术界司法问题研究者、人民等为了控制司法资源，获得更多司法合法性进行着权力的竞争。下面分述之。

（一）法院 VS 检察院

新中国成立后，在逐步建构出的司法场域中，法院与检察院在“一府两院”政治架构中分庭而立。按照宪法设计，检察院应该是“国家的”法律监督机构。但目前检察院更多行使的是以公诉权和抗诉权为符号的诉讼监督权，并不断得到强化，对其他国家机关、社会团体、企事业单位以及公职人员、公民的监督权则付之阙如。这就构成了一种中国当代司法文化现象：法院与检察院不断争夺某些司法资源，并造成现有的权力格局：“检察院对法院的制约途径相对较多。”[3]

（二）法院 VS 公安机关

法院与公安机关的关系，有学者的论述引发笔者的赞同：“根据宪法和人民法院组织法的规定，法院是‘国家的审判机关’，‘人民法院依照法律规定独立行使审判权，不受行政机关、社会团体和个人的干涉’。公安机关是行政机关，无权对法院的审判活动进行任何程序的或者实体的制约。因此，在法院和公安机关的‘互相制约’方面，只可能体现为法院对公安机关的制约。但是，在我国刑事司法中，公安机关往往具有优先于法院、检察院的地位，有时形成了实际上凌驾于两机关之上的事实。并且，由于公安机关和

---

① 布尔迪厄：《法律的力量：迈向司法场域的社会学》，强世功译，载《北大法律评论》第1卷第2辑，法律出版社，2000年。

② 笔者所谓的司法场域，是指以审理案件为中心活动的结构化关系空间，在这个隐喻的空间中，不同行动者的互动是由其在某种等级系统中的关系型定位塑造的。

③ 韩大元、于文豪：《法院、检察院和公安机关的宪法关系》，载《法学研究》2011年第3期。

检察院在权力性质上具有一定的相似性，如果出现检察监督运行不力的情况，公安机关势必成为刑事司法活动的主导者，是否立案，是否采取强制措施，采取何种、多久以及如何变更强制措施等对人身自由产生直接影响的行为，公安机关都能够自主决定，甚至能对法定程序作出任意的、扩张的解释。"①公安部门的“强势”地位不仅体现在刑事司法中，在社会治安综合治理体系中也一直占据着领导者的地位，法院、检察院等其他政法机关成为其制度配合者。

（三）法院 VS 律师

法院与律师的权力结构关系，笔者认为，下面所引用的律师观点具有一定的代表性：“我国目前的司法权力配置非常不合理，公安有着超大的权力，两院（检察院、法院）配合公安，形成公、检、法三机关相互配合、相互制约（公安制约法院定罪）的合力，共同构建成一部强大的司法权力运行的机器，对‘犯罪行为人’进行一系列的抓捕、审查起诉的加工工序，最后由法院产出‘罪犯’的成品，然后在产品上贴上‘罪犯’的标签将之投入监狱。在这部强大的司法权力运行链条中，律师不过是这部机器上的一个美丽的装饰，并未真正成为运行链条中的组成部分。”②律师作为当事人的诉讼代理人，是当事人利益的代表者，因而是当事人权利的延伸主体，尽管在“法律共同体”概念宣称之下，律师与法官、检察官同为法律正义的维护者，但律师在其职业等级中的地位归根结底对应于他的委托人在社会等级中的地位。因此，在司法场域中，律师处于从属地位是一个不争的事实，也是布尔迪厄所称的“结构上的同构性”的表现。问题在于，法官与律师之间的不信任关系在近几年有所凸显。

---

① 韩大元、于文豪：《法院、检察院和公安机关的宪法关系》，载《法学研究》2011 年第 3 期。

② 张燕生：《司法权力运行机制改革之我见》，载张燕生网易博客，2014 年 12 月 12 日访问。

(四) 法院VS人民

"人民司法"作为当代中国法治文化的一种符号性意义表达，使得当代中国法院一直摇摆于精英化与大众化之间。为人民司法，司法要走群众路线，滋生了马锡五审判方式在当代的变体：枫桥经验，但人民或群众在此间更多是他者的形象，司法场域中，法院、检察院、公安机关等司法机关是法治文化的主要生产者，当事人(及其代理人律师)、一般社会公众（以"人民"为总称）的角色更倾向于是法治文化的消费者。尽管"人民司法"是司法机关一直挂在嘴边的宣传口号，但由于当事人（或"人民"）未拥有司法知识、司法技能等司法文化资本，律师更多拥有的是一定数量的司法经济资本，[①] 从而都没有真正成为法治文化的生产者。不过，文化生产者可以不顾消费者的需求，消费者也拥有选择产品的自由。司法公信力问题，就是萦绕在司法者头顶的"紧箍咒"，也是司法消费者的最直接还击。党的十八届四中全会之后，"人民"也将通过一系列新的制度设计有可能成为新的司法场域中的行动者。因党的十八届四中全会报告中明确提出"保障人民群众参与司法"，并指明了具体方式："完善人民陪审员制度，保障公民陪审权利，扩大参审范围，完善随机抽选方式，提高人民陪审制度公信度。逐步实行人民陪审员不再审理法律适用问题，只参与审理事实认定问题"。上述事无巨细的规定隐含着对此问题的重视程度。

尽管存在上述冲突和竞争关系，但不同行动者仍然处于一种动态的、功能性的相互补充关系链条中。这一链条的链接点就是"法律"。大家共同关注法律所指引的正义，法律所具有的统一性、一致性，都需要通过"适用法律"，获得自己行为的合法性和合理性，从而占有更多司法资源。在这个链条中，法院因为直接处理冲突的

---

① 律师在经济收入上一般高于法官，但其司法文化资本一直处于被法院、检察院以及公安机关压制的状态。律师尽管也有法律教育的背景，但更容易被法官视为"经纪人"。笔者认为，真正的"法律职业共同体"建构关键点，也在于对司法文化资本的共识与共享。

法律关系，而成为对法律适用最贴近的主体。也正因为如此，法院在法治文化中所给予的贡献就在于：通过严格、精准、合乎理性的适用法律，生产公正的司法产品，满足社会对公正的司法需求，从而获得公正的社会评价，最终增加社会对公正的信仰。

而所有这些集中起来，就构成以“全面推进依法治国”为符号的国家权力场域的正当性与合法性根基。有学者曾敏锐地指出：“由于法院公开审判、律师制度、审判监督程序等一系列通往正义的途径是敞开的，即使当事人在所有的救济手段失败后，他们往往不会成为‘国家’的反对者，他们可能产生对他人的怨恨：抱怨某一些法官的司法腐败，抱怨对方当事人的神通广大；或者产生对自我的抱怨：抱怨自己不懂法律，抱怨自己没有钱请好律师，抱怨自己没有社会关系。但是，在这种种怨恨中，当事人唯独不会对国家的治理方略——社会主义法治本身——产生仇恨，反而对‘法治’的正当性产生了更强烈的热望：‘健全社会主义法治’。”①

二、法院在法治文化生产中角色的应然定位

法院作为一个组织或者机构，其所建构的法院文化是法治文化的重要组成部分。从目前法院系统对法院文化建设的推进历史来看，② 法院文化是以精神、行为、制度、物质文化的综合体的概念最终被确定下来的。③ 而笔者对法院文化的研究，则更关注意义与价值层面的建构。④ 与此相对应，法院文化首先是对于公正这一司法伦理的不懈追求，其次是如何达成公正的司法知识的不断累积，

① 强世功：《惩罚与法治：当代法治的兴起（1976—1981）》，法律出版社，2009年8月第1版，第209~210页。

② 参见吕芳：《新时期中国法院文化发展历程》，载《人民法院报》2012年8月1日。

③ 参见2010年8月5日最高法院发布的《关于进一步加强人民法院文化建设的意见》。

④ 参见吕芳：《中国法院文化研究》，人民法院出版社，2008年。

最后是相关制度和器物文化的建设。后两者在实践中更为直观，也更易达成。因此在实践中，法院文化是由表及里、由后到前建构的。笔者在此集中论述前两个问题。

首先，法院审判者的文化生产过程应是不断追问应然价值的过程。意义、价值、目的、理想等构成了一个精神的范畴。精神不是个体意识的简单相加，意义也不是绝大多数人的意见。法官职业活动中应不断追求何种价值，以及什么是司法核心价值并没有普世的共识。“2008 年，来自亚洲、欧洲、美洲及世界银行的法律专家研究制定了一套完整的《法院卓越业绩国际框架标准》，确立了各国法院普遍认可的若干项司法核心价值观，界定了法院工作考评标准的七大领域，设计了考评的标准和程序，在不少国家产生了一定影响。其中关于司法核心价值观的表述值得借鉴。这些法律专家和有关研究机构深入调查研究了各国法院在扮演其特定角色时奉行的核心价值观，达成了广泛的国际共识，认为最重要的司法核心价值观包括以下十项：法律面前人人平等、公平、中立、独立审判、胜任职责、清正廉洁、公开透明、便捷亲民、及时快捷、确定性。”① 相比较而言，从“公正与效率”被当成当代中国人民法院的世纪（21 世纪）主题，到将“公正、廉洁、为民”定位为我国当代法院的核心价值观，中国法院所宣示的核心价值一直比较简单，但与其他国家类似的是，司法者所思考的问题类型是一致的，是同一范畴的，不同的只是观点的差异。所共同认可的范畴包括，具有正义感，平等、中立对待当事人是每一个法官应有的职业美德，也是职业伦理禀赋。构成对该职业伦理约束的是司法廉洁。

这里面存在一个不容回避的问题：法官的正义感与一般人的正义感的差别何在？即法官的正义感依托何种特质，可以与一般人的“自然正义感”拉开距离，并凌驾于后者之上？国家强制力是一个保障，法官的权威也或许是先验的保证。但更有说服力的其实是专

---

① 蒋惠岭：《司法核心价值观概览》，载《人民法院报》2012 年 6 月 8 日。

门化的司法知识。这就引出第二个问题。

法院作为司法场域中的文化生产者，应该以司法知识、司法理论、司法方法作为武器，占据自己的独特地位（即使在法律职业共同体中，不同的司法知识类型也会存在）。美国宪法奠基者之一汉密尔顿在《联邦党人文集》提及司法部门（即法院）时有一句著名的话："司法部门既无强制，又无意志，而只有判断"。其实这里的判断，就是指法官根据所拥有的司法知识和司法智慧，对案件进行理性裁判，以获得公正的社会评价。只有真正拥有自己的职业化的、专门的司法知识，才能获取属于自己的职业存在必要性，并获得相应的职业利益。更为重要的是，司法知识所呈现出的专业化、职业化特性，恰好也是法院保持独立性的必要前提。

司法知识生产司法技能，后者包括裁判者的法律解释能力、逻辑推理能力、判决书写作能力、控制庭审能力等，司法知识也生产"法言法语"。"司法语言极其清楚地揭示出司法场域的运作逻辑中所蕴含的占用效果（appropriation effect）。这种语言将直接取自日常语言的要素与日常语言所陌生的要素结合在一起。——大多数有助于产生两种效果，即中立化效果和普适化效果。""这样一种体现自主性、中立性和普适性的修辞技术，绝不是一个简单的意识形态面具，它可能是思想和实践实现真正自主性的基础，它表达了司法场域的整个运作过程，尤其是表达了法律规范体系总是要服从的理性化运作。——其实，我们所说的'法律感'和'法律能力'刚好说的是这样一种普适化的态度。这种态度就构成了司法场域的入场券，当然可以肯定的是，还多少要掌握一点世代相传所积累起来的法律资源，包括规则文本（canon of texts）、思维方式、表达方式和再生产出规则的行动方式。这种基本态度主张生产一种特定的裁决形式，它完全不同于我们经常运用的普通公平感的这种直觉，因为这种裁决形式是从一个内部连贯一致的规则体中严格演绎出来的。"①

① 布尔迪厄：《法律的力量：迈向司法场域的社会学》，强世功译，载《北大法律评论》第1卷第2辑，法律出版社，2000年。

审判者所面临的各种纠纷，需要通过查明事实，适用法律规范得出裁判结论。“查明事实”是一种以法律的程序性规定为坚实基础的客观过程，去伪存真，就是要在“假”中寻找“真”。[①] 这是一个司法技能的运用过程。“适用法律”则是一个必须考量价值问题的过程。尽管现在有些法院已经开始通过追求量刑规范、审判行为标准化[②]等模式，来达成审判行为的技术性统一标准，但最终的审判结论仍然会融入裁判者的价值判断。简而言之，法官的判决基于逻辑和价值体系，这种价值非常接近于他必须作出解释的法律文本的价值。因此，法官对法治文化的贡献，并非一种单纯适应社会的司法技艺，而是创造性地将司法技能、司法知识与法律旨趣（价值）融为一体的实践活动。

其次，法院对于应然价值的追问和探求，应该与国家强制性的同型化管理模式相共生。“许多研究还揭示，即使美国的立法看似某种新的组织行为的直接原因，管理者通常也会就什么才是真正可接受的与公共官员和法院进行协商——，因此在美国所谓‘强制性同型化’事实上具有相当大的共同参与性，因为立法通常只提供具有大体结果导向的授权委托，然后就由法院和组织的管理者来共同协商形成具有可遵循的行为规则了。”[③] 从属于明确的政府管理，是司法场域的行动者从属于更广泛的权力领域的必然体现，也是司法场域与更高权力领域更为接近这一不争现实的体现。

在当代中国，有一个很明确的例子，即法院核心价值观的演变。关于法院的核心价值观，肖扬任最高人民法院院长期间提出了“公正与效率”，2010 年 8 月 5 日公布的《关于进一步加强人民法

---

① 这种“真”被定义为法律真实。

② 例如，2011 年 9 月福建三明中院出台的《民商事审判全程标准化服务规程、流程》，2014 年 11 月天津高院出台的《审判流程运行标准化》等规范性文件。

③ ［美］戴安娜·克兰：《文化社会学——浮现中的理论视野》，王小章、郑震译，南京大学出版社，2006 年，第 116 页。

院文化建设的意见》(法发〔2010〕31 号),以正式文件的形式将公正、廉洁、为民的司法核心价值观确立下来。然而在 2011 年年底举行的全国政法工作会议提出,全国政法机关要认真开展“忠诚、为民、公正、廉洁”的政法干警核心价值观教育实践活动,法院的宣传口径又统一为“忠诚、为民、公正、廉洁”。随着政法部门领导的撤换,不同的法院又开始寻求新的核心价值观,主要表现为积极践行社会主义核心价值观。[①] 上述价值观的演变,有其历史传统背景因素的影响,更多的是适应国家同型化的管理需要。但对于法院活动意义的持续关注和不断思考,却是一个“有文化的法院”最应该坚持的原则。

三、法院公正审判的微观审视

当法律决定权被交于法官手中时,人们就期待着获得公正的审判。何为公正的审判?不同法系国家有不同的侧重。英美法系是判例法国家,没有或很少有成文的法条,因此其法律制度优先考虑的是程序,强调的也是程序公正;而以德国、法国为首的大陆法系国家,有着卓越的法典,尤其是民法典,强调的是法律条文高于所有程序,其所谓的公正就倾向于道德和理性上的公正,即实体(实质)公正。在当代中国,强调法律效果和社会效果的统一,不过是结果论实体公正的变种而已。这些年,在法院审判中,程序公正越来越受到重视,但程序公正与实体公正并没有真正融为一体。

司法场域有其独特的自身运作逻辑。“这个场域的特定逻辑是由两个要素决定的,一方面是特定的权力关系,另一方面是司法运作的内在逻辑,前者为场域提供了结构并安排场域内发生的竞争性斗争(更准确地说,是关于资格能力的冲突),后者一直约束着可

① 参见朱淮:《海港法院:积极践行社会主义核心价值观》,载河北法院网,2014 年 10 月 23 日发布。类似的文章在法院网都可以搜到。

能行动的范围并由此限制了特定司法解决办法的领域。"[①] 上文说道，司法场域中有不同的行动主体，检察院、公安部门对法院公正审判所产生的影响是制度性的，就法院自身而言，为达成公正审判，更具可行性的是，一方面，调整审判权内部运行方式，包括如何保障法官独立审判，如何对法官责任进行规制；另一方面，应该将眼光放在如何重新建构法院环境中的权力竞争关系层面，主要是法官与当事人（包括律师）、法官与民众（或曰群众、人民）。在这个意义上，笔者认为，党的十八届四中全会上提出的人民陪审制度改革，不仅是司法民主是否实现的问题，更为重要的是，民众据此合法性地、有程序保障地分享了法官的法律决定权中最为关键的事实认定部分，成为法治文化真正的生产者，其所产生的影响十分深远。

"人们应该被与他们同地位的人讯问：这就是英国最重要最独特的陪审团制度。除非有另外 12 个与他或她同地位的人被说服并相信他或她有罪，否则此人不能被关进监狱或受到其他形式的惩罚。这些人并非由国家所挑选的，他们处于个人与国家之间。""在中国，陪审团制度有希望行得通：陪审团制度需要的几个条件，民众受过良好的教育，有较好的经济能力，而且对司法系统有比较好的理解。"[②] 重新建构中国特色的人民陪审制度，具有如下文化意义：

首先，尽管缺乏专门化的司法知识，但随机进入陪审团名单的人员不过是不特定民众中有了名字的特定主体，他们与民众的同源性，使得他们基于自己朴素的正义感所作出的对法律事实的判断更容易获得民众的认可。其次，在对案件的审理中，陪审员所分享的是事实决定权，法律适用权与决定权仍然专属于法官。人民陪审员

---

① 布尔迪厄：《法律的力量：迈向司法场域的社会学》，强世功译，载《北大法律评论》第 1 卷第 2 辑，法律出版社，2000 年。

② 艾伦·麦克法兰：《法治为何重要》，载《南方周末》2014 年 11 月 27 日 C20 版。

与法官的关系具有结构性差异，二者的结构关系是对立的，法官很难再侵入陪审员的行为空间，陪审员则可对抗法官寻求自己的可能性空间。之前的参审制所集中出现的弊端：陪而不审，或干脆成为“兼职法官”，就可以逐步被消解。最后，也是最为关键的，作为一种历史积累的法治文化，既存在于现实中，也存在于人们的想象中，二者互为表里。在公开的庭审中，人民陪审团与法官共同决定着当事人的命运，吸引民众的与其说是公正的审判结果，不如说是审判过程中法官与陪审员的公正的表现。也就是说，民众被无意识地吸引到公正的建构中，从而无论在物质层面，还是在象征层面，以审判公正为核心内涵的法治文化最终成为真实的存在。

而党的十八届四中全会的《决定》中所提出的新的陪审制度建构，则更值得我们关注与研究。这又是另外一篇文章的内容了。

（作者系国家法官学院教授）

“严格执法”与“为我执法”的博弈

王运声

摘　要　当一个案件一旦启动法律程序，就立即会有人出来向办案人员提出要求，来自上级领导机关的要求是必须“严格执法”，来自当事人的要求是执法机关尽可能法外开恩，实质就是提出“为我执法”的要求。这一博弈是我国冤假错案的主要原因之一。其根源在于中国封建专制的遗毒，即皇权至上、法自君出、君意无常、成法易破、律例并存、以例破律。党的十八大报告中提出“科学立法、严格执法、公正司法、全民守法”的十六字方针，开启了法治文化建设的新征程，表明中国特色社会主义的法治建设进入了一个全新的历史时期。

关键词　严格执法　为我执法　博弈

严格执法是党和人民对执行法律的职能部门的基本工作要求，然而严格执法却常常遇到来自各方的阻碍。执法人员经常会遇到的一个难以解决的问题，就是怎样在“严格执法”与“为我执法”的博弈中取得最后的胜利。这种胜利不是敌对之间的决斗，而是来自我们队伍中隐蔽的暗中博弈。逆流来自何方不知，博弈的对手是谁不知，因此在博弈中有多少胜算是很难把握的。笔者认为，站在法治文化视角，厘清“严格执法”与“为我执法”博弈产生的原因和其对法治建设的严重危害性，是当前我们深入贯彻十八届四中全会《决定》的重要研究课题。

最近，笔者有幸读到华东政法大学蒋冬梅博士的一篇有关此类问题研究的文章，题目是《略论传统中国严格执法的阻抗因素》。蒋博士从法治文化的视角分析认为，“严格执法是中国现代法治建设中要解决的重大而艰难的问题，但它并不是现代才有的问题，而是传统社会一直存在的问题，纵观历史，真正做到严格执法的时候不多。严格执法在今天的中国之所以依然困难重重，一个重要原因就是传统法律文化的深远影响”。作者提出了形成抗阻的五大原因，即国家体制因素：法自君出，君意无常；意识形态因素：德主刑辅，屈法伸礼；文化观念因素：法律虚无，狱吏位卑弄法；立法技术因素：立法水平受限，成法难守易破；特别指出的是律令繁多，便于出入，律例并存，以例破律，比例、类推随意性大。蒋博士的分析笔者也深有感同。当然对她的分析觉得还有些遗憾，她分析的对严格执法阻抗的原因都是历史原因，而几乎没有触及当代和现实。笔者要研究和分析的现象、原因、危害是立足于当今社会，撞击发生在我们身边的阻碍严格执法的事实。

在中国，毫不夸张地说，凡是从事过执法工作的人员，几乎没有一个人能够逃脱面对“严格执法”与“为我执法”的博弈。笔者从事执法工作30多年，看到、听到、遇到这类博弈也确实不少，是执法者就难以回避这样的法律文化的历练。肯定地说，这与中国人情社会的特殊民族文化背景关联密切。当一个案件一旦启动法律程序，就立即会有人出来向办案人员提出要求，来自上级领导机关的要求是必须“严格执法”，来自当事人的要求是执法机关尽可能法外开恩，实质就是提出“为我执法”合情不合法的要求。本来有法律规定，有上级支持，执法机关严格执法应该是顺风顺水走法治大道，圆满完结案件的审理，拿出符合法律规定的处置、裁判结论，实现法律公正，还当事人一个公平正义。但事实上，当事人要求“为我执法”的方式和手段，让你防不胜防。案件当事人的自我表演并不可怕，可怕的是他们知道自己势单力薄，说话没有分量，于是寻租外援，执法人员的上级、同乡、同学、战友甚至亲人，就是他们寻租的重点对象，更有财大气粗者往往在较高层面寻租代理，让执法人员难以抗拒，从而增大执法人员严格执法的风险。因此，对于“为我执法”人群，绝对不能小视。

“严格执法”与“为我执法”的博弈，如果是顶头上司出面，或者是更高层面的领导出面，执法人员要想秉公断案，排除干扰，那更是难上加难。这些领导同志在对待日常工作和日常执法时，充当的是严格执法的主张者和监督者，他们给执法人员留下的是严格实施法律、不徇私情、伸张正义的高大执法者的形象。可是一旦他们成为“为我执法者”寻租的对象后，他们依然是以正义者的化身，向执法人员发出明确具体的执法指令，使执法人员不容易很快识别这些不得不听的指令的真实意图。一旦执法者醒悟，发现是阻碍，理性地表示出抗拒和抵触，这些寻租者马上就会玩弄权术，作出法外开恩，违背法律规定、用意明显的“指示”，执法者则陷入不抗拒不行、抗拒也不行的尴尬境地。要么为了坚持法律和正义，而顶着雷抗争，依法断案；要么违心屈从，做博弈的失败者。如果是前者，当然会得到应有的“回报”。例如，江苏省一位基层检察院的检察官，在审理一起多名县政府领导的儿子结成团伙共同犯罪案件时，犯罪事实清楚，证据确凿，检察官在办理提起公诉过程中，遇到金钱诱惑和权势高压，几名领导干部明确要求检察官不向法院提起公诉。检察官义正词严严格执法，惹怒了县政府领导，检察官很快被停止工作。如果是后者，虽然不情愿，还是得违心执行错误指示，作出有悖良心、有悖法律精神的错误裁决。

为什么会产生法律执行上的博弈？笔者以为，首先要追诉中国封建专制的遗毒，也就是笔者前面讲到的蒋冬梅博士的观点，中国皇权至上，法自君出，君意无常，成法易破，律例并存，以例破律。这种余毒对近代人、现代人、当代人的影响依然存在，那些被他人选中寻租的领导者，之所以敢于违法下达不依法办案的“指示”，其根源还是来源于皇权至上的思维方式的延续，是腐朽的封建皇族文化的反扑和挣扎。一些领导同志，身居要职，平常总是以监督者的身份出现，有的甚至就是法律的制定参与者，他们身居高位，容易脱离法律的约束，党和人民把他们安排在重要的岗位上，掌管着党政大权，他们就自以为是党和政府的化身，可以随意向执法人员发号施令，可以超越法律行事，可以践踏法律的实施。他们把法律当成一种摆设，当成自己违法违纪的护身符。这类领导干部的所作所为，是严重破坏社会主义法治文化的罪恶行为，它不仅仅导致个案的不公，更是对法治建设大厦、法治文化根基的破坏。

这些习惯玩弄权术、参与“严格执法”与“为我执法”博弈、充当违法人员保护伞的官员们，其对法律的两面性，表现在他本人违法违纪的案件上，更令人气愤。他们对于别人违法犯罪的案件要求严格执法，但是当自己违法违纪时，却往往要求执法人员视而不见，网开一面，为他改变执法的规则。像周永康、徐才厚之流，就是这类货色。他们践踏社会主义法治文化的行径，令人发指。

“严格执法”与“为我执法”的博弈对我国法治文化建设具有极大的破坏性，是我国冤假错案的主要原因之一。近期曝光的那些错抓、错诉、错判，甚至错杀的颠倒黑白的案件，许多都是由于执法人员在博弈中败下阵来所导致的结果。我们的人民法官、人民检察官、人民警察，在这场博弈中要想取得胜利，还真正要有大义凛然、刚直不阿的昂然正气，还要有不怕打击报复、不怕领导“穿小鞋”、不怕影响个人前程、不怕撤职查办、不怕连累妻子儿女的硬骨头勇气。我们从敢于排除干扰，坚持严格执法的执法人员身上看到的是法治文化彰显的无穷力量。

当一个案件进入行政执法程序或者诉讼程序，案件当事人有些利己的追求，是保护自己本能的反应，只要能够自我控制，无可非议。而那些被寻租的领导同志，一旦受人之托或者因为利益关系而不顾法律规定，要求执法人员为实现某人利益而偏袒一方的无理要求，甚至利用人民赋予自己手中的权力威胁和利诱案件承办人，引导执法人员违背法治原则，搞所谓柔情执法、手下留情，甚至枉法裁判，使案件审结的结果与严格执法的要求背道而驰，这是执法机关的耻辱，导致执法人员丧失良知，令人十分痛心。

十八届四中全会通过的《决定》中指出：全面推进依法治国，总目标是建设中国特色社会主义法治体系，建设社会主义法治国家。……坚持法治国家、法治政府、法治社会一体化建设，实现科学立法、严格执法、公正司法、全民守法，促进国家治理体系和治理能力现代化。

习近平总书记在关于《决定》的说明中指出：法律的生命力在于实施，法律的权威也在于实施。“天下之事，不难于立法，而难于法之必行。”如果有了法律而不实施，束之高阁，或者实施不力，做表面文章，那制定再多的法律也无济于事。全面推进依法治国的重点应该是保证法律严格实施，做到“法立，有犯而必施；令行，唯行而不返”。

党的十八届四中全会精神的学习贯彻，为我们执法者更多地赢得“严格执法”与“为我执法”博弈的胜券奠定了坚实的基础。特别是习近平总书记在讲到“提高司法公信力”时指出：“确保依法独立公正行使审判权和检察权，全会决定规定，建立领导干部干预司法活动、插手具体案件处理的记录、通报和责任追究制度”，这就从制度上为寻租官员代言设置了高压线，有效地制约了“严格执法”与“为我执法”矛盾的升级，大大减少博弈现象的发生，为广大执法者营造了良好的执法环境。

党的十一届三中全会《决议》，针对“十年浩劫”对法治严重破坏的现实，提出了“有法可依、有法必依、执法必严、违法必究”的十六字法治建设方针（以下简称“原十六字方针”）。党的十五大报告中明确提出“依法治国，建设社会主义法治国家”的基本方略，标志着我国依法治国从法律制度层面建设迈向法律治理层面。党的十八大报告中提出了“科学立法、严格执法、公正司法、全民守法”新的十六字方针（以下简称“新十六字方针”），表明中国特色社会主义的法治建设进入了一个全新的历史时期，是我国法治建设的重要里程碑。新十六字方针极大地丰富了社会主义法治文化的内涵，为法治文化加快建设步伐奠定了深厚的理论基础，具有深远的历史意义。新十六字方针鲜明地提出了中国特色社会主义法治建设的四大目标，开启了法治文化建设的全新征程。

值得注意的是，新十六字方针不是简单的文字表述的变更，而是具有丰富的法治文化内涵。其主要体现在四个方面：一是新十六字方针将法治建设划分成“立法、执法、司法、守法”四大块，提出了立法要科学、执法要严格、司法要公正、守法要全民的法治建设四大目标；二是新十六字方针既延续了“有法可依”的立法目标和“执法必严、违法必究”的执法目标，又强调了“公正司法和全民守法”两大法治建设目标；三是把执法和司法分别单列并提出不同要求，突出强调了政府的执法责任，提升了司法活动在国家法治建设中的重要地位和作用；四是把“有法必依”提升为“全民守法”，排除了任何人脱离法律约束的合法性，使法律面前人人平等成为现实可能。因此，新十六字方针为我国法治文化增添了全新的内容，具有重大历史进步意义。我们中国法治文化研究会肩负着研究法治文化新发展的重要使命，笔者的发言就是为中国法治文化研究会的现实法治文化研究做一块铺路石。

站在法治文化的视角，我们有必要回过头来认真审视严格执法的发展和变化。新十六字方针没有提出以前，政府执法机关执法和司法机关司法均统称“执法”，我们不妨称之为广义的执法，严格执法就必然包括行政执法和司法两个层面。笔者找了一些证明资料试图印证自己的观点。其中在某省公务员考试复习资料中有一道选择题：严格执法的正确选择有四个选项 A. 执法公正 B. 有法必依 C. 违法必究 D. 执法必严。标准答案是 BCD。就是原十六字方针的后三句话。按照这个标准答案，严格执法显然包括行政执法和司法两个层面。某网站向网民提问：“什么叫作严格执法？”该网站从众多答题网民中选出一个作为正确答案：严格执法体现在两个方面，一是要求执法人员必须秉公执法、严肃执法，严格按照法律规定和程序办案，真正做到以事实为依据、以法律为准绳；二是要求执法人员必须尽职尽责，对发生的违法行为勇于纠正并依法处罚，不搞人情执法，做到有法必依、执法必严、违法必究。显然，这也是把行政执法和司法统统包括其中。

司法是执法活动中一种更高形式的执法活动，是由具有专门法律知识的专门人才，通过司法机关实施法定程序来完成的执法活动。司法活动在国家法治建设中具有特殊的权威性，司法活动并且能够为行政执法提供救济渠道，司法活动是法律救济的终结手段。例如，交通事故处理的行政认定，法院通过审判可以裁判是否认同或者撤销。司法的这种对行政执法的救济职能，是案件审查处置程序的连接和延续，是使案件得以公平、公正处置的必要保障。长期以来，我国领导机关和普通民众一谈到“执法”，必然把法院、检察院的司法活动和公安局、司法局、民政局、工商局等行政执法活动视为一体；严格执法的要求既是对行政执法活动提出的，也是对公诉活动和审判活动的要求。把行政执法活动和司法活动混为一谈，司法权不仅难以制约行政执法，相反，还可能受到行政执法的干扰。这也是我国司法权难以彰显权威的根本所在。

按照党的十八大报告的精神，严格执法是对行政执法机关和政府职能部门的执法要求，公正司法是对司法机关执法活动的更高要求。两者是有区别的，不能混为一谈。司法公正是在保证严格执法的前提下，追求执法的公平正义，实现法律意义上的公正司法。公正司法是在严格执法基础上才有可能追求得到的法治效果。这不是一个简单的问题，有其深刻的社会原因和法治原因，同样也包括我在前面研究的“严格执法”与“为我执法”的博弈。如何正确理解、认真贯彻十八大《决定》精神，是我们今后研究中国法治文化的重要任务。任重道远，时不我待。

（作者系最高人民法院咨询委原秘书长）

检察文化建设不良表现与应对路径

陈长均

摘　要　检察文化建设在一些地区出现了与法治中国建设不相适应的现象，如边缘化、娱乐化、教条化等不良倾向。建议培养读书习惯带动检察文化建设，结合检察业务推进检察文化建设，借助现代传媒手段创新检察文化建设，借鉴域外法治文化建设经验服务检察文化建设，加强理论研究深化检察文化建设。

关键词　检察文化　不良表现　应对路径

文化如水，滋润万物，悄然无声；文化如香，沁润心肠，柔而有力。检察文化是检察机关的灵魂，是检察事业实现深层次发展的重要基础。优秀的检察文化能够促进检察官角色的塑造，唤起检察官的主体意识，使其从被动的服从对象转变为主动的接受和享用主体。长期以来，检察机关非常重视检察文化建设，检察文化建设也在法治中国建设中发挥了重要作用。然而，当前检察文化建设在一些地区却偏离了检察文化建设的正确方向，出现了与法治中国建设不相适应的某些不良倾向，这不利于检察事业的发展和法治中国建设目标的实现。在全面推进依法治国的伟大征程中，如何进一步加强检察文化建设是摆在检察机关面前的一项重要课题。本文就检察文化建设的不良倾向进行简要归纳并提出应对建议，以求教于方家。

一、检察文化建设不良表现

（一）检察文化建设边缘化

有些检察机关和检察人员认为，检察文化建设是一项可有可无的“虚”工作，没有多少实质性意义，只不过是摆花架子、搞形象工程。这种思想倾向没有意识到检察文化建设的重要性和必要性。殊不知，一个没有文化的民族是没有根基的民族，一项没有文化的事业也是没有根基的事业。检察文化的培育建设，不仅能够促进检察官角色扮演得更加成功，也会直接或间接地促进检察事业的发展和进步。作为社会医生，检察官并非单纯的技术人员，其道德追求应优于技术追求，其崇尚正义的文化价值取向比法律技术取向更重要，对检察事业的长远影响也更大。“以正为本，以廉为先”（汪天赐《官箴集要》）应是检察官的精神价值取向。

可以说，优秀的检察文化是黏合剂，凝聚人心；是进军号，催人奋进，鼓舞士气。加强检察文化阵地建设，开展丰富多彩、活泼多样的检察文化活动，构建尊重人、关心人、理解人、帮助人的检察人文环境，营造积极向上的良好文化氛围，有利于检察人员舒缓压力、身心健康，进而能够促进检察人员全面发展、依法公正廉洁履职。广大检察人员应当有超越技术层面的精神追求，而检察文化建设正是提升检察人员精神追求的有效途径之一。因此，检察文化建设是检察机关一项不可阙如的重要工作，必须克服检察文化建设虚无化、边缘化思想倾向。

（二）检察文化建设娱乐化

一提起检察文化，不少基层检察机关和检察人员认为无非举办一些娱乐活动，把检察文化与书画、下棋、打球、唱歌、演讲、写作等文体活动联系起来，认为举办一些文体活动，丰富检察人员的业余生活，就是进行检察文化建设。这种片面理解削减了检察文化的价值，淡化了检察文化的导向功能。其实，检察文化建设的形式不仅仅是开展积极向上的娱乐性文体活动，而应是多元的。只有组织创作较多思想性、艺术性、观赏性相统一、广大检察人员喜闻乐见的优秀检察文化产品，开展丰富多彩的检察文化活动，才能体现检察文化建设的真谛。部分基层检察机关开展的毫无思想性、知识性的娱乐活动徒有检察文化之名，而无检察文化之实，是无任何正面意义的所谓的"检察文化"。需要特别指出的是，那种认为低俗娱乐节目也属于检察文化的思想倾向是极端错误的。这种所谓的"检察文化活动"对检察文化建设有百害而无一利，甚至玷污了"检察文化"之称谓。检察文化，重在持之以恒的有效建设；检察机关软实力，重在潜移默化地逐步提升。

"检察文化不是空中楼阁，它源于检察权的设置和检察制度的运行。因此，凸显检察特质也应当成为检察文化建设的一项基本原则。"① 检察文化建设应当突出公平正义的价值引领和法律监督特质。华而不实的"检察文化活动"，倡导不出以公平正义为本的奉献精神，塑造不出"铁骨铮铮不畏权贵、诚心拳拳善待贱民"的品格。纯粹娱乐化的作秀型"检察文化建设"，追求不到具有永恒意义的信仰、责任、勇气、爱心、公正、宽容和诚信等价值；浅薄、乏味的重复性娱乐活动不但发挥不了陶冶情操、提升素养的作用，还可能会引起诸多检察人员的反感，更与增强检察机关文化底蕴、提升检察机关软实力、建设法治中国的目标背道而驰。因此，坚决纠正检察文化建设作秀化、纯粹娱乐化倾向，刻不容缓。

（三）检察文化建设教条化

随着检察事业的深入推进，检察文化建设已成为检察事业全面、科学发展的一个不容回避、不容忽视的重要课题。然而，如何更好地挖掘优秀文化思想价值，坚持检察人员在检察文化建设中的

---

① 于天敏：《检察文化建设再认识》，载《人民检察》2012 年第 10 期，第 32 页。

主体地位，精心培育灵活多样且根植于检察人员之中的文化载体，引导广大检察人员在丰富多彩的文化建设中自我教育、自我表现、自我服务，满足检察人员的精神需求，我们所做、所思的可能都还远远不够。

一些检察机关不注重学习其他行业文化建设的有效方式、方法，不善于借鉴域外好的做法和经验，只是过于强调检察文化建设的特殊性和本土化。有些检察机关为了加强思想建设，巩固共同思想基础，在检察文化建设中，不是因地制宜地组织检察人员乐于参与、便于参与的文化活动，而是反复举行一些内容空洞、枯燥，形式严肃、呆板的说教活动。这种教条式的思维倾向和行为倾向，不但不能丰富检察人员的精神世界，而且与加强思想建设的目标南辕北辙。

二、检察文化建设不良表现的应对路径

（一）培养读书习惯带动检察文化建设

当前，许多检察机关的文化建设开展得可谓如火如荼。检察文化的繁荣发展，当然不是坏事。但是，检察文化建设绝不仅仅是蹦蹦跳跳、说说唱唱，最主要的应该是如何提高队伍素质、提升队伍的精气神和人文情怀。实践证明，只有培养检察官良好的阅读习惯和较强的阅读能力，从而增加检察机关的文化含量，才能提升检察队伍的整体素质和执法水平。季卫东教授指出，法律职业家应“在深厚学识的基础上娴熟于专业技术，以区别于仅满足于实用技巧的工匠型专才”。① 美国法理学家博登海默也认为：“为使自己成为一个真正有用的公仆，法律工作者就必须首先是一个具有文化修养和广博知识的人。”② 如果不多阅读，特别是多读与本职工作、与培

① 季卫东：《法治秩序的建构》，中国政法大学出版社，1999 年，第 198 页。

② ［美］E·博登海默：《法理学：法律哲学与法律方法》，邓正来译，中国政法大学出版社，2004 年，第 531 ~532 页。

养法治思维和法治精神相关的东西，作为法律职业家的检察官不可能具备渊博而深厚的学识，充其量只能是工匠型专才。检察机关如若只是举办一些浅薄、乏味甚至低俗的娱乐活动（如麻将竞赛），对于检察队伍素质的提高、情操的陶冶，并无多少益处。笔者非常赞同“文化，从阅读开始”① 的主张，并不是说喜闻乐见的娱乐活动对检察人员不重要，而是阅读对于检察文化建设和检察队伍建设具有基础性意义。

莎士比亚说：“书是全世界的营养品”。犹太民族是世界上最富有智慧的民族，而这个民族，就是最喜欢读书的民族。关于读书，很多人都谈过这个话题，包括国家领导人，比如，习近平总书记曾专门讲过领导干部读书问题，他要求领导干部要“爱读书、读好书、善读书”。就检察官个人而言，读书是获取真知灼见，培养独立思考能力、想象力、创造力以及修身养性的主要途径；只有读书，才不会使自己沦落为精神世界的卑微者。就检察机关而言，一个检察院的竞争力，从根本上说不是取决于它的物质力量，而是取决于它的精神力量等软实力，而精神力量等软实力又与检察官的阅读水平、阅读高度和阅读量关系甚大。一个毫无书卷气的检察官，不可能是文化素质非常高的检察官；一个毫无书香气的检察院，不可能是文化真正繁荣的检察院。倡导阅读习惯、营造阅读氛围，以增强检察机关文化底蕴、提升检察机关软实力，是检察文化建设的重要组成部分。否则，检察文化将失去基础意义的部分，至少可以说检察文化是不完整的。因此，检察文化建设，应从倡导和培养检察官读书和积累学识的习惯开始。胡适曾言：“播了种一定会有收获，用了力绝不至于白费。”② 只有经过日积月累的阅读，并通过阅读带动检察文化的发展和繁荣，才可能有检察文化建设满仓的收

---

① 王国华：《文化，从阅读开始》，载《人民日报》2011 年 12 月 27 日第 20 版。

② 胡适著、潘光哲编：《容忍与自由：胡适读本》，法律出版社，2011 年，序。

获和检察工作功不唐捐的结果。

（二）结合检察业务推进检察文化建设

由于检察文化的内涵与外延尚不十分明确，有些检察机关存在盲目模仿其他文化的现象，检察文化特色不明显。“从结构上看，检察文化是具有检察工作特色的物质文化和精神文化的总和。”① 脱离检察权和检察工作，趋同于一般主体探讨检察文化是没有多大意义的。离开检察机关行使检察权的神圣使命和职能，检察文化会失去重心而无群体融合、凝聚人心的文化功能，其文化标志性功能便荡然无存。检察工作是检察文化的基础，“正是检察工作改造了检察机关和检察人员，也更新了检察文化，因而只有检察工作才是检察文化的渊源。检察文化是在检察工作中创造和发展的，也是在检察工作中发挥主要作用的。离开了检察工作，检察文化就是无源之水、无本之木”。②

检察业务是检察工作的核心，是检察文化建设的保障，而执法效果则是检验检察文化建设成效的重要标准之一。检察业务为检察文化提供实践源泉，只有与检察业务紧密结合，检察文化建设才能避免边缘化，检察文化才能汲取营养，不断发展壮大。同时，检察文化最核心的功能是让检察人员与应然的检察职能、检察权的运行保持价值理念的高度认同，甚至在法律或制度不完备的情况下，仍能作出合理的判断。因而，检察文化又为检察业务提供精神动力和智力支持，对检察业务具有促进作用。只有将检察文化融入日常办案实践中，才能使广大检察人员真正做到公正执法、文明执法，取得法律效果、政治效果和社会效果的有机统一。

（三）借助现代传媒手段创新检察文化建设

检察文化创作和传播的形式很多，既有传统的，也有现代的。

---

① 钟勇等：《国家软实力与检察文化软实力构建研究》，人民出版社，2011 年，第 28 页。

② 谢鹏程：《检察文化的概念重构》，载《国家检察官学院学报》2013 年第 3 期，第 43 页。

检察机关要大力繁荣检察文学、艺术、影视等文学艺术品种，充分发挥语言艺术、表演艺术、造型艺术、视听艺术、综合艺术在检察文化建设中的作用。当下，尤其要在借助现代传媒方面下功夫，创造检察文化创作和传播的新途径。新媒体是在新的技术支撑体系下出现的媒体形态，它是以数字信息技术为基础，以互动传播为特点，具有创新形态的媒体。新媒体能够为大众同时提供个性化内容，是传播者和接受者融合对等、相互交流、个性鲜明的媒体。在这个“人人都是麦克风、个个都是发布者”的时代，新媒体对检察机关来说，能够拓展检察文化的传播空间和传播渠道，加大检察文化的传播速度、传播活力和影响力，从而为检察文化的创作和传播注入新的生命力。

广大检察人员，尤其是检察系统的作家、艺术家和文学艺术爱好者，要勇于时代担当，创新思维，更新创作和传播理念，善于运用新媒体创作和传播检察文化作品。检察机关要善于运用全媒体的信息流手段，加大检察文化传播体系建设，构建与法治中国建设进程相适应的正能量传播体系。

（四）借鉴域外法治文化建设经验服务检察文化建设

虽然我国和其他国家在文化根基上有些差异，但也存在很多相同之处，如果故意夸大差异，有时候会于事无补。实际上，现代社会正在摆脱文化偏见的余毒，不同文化之间完全可以合理地期待一些融合的东西。米健教授认为：“以迄今历史度之，人类生存发展的必然趋势是越来越普遍深入地相互结合和依赖，经济的全球化和文化的世界化正在相辅相成地迅速演进。”① 所以，检察机关要开阔视野，主动打开眼界去突破语言和地域的客观界限，通过不断汲取域外各类法治文化中的有益成分来形成自身特色的检察文化。

虽然我国检察文化建设存在一些有别于域外法治文化建设的特点，但有许多理念性和方法论的东西是相通的。“他山之石，可以

① 米健：《当代德国法学名著总序》，载［德］齐佩利乌斯著：《法学方法论》，金振豹译，法律出版社，2009年。

攻玉”。德国法学家耶林曾说：“只有傻瓜才会因为金鸡纳霜（奎宁）不是在自己的菜园里长出来的而拒绝服用它。”[①] 我们应加强比较研究，以开放的心态学习借鉴其他国家和地区的有益经验，采取拿来主义，为我们的检察文化建设服务，而不能实行“关门主义”，致使检察文化建设片面化。在借鉴过程中，我们要学会倾听，善于学习，不能在“听不懂”别人讲什么时就简单批评其理论不合理、没有实际意义。“借鉴可以是各取所需，而不是全盘照搬。借鉴可以是循序渐进，而不是一蹴而就。”[②] 当然，鲜明个性是检察文化的生命力和魅力之所在，检察文化建设借鉴域外先进经验的前提必须是立足于本地实际。

（五）加强理论研究深化检察文化建设

理论是实践的先导，虽然我们不能将检察文化建设异化现象笼统地归咎于理论研究的“贫困”状态，但是说二者之间存在着某种程度的关联却大抵不差。社会变化日新月异、白衣苍狗，不多研究新理论是不行的。尽管从一定意义上说，检察文化是一种规范文化，制度文化建设的重要性不言而喻，但要扭转检察文化建设异化倾向，除了在制度和机制层面进行完善外，理论研究也必须跟进。理论上的探索有助于为正在进行的检察文化建设建言献策，避免少走弯路。但任何理论上的创新都必须立足于我国检察机关的实际，都必须接受实践的检验。

当前，简单地围绕检察文化建设某一方面的权能讨论，抑或简单地依据检察文化建设中的一个或几个问题来进行粗浅研究，可能只是暂时给予复杂问题以简单的答案，效果恐怕不会明显、持久。应从思维的一般规律入手，梳理思路，继而全面、科学地研究检察文化建设路径。例如，对“检察文化”这一概念的内涵、外延等，在理论上都应加以厘清，进而深入研究，以推动检察文化建设的大

---

① 转引自周永坤：《法理学》，法律出版社，2004年，第513页。

② 李晓辉：《中国式法律移植之反思》，载《国家检察官学院学报》2014年第1期，第91页。

发展、大繁荣。另外，没有任何一种理论是一劳永逸、“一网打尽”的。所有的理论，无论自认为多么高明，也仅仅是一个“泥饭碗”，而非“金饭碗”。为此，我们只有不断更新检察文化建设理论，通过先进的理论深化检察文化建设实践。

（作者系山西省太原市检察院检察官）

检察文化在法治中国建设中的作用

——以广州市海珠区检察院推进法治文化建设为视角

吴红梅　陈　晨

摘　要　检察文化是检察机关的全体检察人员共同拥有的、用来指导彼此行为的价值观体系。它是由精神文化、制度（或行为）文化和物质文化共同组成的生命体。海珠区检察院的工作实践表明：检察文化建设，可以使检察队伍成为检察文化的实践者和先进文化的代表者，让检察文化内化为检察人员的道德准则和行为标准，不断提高全体检察人员的道德素质和业务能力，积极构建一支政治坚定、廉洁高效、业务精湛、执法公正的检察队伍，以全面推进检察事业的发展。

关键词　检察文化　法治中国　作用

2012年以来，广州市海珠区检察院坚持以文铸检、以文化人，将法治文化建设作为一项基础性工作，突出了地方特色和检察职能。

文化这个概念有其悠久的历史。在中国古代，文化即“以文教化”。古人专注的文化仅限于精神领域与社会现象。现代意义上的文化，有广义和狭义之分。在广义上，文化是“某一特定民族通过长期的历史实践所创造的物质成果、精神形态以及制度、规约、交往方式、生活习俗与语言思维方式的总和式复合体”。文化是化育人类的一抔泥土，它赐予人第二生命，没有人能用不受文化影响的眼睛来看待这个世界。正如美国人霍尔所言，生活中的一切都受文化的影响，文化是文明拱门的中心，所有生活的事件必须经过这一渠道。文化在广义上有三个层面，最外层是物质层面，中间层是制度层面，内核是精神层面。在狭义上，文化即是精神层面的文化。本文所讨论之文化，就是狭义上的精神文化，即人类在改造自然、塑造自我过程中形成的价值观念、心理状态、思维方式、审美情趣、道德风尚、宗教信仰、民族习性等。

具体到检察文化，就是检察机关的全体检察人员共同拥有的、用来指导彼此行为的价值观体系。它是由精神文化、制度（或行为）文化和物质文化共同组成的生命体。检察文化是中国特色社会主义先进文化的组成部分，是检察机关履行法律监督职能过程中衍生的法治文化。检察文化是组织文化的一种，它既具有一般组织文化的共性，如它具有组织文化的功能、特点等，又有它自身的特点，如它离不开党的方针、路线、法律目标，离不开维护法律的尊严、维护宪法的权威等。

在这个方面，海珠区检察院精心谋划，大力推进，法治文化建设蓬勃发展，成效显著。其主要作为表现在以下几个方面：

一、搭载体、融特色，传播法治文明

融合乡村特色，丰富法治文化载体。针对联社、经济社干部和社员依法治村、廉洁勤政意识薄弱等特点，开展“夏日廉风，清韵海珠”廉洁文化活动，打造“通借通还图书室”，举办“读廉书论廉道”访谈，向群众传播廉洁海珠建设的正能量；举办巡回法治讲堂，采取以案说法的形式，2012 年以来，先后为3000 多名街道党员干部和村社“两委”干部、社员作法治专题教育讲座 30 多次，赠阅普法宣传小册子、微电影光盘等 7000 余份，引导广大干部远离职务犯罪；举办法治宣传图片巡展，深入联社、经济社向群众展示廉政漫画、廉政展板等40余次，教育广大群众学法、守法、依法维权；服务“两委”换届选举，通过采取强化监督、调处信访、查办案件等措施，确保换届选举工作顺利完成。

融合校园特色，加强法治文化熏陶。着眼于青少年思维活跃、求知欲强、参与积极性高的性格特征，联合区关工委等单位，编撰《十万个怎么办——法治辅导篇》一书，以问答形式将办理的未成年人违法犯罪案例、常见法律问题编写成小故事，解决青少年的法律疑问，增强学法、守法意识；充分利用“检察开放日”、“青少年维权岗”等载体，在妇女节、儿童节等重大节日期间，举办主题法治讲座，平均每年达20多场次，听课学生每年达2万多人次，为广大青少年健康成长构筑坚实的法治防线；开展“暖苗行动”，将线上与线下普法相结合，通过定期在微信公众号发布“检察官哥哥给你讲案例”及法律常识，在校举办模拟法庭、主题班会、法律知识竞赛等活动，提高青少年的法律维权意识和安全防范能力。

融合社区特色，彰显法治文化魅力。结合社区主体多元化、需求多样化的特点，为辖区企业提供“定制”法律服务，以热线电话为龙头，搭建职务犯罪预防授课预约、行贿犯罪档案查询、法律纠纷服务“三位一体”的公共服务平台；将社区按地域划分为18个网格，由网格所在区域的驻街检察室干警负责开展预防职务犯罪法治课等工作，2012年以来，深入社区讲授法治课69次，赠送“法治大礼包”，提高群众的法治意识；开展“廉洁使者”主题活动，每月第二个周日安排干警进大型社区，通过宣讲廉洁故事、赠阅“廉洁海珠行”册子等，营造社会崇廉、全民参与宣廉的良好氛围；推行“数码预防模式”，在15个示范社区居委会内放置数字触屏查询机，供群众快捷查询社区和检察业务相关信息；拓展法治文化阵地，依托辖区人流量大、景色优美的公园、河道，建设“清竹园”、“清涟园”两个户外园林式法治教育基地，以石艺、陶艺、书画、篆刻、雕塑等多种表现形式展示名人廉政故事、廉政寓理和典型贪腐案例等内容，将廉政宣传由室内移到户外，24小时全天候向社会开放，让法治文化“飞入寻常百姓家”。目前，“两园”基地已接待前来参观学习的150余批2万余人，推动法治文化向全社会延伸和辐射。

二、守阵地、严执法，捍卫法治权威

依法打击各类刑事犯罪，维护社会和谐稳定。积极参与“平安海珠”建设。2012年以来，受理提请逮捕犯罪嫌疑人6192人，批准逮捕5027人；受理移送审查起诉犯罪嫌疑人7230人，决定起诉6509人。始终保持对严重刑事犯罪的高压态势，依法批准逮捕故意杀人、强奸、绑架等严重暴力犯罪650人、起诉572人。先后办理了李某等44人组织、领导、参加黑社会性质组织案，白某某等9人组织、利用会道门、邪教组织破坏法律实施案等一批严重危害人民群众生命财产安全和社会治安秩序的案件，树立和维护了法律权威，不断提升人民群众的安全感。

严肃查办职务犯罪案件，促进反腐倡廉建设。按照既打“老虎”又打“苍蝇”的总体要求，2012年以来，依法查办各类职务犯罪168件186人，立案数位居广东省基层检察院首位，为国家挽回经济损失8000余万元。其中，查处贪污贿赂犯罪115件123人，渎职侵权犯罪53件63人。查处了广东省广州市科技信息系统贿赂窝串案30件33人，涉案金额达5000余万元，有效净化了科技信息行业风气，得到了广州市市长陈建华等领导批示肯定，国务委员刘延东组织召开全国科信系统专题研讨会查缺补漏。

全面强化诉讼监督，维护社会公平正义。坚持敢于监督、善于监督、依法监督、规范监督，努力使群众在每一个司法案件中都能感受到公平正义。加强立案监督和侦查监督。2012年以来，对应当立案而不立案的，督促侦查机关立案16件19人；对应当逮捕而未提请逮捕、应当起诉而未移送起诉的，决定追加逮捕278人、追加起诉154人。加强审判监督。对刑事判决提出抗诉12件，提请市检察院抗诉8件，获得改判4件。针对办理民事行政申诉案件过程中发现的行政执法违法情形，向有关行政机关提出检察建议3份，督促追缴税款3000多万元。加强刑罚执行和监管活动监督。在全省率先建立羁押必要性协同审查机制，对13名在押人员开展羁押必要性审查，其中9人变更强制措施。

三、拓平台、贴民需，落实法治惠民

创新“柔性执法”机制，实现以人为本。坚持用法治思维指引执法工作，创造性推行“柔性执法”。在执法办案中坚持求真求善理念，以人本、法治、平等、服务为基本原则，运用参与、和解、解释等方式，使执法程序和执法方式更加体现文明准则，实现以情、以理、以法服人，最大限度地减少不和谐因素，促进干警养成理性、平和、文明、规范的执法习惯。例如，为每个侦查对象指定一名办案人员作为“一对一”执法关爱人，在人权保障、生活帮助和心理抚慰等方面对犯罪嫌疑人予以人文关怀。该做法得到了上级检察机关的充分肯定，广州市检察院指定海珠院为“柔性执法”工作试点单位，国家检察官学院也将广州市检察院推行的“柔性执法”内容纳入全国检察人员培训课程计划之中。

搭建便捷服务平台，提升为民形象。通过整合优化法律服务资源，全力打造适应形势发展、畅通民意诉求的检务接待大厅，架设检民沟通的新桥梁。配置电子触摸屏、检务咨询服务台、视频接访室、心理辅导室以及重要检察资讯公布栏，提供“一站式”检务咨询与服务，畅通群众依法维权和诉求通道。新建案管大厅，建立律师接待“一站式”服务平台，实现律师阅卷数字化管理，解决律师会见难、阅卷难问题，保障律师的合法权益，受到《检察日报》《检察队伍建设》和正义网等报刊网络的宣传推广。

构建矛盾调处机制，维护合法权益。以维护社会大局稳定为基本任务，以法治方式化解社会矛盾。健全刑事和解工作机制，成功促成刑事和解92宗，为被害人挽回经济损失495.73万元。建立“每案必询、同声传译、协议把关、效果跟踪”的民事行政案件和解机制，平息民事纷争，修复社会关系。2012年以来，息诉民事行政申诉案件58件，促成和解9件，挽回经济损失3600万元。通过下访巡访、驻点接访、微博、微信等形式，畅通群众诉求表达渠道，受理来信来访472件，实现对群众“困难告诉我，满意带回家”的庄严承诺，连续保持全国检察机关“文明接待示范窗口”称号。

四、重理念、强素养，提升法治能力

深化理想信念教育，筑牢检察队伍思想根基。把培育政治信仰、法治理念、职业信念作为法治文化建设的主要内容，贯穿于教育活动的始终。铸造检察职业精神。采取专题讲座、交流研讨和主题征文等形式，开展“道德讲堂”、“修身论坛”等活动，深化社会主义法治理念教育、政法干警核心价值观教育和党的群众路线教育，培育干警良好的职业风范。提炼核心价值体系。结合海珠区悠久的历史文化和海珠院的具体情况，形成“法治服务，人本发展”的共同愿景，鼓励干警朝着“检察业绩持续一流、优秀人才不断涌现、调研成果层出常新”的目标奋斗；总结并大力弘扬“特别能吃苦、特别能战斗、特别能奉献、特别守纪律”的海检“四特”精神，使之成为海检人共同的精神动力。在强有力的法治文化感召下，队伍的凝聚力、执行力、战斗力得到进一步提升，海珠院两次荣获“全国文明单位”。

创建学习型检察院，打造高素质法治人才。以执法能力建设为核心，持续开展“创建学习型检察院、争当学习型检察官”活动，全面提高检察干警的法律素养。改造培训“硬件”。升级改建图书室，购置图书资料2000余册，为检察干警订购法学杂志和报纸；开设“海检网络课堂”、“网上学习园地”，鼓励干警交流读书心得与工作感悟；开辟干警才艺园地，定期展示干警书画、摄影、篆刻作品等，为干警展示才华提供舞台。升级培训“软件”。成立刑事检察等5个专业小组及写作等5个学习兴趣小组，轮流举办主题学习会，保持学习活动常态化；定期举办“检察长赠书——读书会”、“海检讲坛”、“学习沙龙”等活动，使干警在更深层次上把握法治理念的本质及精髓。创新推出立体培训模式。选准“点”，为青年干警指定导师重点带教，围绕职业作风的培养、业务技能的积累等进行指导；延伸“线”，选派后备干部、新提拔干部和初任检察官到控申窗口、驻街检察室接访，锤炼群众工作能力；拓展“面”，搭建不同层次的培训平台，鼓励和引导干警参加高层次学历教育和检察实务培训；与北京大学、清华大学等高校联合办学，通过正规化培训提升干警素质能力。大兴调研之风，针对检察工作的重点、难点问题进行课题攻关，促进机制创新，海珠院连续多年有成果入选全国检察理论研究年会，成为广东省首个被授予“AA 学习型组织创建单位”称号的检察院。

突出先进典型引领，激发队伍争优意识。注重发挥先进典型的示范作用，坚持以身边人、身边事教育激励干警立足岗位，争当先锋。多途径挖掘典型，每年评选“十个值得记取的日子”，每季度进行工作亮点表彰，每月开展“海检之星”评选活动，促使广大干警始终保持创先争优的工作状态。多层面培养典型，通过以赛促练、以考促练、岗位练兵等形式，鼓励干警争当行家里手和业务专家，营造“比学赶帮超”的良好氛围。一批优秀人才和优秀集体脱颖而出，反贪局以不到全市反贪干警 7% 的人力办理了全市 15% 的反贪案件，历年来查办的职务犯罪大、要案数均位居全省基层检察院首位；反渎局严查涉及民生的职务犯罪，被评为“全国十佳反渎局”；省“青年文明号”公诉科，年人均办案量高达 150 件，无一错案，还培养出了全国优秀公诉人 1 名、全省十佳公诉人 4 名。全院 149 名干警中，荣立个人一等功 5 人，荣立二、三等功 90 余人次，先后涌现出全国十大杰出检察官、全国模范检察官、全国检察业务专家、全国百名优秀侦查员、全国优秀公诉人、全国首届监所检察业务标兵第二名、全国首届检察机关职务犯罪预防素能比武金牌优胜标兵等先进典型。

正如习近平总书记所说：“文明因交流而多彩，文明因互鉴而丰富”。法治是人类文明的重要成果。法治文明的交流互鉴，是推动人类社会文明进步的重要力量。在检察文化的引擎下，海珠院各项检察工作始终保持稳健发展的态势。近年来，院内未出现干警违法违纪现象，检察工作报告多年来赞成率均达95%以上，先后被授予“全国模范检察院”、首届“全国十佳检察院”，并两次荣获“全国五一劳动奖状”、“全国先进基层党组织”，四次荣获“全国先进基层检察院”。2012年，海珠院被最高人民检察院确定为全国首批检察文化建设示范单位；蔡世葵检察长作为广东省检察机关文化建设示范单位的唯一代表上台受领奖牌，并代表全国首批66个文化建设示范单位向全国检察机关和全体检察人员发出倡议。

从海珠院的工作实践中，我们充分认识到检察文化建设在当今法治中国有重要的作用。如上所述，检察机关进行检察文化建设，可以使检察队伍成为检察文化的实践者和先进文化的代表者，让检察文化内化为检察人员的道德准则和行为标准，不断提高全体检察人员的道德素质和业务能力，积极构建一支政治坚定、廉洁高效、业务精湛、执法公正的检察队伍，以全面推进检察事业的发展。

（作者吴红梅系《中国检察官》杂志社事业发展部主任、中国法学会法制文学研究会理事，陈晨系国家检察官学院刑事检察教研部讲师）

公安文化与地域文化耦合之探索

——扬州公安的实践与思考

王少鹏

摘　要　扬州市公安局提出了公安文化与地域文化耦合的思路和做法，公安文化必须融入地域文化，两者共建共享、共生共融，互渗互透、互惠互利，从而实现了公安文化建设与公安工作的双赢。

关键词　扬州　公安文化　地域文化　耦合

缤纷多彩、各具特色的地域文化，为公安文化建设提供了丰富的可资利用的资源。公安文化通过与地域文化的耦合，产生出的叠加效应，使公安文化更具影响力、亲和力和引导力，为公安工作和平安建设创造了良好的思想文化条件。

近年来，扬州公安机关以"文化是警力，也是战斗力"的思想为指导，深入开展理论研究，坚持把马克思主义基本原理同中国具体实际相结合的理论成果运用到公安工作和公安文化建设中，认真观察体悟和运用扬州地域文化的特色与资源，探索公安文化与地域文化耦合的思路和做法，取得了初步成效。

一、公安文化与地域文化耦合的定义与作用

（一）公安文化与地域文化耦合的定义

文化是人类在社会历史发展过程中所创造的物质财富和精神财富的总和。公安文化是公安机关在长期的警务实践活动中形成和积淀起来的具有典型警察职业特色的思想观念、思维方式、行为规范以及相关制度设施的总和，其本质是人民警察核心价值观。公安文化建设是把人民警察“忠诚、为民、公正、廉洁”的核心价值观教育作为首要任务，塑造忠诚警魂，密切警民关系，创新工作方法，创造良好的执法环境。在公安文化建设中，要坚持“以科学的理论武装人、以正确的舆论引导人、以高尚的情操塑造人、以优秀的作品鼓舞人”，为公安工作提供精神动力和文化条件，推动公安事业的全面发展。

地域文化是指生活在特定区域的民众，在既定的时间、空间，由于地理环境、历史传承等多种因素形成的风俗、习惯、仪典、信仰、歌谣、寓言，等等。地域文化具有鲜明的地域特征，与环境相融合，往往有河流、山丘、气候、植被等自然边界，因而打上了地域的烙印，形成了地方的文化传统和精神力量，凝聚了特定地域内的社会成员。

公安文化是公安职业文化，有较强的政府主导性；地域文化是自生自发的基础性与弥散性文化，有较广泛的民间性。这种差异性恰恰是它们产生结合关系的前提和基础。传统的辩证法中称之为合二为一。公安文化与地域文化的结合是党的群众路线在当下的新形式和新发展，超越了“自上而下”与“自下而上”的高低垂直模式和首尾带动模式。过去我们常说，“火车跑得快，全靠车头带”。在和谐号动车时代，采用的是“交流传动及动力分散”方式，新科技也带来了新思维。

为了更好地描述公安文化与地域文化结合的关系，我们提出一个更加精细和贴切的范畴——耦合。耦合原是一个重要的自然科学术语，指两个系统或者场域之间的关联结构、交互作用、信息和能

量的传播。耦合，类似于法国社会学家布尔迪厄的场域论，超越了传统实体论非此即彼的独立和独占，而是场域的叠加、互动、影响与控制，将传统的线性因果提升为现代的网状因果与因果回环。公安文化与地域文化耦合，就是指公安文化与地域文化相互叠加、相互渗透、相互作用，实现共建共享、共生共荣。

（二）公安文化与地域文化耦合的作用

党的十七届六中全会《决定》和党的十八大报告指出，文化建设的路径是“培养高度的文化自觉和文化自信，提高全民族文明素质，增强国家文化软实力，弘扬中华文化”，公安文化通过与地域文化耦合，才能在文化育警、文化强警和文化强国建设中发挥积极的作用。

第一，有利于增强公安文化的效能，更好地打造过硬队伍。文化不仅直接对民警的人生观、世界观和价值观产生积极的影响，还能激发民警的热情和斗志，塑造民警的人格和信念，对民警的素质和公安队伍的建设产生决定性作用。公安文化是具有鲜明特点的一种行业文化，对于全国的公安文化来说它具有统一性，而又由于全国各地地域文化的客观差异，如方言文化、民族文化、饮食文化等，公安文化要在当地生根开花或传承发扬，即须融入当地的地域文化，否则便会出现“橘生淮南则为橘，生于淮北则为枳”的现象，导致水土不服。习近平总书记在文艺工作座谈会上的讲话中指出：“艺术可以放飞想象的翅膀，但一定要脚踩坚实的大地。文艺创作方法有一百条、一千条，但最根本、最关键、最牢靠的办法是扎根人民、扎根生活。”文艺创作如此，公安文化建设也是如此。在公安文化建设中要以马克思主义先进文化理论为指导，将社会主义核心价值观融于地域文化之中，使之本土化、大众化，拉近公安民警与公安文化之间的距离，增强感染力和号召力，更好地沟通全体民警的思想，激发民警对国家、集体和家乡的深厚感情，提升职业认同感和组织归属感，从而使队伍产生巨大的凝聚力和向心力，极大地提升队伍的软实力，实现队伍战斗力的跃升。

第二，有利于凝聚社会力量，更好地推进平安中国建设。俗话说“一方水土养一方人”，公安文化借助于地域文化的传播，有助于公安机关将公安精神传达给社会大众，更易于让当地百姓体味与感知，从而支持、理解公安工作。中国之大，各地的风情礼俗差别很大，这就要求我们在公安文化建设传达公安精神主旋律时，必须扎根于地域文化传统的土壤，创作一批“贴近实际、贴近生活、贴近群众”的文化作品，通过喜闻乐见的文艺形式，传播法治、引导舆论、弘扬正气、震慑犯罪，树立人民警察的良好形象，增进人民群众对公安工作的了解和认同，进一步优化执法环境，密切警民关系，引导广大人民群众积极参与平安建设。

第三，有利于传播法治理念，更好地推进国家治理体系和治理能力现代化。法治是治国理政的基本方式。依法治国是实现国家治理体系和治理能力现代化的必然要求。党的十八届四中全会通过的《决定》，吹响了全面推进依法治国的号角，要求“必须弘扬社会主义法治精神，建设社会主义法治文化”。“法治中国”建设需要在公安文化（法治文化的一部分）的支撑下，才具有完整性，才会有更加强盛、持久的生命力。仅仅依靠消极防范和强制约束是不可能实现社会长治久安的，只有把社会目标和价值寓于文化之中，才能使全社会自觉认同公平正义的法治精神，主动协同政府和公安机关的管理，实现社会长治久安与和谐发展。

（三）公安文化与地域文化的相互联系

不管是本色的公安文化，还是融入地域文化形成特色的公安文化，其目的都是要塑造新时期人民警察精神，增强民警的职业自豪感和对警察集体的归属感，激发民警献身公安事业的热情和建功立业的事业心，从而使民警队伍产生巨大的向心力和凝聚力。在公安文化建设过程中，尤其要注意两者之间的互渗互透、互惠互利的相互作用。

第一，价值取向的共生性、一致性，贯通了公安文化与地域文化精神特质契合的血脉。公安文化和地域文化都是以社会主义核心价值观为自己弘扬与追求的最终目标，具有一致的精神内涵。充分发育的地方文明，必然与和谐公平的秩序互为表里、互相生成、互相促进。隋唐以来，扬州即为京杭大运河之津梁，经济发达，文化繁荣，民风淳厚，商业繁华带来实用理性精神的兴起，逐渐形成了“崇德尚文”的扬州城市文化品格。扬州的理性精神和公平友善的民风与公安文化的公平正义、忠诚为民的核心价值相契合，都包含了“精致、创新”的价值取向。

第二，地域文化表现形式的丰富性、完美性，拓展了公安文化的表现样式和路径。地域文化的表现形式是多元性的，不同地域的人们，其生产、生活、习俗、语言都表现出不同的风格和样式，这就形成了地域文化表现形式的多样性。作为国务院首批命名的24个历史文化名城之一，扬州建城历史悠久，“文化生产力”发达，培育、发展和完善了一大批风格独特的艺术样式。扬州评话、扬剧、清曲、弹词、木偶戏等，都反映了扬州生动的日常生活、历史记忆、人情世故、善良风俗和公共秩序。中国上古就有采诗歌以观民风、知得失的做法。公安机关既要从传统的艺术形式和作品中体察民情，又要从街谈巷议，乃至微博、微信等网络时代的新媒体、自媒体中了解民意，充分运用现代与传统艺术形式和媒体，繁荣公安文化创作，表现公安精神，从而丰富公安文化的表现样式和路径。

第三，地域文化表现方式的根植性、贴近性，强化了公安文化的亲和力。地域文化由于产生土壤的特殊性，相较于其他文化，更加贴近群众和当地公安民警。一个人在既定的地域文化中生活久了，便会被打上当地的文化烙印，自己与周围人的一言一行之间，身心与周围的一草一木之间已经达成了默契，融化其中而不自知，正所谓“不识庐山真面目，只缘身在此山中”。公安民警作为所在地域的居民，也自然会受到地域文化的熏陶，潜移默化地影响着他们的人生观、世界观、价值观和欣赏习惯。因此，我们只有采用为当地群众喜闻乐见的形式，才能为广大民警和群众所接受。

第四，两者表现内容的互渗性、互动性，扮靓了各地公安文化建设的地域特色。公安文化与地域文化虽然是两种不同形态的文化，但它们之间有着很强的互动性，相互渗透、相互作用。一方面，公安文化根植于地域文化之中，其建立、建设、发展必然受到地域文化的影响。这种渗透和熏陶为公安文化植入了地方文化的元素，地域多元文化成分为公安文化的形成与构建提供养分，并通过不断的广泛交流兼容渗透而形成独特的公安文化形态，使得公安文化带有地域特色。另一方面，公安文化又反作用于地域文化，在吸收地域文化养分的同时，又把具有前瞻性、先进性的理念输送给地域，向所在地域传导辐射，促进地域文化的发展和提升。

二、扬州公安文化与地域文化耦合的实践

基于对公安文化与地域文化关系的理性认识，近年来，扬州公安在加强公安文化与地域文化耦合的过程中，从以下几个方面进行了探索：

（一）城市特质成为公安文化与地域文化“共振”的策源地

城市是地域文化集聚的中心，因此也是地域文化的代表。扬州历史悠久、文化昌盛，有2500年的建城史。2014年6月，大运河申遗成功，扬州作为牵头城市，更加彰显了底蕴深厚、雅俗共生的文化环境和刚柔相济的人文精神，凝练了“人文、生态、精致、宜居”的城市特质。与此相匹配，必然要求扬州公安既要履行打击犯罪、维护治安的职能作用，具备冲锋陷阵、攻坚克难的英武之气，又要在服务群众、服务发展中体现理性平和、文明儒雅的形象。

（二）城市精神成为公安文化与地域文化信息和能量交流传播的媒介

在古代文化与现代文明交相辉映下，扬州形成了“崇文尚德、开明开放、创新创造、仁爱爱人”的城市精神。与之相适应，扬州公安形成了“忧患、创新、精细、执行”的公安文化特色亮点。一是把精细管理作为扬州公安的文化基色。积极倡导“用心做事、用情做人”，“用正确的方法，把事情做正确”，要求全体民警对待每一项工作都要精益求精，努力把细节做到极致。例如，扬州警方制定的《扬州市公安局执法标准》，涵盖了接处警行为标准、行政执法行为标准、刑事执法行为标准、行政处罚自由裁量标准，对最基

本和最主要的警务活动的行为规范进行细化，强化全警的良好执法习惯养成。二是把创新争优作为扬州公安的文化特征。我们定期开展“创新文化沙龙”活动，激发创新思维。设立“工作创新奖”，每年评选创意民警、创新项目，营造全警创新、乐于创新的良好氛围。三是把忧患意识作为扬州公安的文化品格。我们把“忧患意识强”作为《领导干部能力作风建设准则》的第1条，要求领导干部居安思危，未雨绸缪，始终以如履薄冰、危中求进的心态抓工作，带队伍。四是把执行效率作为扬州公安的文化追求。“言必行，行必果”是扬州人的一贯作风。我们坚持把执行力建设作为公安文化建设的重要任务，从精神、制度、管理、行为等各个层面推进决策部署的执行和落实。把全年重点工作实行项目化管理，建立跟踪问效、考核奖惩机制，逐项抓落实、抓推进、抓提升，推动了公安工作不断向更高层次提升。

（三）城市文化氛围成为公安文化与地域文化叠加的强力磁场

扬州有着非常浓厚的文化氛围，每年有“烟花三月”国际经贸文化旅游节、世界运河博览会、瓜洲音乐节、邮文化节、荷藕文化节等各种文化活动。这种浓厚的文化氛围和群众喜爱文化活动的特点，成为公安文化与群众沟通的捷径。我们一方面组织民警以严整的警容、优良的服务、文明的形象亮相各种活动的安全保卫现场；另一方面，积极举办公安文化互动活动，让群众直接参与其中。近年来，我们先后成功举办了“竹报平安”颂民恩、“扬州警方年度十件大事”评选颁奖晚会等活动，邀请群众观看，与群众互动，得到了群众的欢迎，为公安文化建设聚集了大量人气，扩大了公安文化的影响力。

（四）城市文化元素成为公安文化与地域文化的共生平台

在公安文化的实践中，我们大力应用城市文化元素来丰富公安文化的表现形式，先后创作出版了报告文学集《警英名扬》《铸剑广陵》《天眼神探》《群众工作密码》等优秀书籍。特别是《群众工作密码》一书，受到了孟建柱同志和江苏省委书记罗志军、政法委书记李小敏等领导的批示肯定，被江苏省委宣传部和省新闻出版局列为社会主义核心价值体系建设“双百”出版工程10大重点项目。2014年10月，该书又获公安部第十二届金盾文化工程图书奖；根据该书改编的党的群众路线教育实践活动主题话剧《幸福花儿开》在北京公演后，产生了良好的社会效应。2014年11月，由公安部、中国电视剧制作中心和我局等单位共同策划，以该书内容为蓝本创作的30集大型公安题材电视剧《江城警事》（暂定名），在我市正式开机。由我撰写的《公安思辨——哲学视角下的扬州警务实践》出版后，《人民公安报》发表题为《用哲学思考和阐释公安工作》的评论文章推介此书，同时被江苏省哲学社会科学界联合会列为应用课题研究项目，并获得二等奖。借力扬州创建“诗词之市”，积极开展诗词进警营活动，定期举办诗歌竞赛笔会，创作了集中体现扬州公安精神的《平安扬州赋》等辞赋。借力扬州石刻文化和漆器文化，在广陵分局等地建成了“平安基石”，把《平安扬州赋》制成漆器屏风置于市公安局大厅，激发民警的责任感。借力扬剧、评话、道情等众多地方曲艺，创作了《车流滚滚下扬州》《说唱英模》等曲艺作品，分别获省、市法治汇演一等奖。根据扬州清曲《板桥道情》，创作了《平安道情》，受到广大市民的喜爱，广为传唱。我们还运用扬州传统曲艺样式，创作了一组宣传防范电信网络诈骗的地方文艺作品，达到了很好的宣传效果。

总之，加强公安文化与地域文化的耦合，主要目的是使公安文化在地域文化多元化的基础上，推动公安文化的不断创新，增强公安文化的生命力。因此，要善于找到公安文化与地域文化的共同点，并使之相互认同、相互贯通、相得益彰。要通过认真慎重地比较分析，不断挖掘地域文化中的精华，找到与现代公安精神的契合点，从而使地域文化与公安文化同频共振、相辅相成，推动公安事业更快更好地发展。

（作者系扬州市政协副主席、公安局党委书记、局长）

系统推进公安文化建设
营造良好警营生态环境

——苏州市公安局以公安文化推动实现“快乐工作、幸福生活”的实践与思考

刘凤珠

摘　要　公安文化是警队内部价值取向、道德观念、制度规范、工作态度、行为方式以及生活观念的总和，是激发民警工作、生活热情的内在动因，是决定警队发展方向的关键因素。注重文化建设和文化引领，是苏州公安科学发展、率先发展的重要经验之一。近年来，苏州市公安局努力打造以民意导向、创新创意、理性思维为主要特征的苏州公安文化，初步形成了以“民主和谐、风清气正、积极向上、真抓实干”为主要特征的警营生态环境，为公安工作科学发展提供了重要的动力和支撑。

关键词　公安文化　生态

公安文化是警队内部价值取向、道德观念、制度规范、工作态度、行为方式以及生活观念的总和，是激发民警工作、生活热情的内在动因，是决定警队发展方向的关键因素。新形势下加强公安队伍建设，实现“快乐工作、幸福生活”，应该突出公安文化建设的核心地位，充分发挥文化在思想引领、制度规范、行为塑造等方面

的巨大作用，不断增强警队的凝聚力、创造力和幸福感。

注重文化建设和文化引领，是苏州公安科学发展、率先发展的重要经验之一。近年来，我们始终坚持用先进文化指导公安队伍建设，努力打造以民意导向、创新创意、理性思维为主要特征的苏州公安文化，初步形成了以“民主和谐、风清气正、积极向上、真抓实干”为主要特征的警营生态环境，为公安工作科学发展提供了重要的动力和支撑。2013 年，中国人民公安大学组织的一项问卷调查中，我局 69.9% 的被调查民警感到“工作比较快乐”和“非常快乐”，78.4% 的被调查民警表示“对同事关系比较满意”，76% 的被调查民警“对自己的工作比较满意”，基层民警的幸福感和满意度明显高于全国其他同类城市。笔者结合文化层次理论和苏州公安实践，认为系统推进公安文化建设，营造良好警营生态环境，应从精神文化、制度文化、行为文化三个层面着手。

一、注重精神文化建设，发挥公安文化的“引领作用”，形成全警共同的价值追求

精神文化是公安文化最深层次的核心，直接决定着警队及成员的价值取向。通过精神文化建设，将警队的理想信念和价值追求内化于心，能够产生强大持久的精神激励和内在驱动，最大限度地激发民警朝着共同的目标奋进。

一是加强核心价值观培育，强化宗旨意识。人民警察核心价值观是民警的价值取向和是非标准，以及由此形成的为实现目标而积极进取的自觉意识。特别是在民警职业认同感、归属感有所下降的情况下，更应强调核心价值观培育，帮助民警认识到“人民警察不同于一般公务员”的职业特殊性，激发出强烈的责任意识和奉献精神。近年来，苏州公安把“忠诚、为民、公正、廉洁”的核心价值观培养摆在首要位置，相继开展了“发扬传统、坚定信念、执法为民”、“我是谁、为了谁、依靠谁”、“为何从警、如何做警、为谁用警”以及“苏州公安精神”等一系列学习讨论活动，旗帜鲜明地弘扬主旋律。重视先进典型的示范引领作用，先后推出郭晓红、

江鹰、孙茂晖等在全国公安战线有影响的先进典型，定期举办“我最喜爱的十佳人民警察”评选活动和颁奖晚会，自主拍摄了《我是80后我叫周玖麟》等一批反映时代特征和现代气息先进典型的微电影，用一流的表达形式展示一流的警察故事，使身边典型更加鲜活生动、可亲可学。我们也十分注重物质文化载体建设，先后建立了苏州警察博物馆，在各级警队普遍建立局史馆、队史馆、荣誉室，传承、展示警队的发展历程和荣誉积淀，激发民警的职业认同感和警队归属感。

二是加强科学政绩观养成，强化服务意识。政绩观决定了从政施政、履职尽责的态度和导向，只有树立科学的政绩观，才能使各级领导和广大民警始终坚持正确的发展方向，不折腾、不动摇，安心扎实地做好打基础、管长远的事。苏州公安的转型发展首先从政绩观转变开始，提出“发案少是硬道理、控警情是硬任务、强打处是硬功夫、人民满意是硬追求”的目标追求，倡导“千方百计讨好老百姓”的工作理念，并通过领导干部研讨班、所队长随岗培训班等形式进行教育灌输，通过“警民恳谈日”、机关领导挂钩社区等形式增进警民联系，引导全体民警牢固树立以民意为导向的政绩观。我们还建立了以“人民群众满意度”为核心的“五度”考核体系，覆盖接处警、执法办案、警民沟通以及整体评价等全方位的回访测评机制，将群众评价结果作为衡量单位和民警绩效的重要内容，下决心破除以往以破案打处数字论英雄的“公安GDP”崇拜，真正把公安工作的评判权交给百姓。经过几年的努力，民警对“千方百计讨好老百姓”的认同度提高到93%，人民满意的工作理念日渐深入人心，公众安全感和公安满意度从70%左右上升到90%以上，群众投诉和信访案件逐年下降。

三是加强理念思路更新，强化发展共识。理念决定思路、思路决定出路。只有确立了科学的理念思路并被全警上下普遍认同，才能一张蓝图绘到底、一个声音喊到底。苏州市局根据现代警务发展规律，先后提出了学习型、实战型、效能型、科技型、质量型、诚信型的“六型”公安机关发展定位，转型升级优化发展的三年工作目标以及警务现代化建设的发展道路，构建了《苏州公安现代化指标体系》，明确各项指标每年的目标值，为广大民警清晰地规划了公安发展蓝图。在此基础上，每年围绕公安工作和队伍建设热点选择一个主题，组织一次全警大讨论活动，常态化开展中层领导、所队长和民警“三级论坛”，使民警在理性思考和交流探讨中认可确立警队共同的发展目标，深化对“科技引领、创新创意、集约高效”等现代理念的文化认同。我们还注重从公安实践成果中梳理提炼文化脉络，相继出版了《创意警务论》《理性警察论》等多部反映苏州公安工作和公安文化的书籍，帮助民警增强文化自信、坚定发展方向。目前，民警对市局党委决策部署的认可度达到97%，基本做到了心往一处想、劲往一处使。

二、注重制度文化建设，发挥公安文化的“规范作用”，营造民主和谐的警营氛围

制度文化体现组织的生存发展方式和行为规范，对组织内部成员具有规范和约束的作用。加强制度文化建设，以公平、效率和人本为原则设计制度并严格执行，能够逐步将警队的制度规范演化为民警的行为习惯，有利于提高管理效率、和谐警队氛围。

一是构建公平、公开的管理制度，形成风清气正的文化风尚。在警队日常管理中，特别是涉及民警切身利益、民警最为关心关注的干部人事、绩效评价、表彰奖励等工作，必须通过制度保证公平、公正、公开的竞争环境，使民警不动小脑筋，专心干工作。在干部选拔上，我们打破原来领导点将为主的模式，全面实施“积分制竞争上岗”、“公推差选票决”等公开选拔，推荐、考试、测评、考察等每个环节严格按程序公开进行，工作实绩、能力素质、任职经历、学习能力等评估加分环节全过程透明公示，树立了凭本事、靠实干、论业绩的选人用人导向。现在提拔干部时“找领导”、“跑关系”的少了，觉得不公平、心里有怨气的少了，在全市干部选拔任用工作民主评议中，我局以96.48%的满意度位居市级机关前列。在考核评价上，建立了覆盖全警包括警务辅助人员的网上绩

效考核体系，考核全程网上进行、考核数据自动抽取、考核成绩实时公开、考核结果公正运用，发挥了积极的导向作用。在表彰奖励方面，制定了奖励工作规范，规定了各级别奖励的具体标准和审批流程，并且实行请奖审批全程网上运作、实时公开，提高了奖励的有效性和公认度。

二是建立集约高效的警务机制，形成真抓实干的工作作风。警务运行机制的科学化程度直接影响了民警工作习惯的养成和工作潜能的激发。近年来，我们坚持“少动体制，多动机制”，对公安机关内部机构进行了合理的制度设计，提出了“做优机关、做强专业队、做实派出所、做精社区警务”的“四做”警务策略，系统优化了机关、专业队以及派出所之间的功能设置，突出机关实战功能，强化基层基础工作；相继推出了合成研判、合成侦查、联合指挥等一批在全国有影响的专业警务机制，创新运用了大数据、云计算等现代科学技术，在革新战斗力生成模式、提高警务工作质态的同时，也使“打基础管长远”、“务实集约高效”逐步成为民警的工作习惯。

三是搭建展示自我的平台载体，形成积极向上的工作氛围。人人都有得到尊重、实现自我价值的需求。警队就是要创造条件使民警有机会展示自我、实现价值，在警队内部形成创新创意、积极进取的主流文化。为此，我们在全国警界率先提出并实践了创意警务，开设了“创意警务之窗”网站，配套建立了实验推广和奖励激励制度，普通民警可以越过上司，公开展示自己的创意点子，直接与分局领导甚至市局局长对话，人人都可以在这个舞台上展示自己，人人都可能得到同事和上级的肯定、褒奖。“创意警务之窗”网站每天近万人登录，民警近3000个创意点子被推广应用，29项发明申请了国家专利，民警的心思越来越多地聚集到干事创意的氛围中来。实施了“人才兴警”工程，建立了人才引进、发现、培养、使用和激励机制，在全省率先启动了人才评定工作，计划三年内打造一支包括15名领军人才、150名重点人才和1500名岗位技能人才的梯次人才队伍，鼓励和激励广大民警立足岗位建功立业。

为了帮助民警成长成才，我们在抓好日常警务培训的基础上，注重民警综合素质的培养，对民警参加在职学习和专业培训给予一定的学费资助，对通过国家司法考试、外语等级考试、心理咨询师考试等专业资格考试的兑现表彰奖励。目前，全市本科以上民警达到72%，535 人达到研究生学历，180 人通过国家司法考试，为公安工作科学发展奠定了良好的人才素质基础，营造了"好学善思"、"在研究状态下工作"的浓厚氛围。

三、注重行为文化建设，发挥公安文化的"塑造作用"，养成理性谦和的行事风格

警队行为文化是公安文化的外化表现形式，包括民警的职业态度、生活方式和为人处世习惯，是队伍"精气神"的具体体现。注重行为文化建设，加强民警日常行为的引导监督、文化素养的培育提升，能够形成昂扬向上的精神状态和健康文明的生活方式，实现"快乐工作、幸福生活"。

一是畅通交流沟通渠道，在待人接物上崇尚民主包容。当前民警思维更加活跃，表达个人观点、参与民主决策的意愿更加强烈，过于苛刻严格、简单呆板的管理方式，在短期内看似队伍整齐划一，但事实上会压抑队伍的创造活力。用民主方式治警带兵，充分尊重民警的知情权、话语权和参与权，可以使不同的意见和主张在思想碰撞中逐步达成共识，让民警养成阳光、包容、豁达的人生态度。例如，我们在全国首创的"警营恳谈日"长效机制，每月最后一天开展警营恳谈，并依托警营恳谈工作系统，使民警的意见和建议能够流转，做到"条条有回应、件件有落实"，及时消除了误会隔阂，有效增进了彼此信任。我们还开通了局长、部门长和所队长的三级网上领导信箱，领导、民警、警辅之间可以自由平等地探讨交流，活跃了警营民主氛围。

二是丰富警营文化活动，在生活态度上崇尚健康向上。在当前社会生活方式多样化的趋势下，要不断创新警营文化活动的形式、手段和载体，用民警喜闻乐见的文化活动传递积极的文化风尚和健

康的生活态度。我们成立了拥有10个分队2000余名志愿者的“苏州警方服务队”，利用业余时间开展志愿服务活动，依托民警自发组建的网上姑苏警苑文化论坛，定期举办爱心捐赠、爱心义购等公益活动，在警队内外弘扬好风气，传递正能量。成立了拥有文学、美术书法、摄影、音舞戏曲、影视、灯谜六个协会的苏州公安文联、警官艺术团等文化活动专业社团，在市局建立了苏州图书馆分馆、文化展厅和文化沙龙，按照“一队一特色，一警一爱好”的原则，在县分局、基层所队引导成立了300多个兴趣小组，在组织各类文体活动的基础上，定期举办摄影、美术、书法等培训班，帮助民警提升文化品位和健康生活情趣。我们还充分发挥微电影成本低、制作快、传播广、易接受等优势传递警队文化，通过举办微电影大赛，加强专业知识培训，激发基层创作热情。截至目前，已独立创作微电影近百部，得到了全国公安文联主席祝春林的充分肯定。2014年，公安部在我局设立了全国唯一一家“全国公安影视创作培训基地”，为全国培养公安影视创作人才搭建了平台。近年来，苏州公安文联会员在各级文联系统举办的活动中表现优秀，屡获殊荣，涌现出被中央电视台选录为全国十大警营文化人才的书法家钱玉清等一批国内外知名的高层次文化人才，现拥有全国文联会员6人，全国公安文联会员17人，省文联会员14人。

三是建立引导干预机制，在思维方式上崇尚理性平和。有正确的认识，才能有积极的心态；有积极的心态，才能有积极的行为。当前互联网时代，年轻民警“活思想”多，思想观念呈多元化趋势，如何加强正确引导，是警队必须关注的重要课题。我们通过“倡导理性思维、践行思想强警”的主题大讨论、举办研讨班以及警营恳谈、领导信箱等交流平台，结合警队具体的决策部署和民警关心、关注的热点问题有针对性地开展交流讨论，教育引导民警养成积极心态，掌握科学思维方法，学会用客观、全面、发展、联系的观点理性看待问题。我们还建立了市局每季度、分局每月和基层所队每周的三级队伍思想状况分析研判机制，及时发现、解决民警思想困惑、负面情绪等苗头倾向问题，同时加强民警心理健康保护，相继成立了市局心理健康服务中心、心理行为训练中心和“心理健康保护志愿者服务队”，开通了民警心理服务热线和心理健康论坛网页，综合利用网上网下的信息和手段加强民警心理疏导，缓解心理压力，提高心理素质。

（作者系苏州市公安局政治部主任）

公安廉政文化建设需要反对的六种"灰色文化"

衡晓帆

摘　要　新时期公安廉政文化建设紧扣爱国主义、集体主义、社会主义的时代主旋律，以弘扬社会公平正义、促进和谐警民关系、提升公安队伍凝聚力和战斗力为目标，是社会主义核心价值体系建设的生动载体。从公安廉政文化建设的角度入手，努力消除"灰色文化"对广大领导干部和民警思想和行为上的影响，是从根本上筑牢廉政防线的重要抓手。

关键词　公安　廉政文化　灰色文化

公安文化是我国先进文化的重要组成部分，具有鲜明的政治内涵和时代内涵。新时期公安廉政文化建设紧扣爱国主义、集体主义、社会主义的时代主旋律，以弘扬社会公平正义、促进和谐警民关系、提升公安队伍凝聚力和战斗力为目标，是社会主义核心价值体系建设的生动载体。当前，在中央和部党委的正确领导下，各地公安机关对公安廉政文化建设的重视程度前所未有、理念日渐成熟、内容精彩纷呈、成效硕果累累。

“灰色文化”，也称不良文化或庸俗文化，指既不同于占主导地位的主文化，也不同于与社会完全对立的反文化，而是在价值倾向上介于二者中间的文化形态。当前，我国社会存在的“灰色文化”在传统文化、外来文化、市场经济文化的交融碰撞中逐渐形成，对社会主义核心价值体系建设造成了巨大的负面消极影响。近年来，在大量民警违法违纪案例中，这样的“灰色文化”因素都被清晰地折射和体现出来。2013 年，我局查获了某派出所原所长张某等人违法违纪案。张某伙同所内个别领导干部和民警，纠集社会闲散人员，开设游艺厅和小发廊，充当不法分子的“保护伞”，不择手段地疯狂敛财。目前，张某等人已被移交司法机关处理。

案件发生后，我局以案析理，举一反三，从干部选拔考核、民主监督、财经纪律到警情民意沟通等方面认真整改，全面夯实队伍管理基础。在“治标”的同时，深入思考探索“治本”之策。可以说，从公安廉政文化建设的角度入手，努力消除“灰色文化”对广大领导干部和民警思想、行为上的影响，是从根本上筑牢廉政防线的重要抓手。

本文立足于十八大以来习近平总书记关于廉政建设的重要指示精神、社会主义核心价值体系、历史转型期公安文化的传承和发展三个视角，以张某案件为例，通过对当事人深入采访，组织相关人员座谈，对各警种、年龄、岗位的民警随机发放调查问卷（285 份，占分局警力数的近 10%）等方式，深入挖掘当前严重腐蚀队伍的六种“灰色文化”，为新时期文化强警战略实施提供有益参考。

一、落后的“圈子文化”

“圈子”是中国传统社会人际交往的一种常见形式，“君子之交”是一种圈子，“小人之交”也是一种圈子。可以说，“圈子文化”在各行各业、各阶层群体中广泛存在。在公安工作中，面对严格的政治纪律、组织纪律和警务纪律，“圈子文化”的落后性越来越暴露无遗。张某与所内一帮人在敛财、享乐、低级趣味的共同追求下形成“圈子”，将党员、警察、领导干部的角色抛之脑后，宁可相信圈子也不相信组织，以圈子利益代替组织利益，导致派出所党建、队建工作涣散，管理混乱，面貌破败。“圈子文化”之所以落后，关键在于在“圈子”的怂恿下，个人心中试探道德和法律底线的欲望得到呼应和放大，在不断的纵容与默契中最终沦为圈子集体腐败。

在当前公安廉政文化建设中，落后的“圈子文化”还有一定的生存土壤。通过调查发现，在“领导干部依据自己的工作习惯和喜好有自己的‘小圈子’，在对待其他领导干部和民警时体现出厚此薄彼等不公平现象”这一问题上，有10.2%的被调查民警表示“这是正常现象”。针对“假如在一个单位干得不顺，如能选择调到与自己对脾气、有交情的领导所在的单位工作是一个值得肯定的做法，便于个人心情舒畅和工作的开展”这一问题，50.3%的被调查民警表示“同意”，其中7.4%的被调查民警表示“非常同意”。针对“一名领导干部调动单位后，从其他单位调自己熟悉的民警跟随自己工作”这一做法，大部分民警（59.9%）能保持高度警惕，能够看到其背后巨大的廉政风险，但也有相当一部分民警（22.2%）认为“无可厚非”。上述数据表明，相当一部分民警对身边的“小圈子”现象存在见怪不怪、事不关己的消极从众心理，对处理上下级关系时存在“轻责任、重圈子”的行为倾向。从心理到行为的选择表明部分基层民警对“圈子文化”持默认接纳的态度。落后的“圈子文化”在相当一部分民警思想中仍有市场，这是当前公安廉政文化建设需要高度关注的问题。

习近平总书记强调指出，“党的力量来自组织，组织能使力量倍增；全党同志要强化组织意识，时刻想着自己是党的人，是组织的一员，时刻不忘自己应尽的义务和责任，相信组织，依靠组织，服从组织，自觉接受组织安排和纪律约束，自觉维护党的团结统一”。破除“圈子文化”最有力的武器就是“组织文化”——由党的宗旨、路线、方针、政策、纪律组成的“党组织文化”。当“圈子文化”的传统积习遇到党的纪律时，作为共产党员，必须牢记宗旨使命，主动摒弃内心的“小圈子”、小团体思想，用严明的纪律作风约束自己、感染他人，坚决维护和遵守党的各项纪律。

二、迂腐的“面子文化”

“面子文化”在中国历史上可谓由来已久。两千多年前即有项羽“籍与江东子弟八千人渡江而西，今无一人还，纵江东父老怜而王我，我何面目见之”① 的悲怆陈词。自古以来，“面子”始终与哥儿们义气、封建文化、熟人社会等概念相伴而行。在现代文明高度发达的社会化大生产时代，制度与规则逐渐取代“面子”成为人际交往和组织运行的通行法则，在公安机关中同样如此。

与无数因面子而违反纪律最终酿成悲剧的惨痛教训一样，张某在遇到面子与纪律冲突时，毫不犹豫地选择了所谓哥儿们义气、人情面子，陶醉于互相一次次给面子之后的“有人缘”、“吃得开”、“玩得转”，在违法违纪的路上越走越远，最终身陷囹圄。

相较于纪律而言，基层民警对“面子”的依赖偏好和优先选择仍占相当比重。通过调查发现，面对纪律与面子的唯一选择，8.4%的被调查民警表示认同“因人情面子而网开一面”；针对“民警的亲属或朋友发生违法行为被查获”这一情景，18.2%的被调查民警同意“在法律原则之外从轻从宽处理”。可以说，在当前公安执法活动中，人情面子是造成执法不公正的重要因素，也是滋生腐败问题的温床，应当引起高度重视。在由血缘、姻缘、地缘、业缘等因素交织构成的“熟人社会”中，如何教育引导基层民警将党纪国法和社会主义核心价值观作为内心最大的“情面”，自觉将职业道德、法律尊严、工作规范、纪律要求置于首要位置，培育过硬的思想认识和行动自觉，是当前基层公安廉政文化建设需要着力破解的难题。

三、专制的“老大文化”

中国千年封建社会的一大残余就是唯我独尊、独断专行的封建家长制作风。体现在当前很多领导干部身上，可以形象地概括为

---

① 《史记·项羽本纪》。

“老大文化”。

管理方法简单粗暴、独断专行，行事风格大胆外露、不注意细节，思想政治工作能力薄弱，这不仅是张某身上的个性特点，也是“老大文化”在公安机关领导干部身上的真实投射。由于公安机关的工作性质和长期以来的准军事化管理体制，基层一线单位的“一把手”往往会或多或少染上“老大文化”的行为痕迹。这一点，是公安文化区别于其他行业文化的显著特点，也是公安廉政文化建设需要重点关注的领域。

公安机关的“老大文化”，不仅在领导干部身上有所体现，也得到相当一部分民警思想上的认同。10.6%的被调查民警认为，“领导干部在单位有被大家公认的格外走得近、关系铁、称兄道弟、吃喝不分的人（包括民警或辅警）属于正常现象”；35.8%的被调查民警认为，“相较于领导与被领导关系、岗位分工而言，‘大哥’与‘兄弟’的心理定位更有影响力，更容易增强认同感和调动彼此的积极性”；甚至有20.4%的被调查民警认为，“工作业绩干得好不如有一个在领导岗位上的‘大哥’”。“大哥”、“兄弟”这些脱胎于绿林江湖，裹挟着浓厚封建陋习的庸俗化称呼已经在部分领导干部和民警中习以为常。被叫一声“大哥”，年龄几乎被忽略，资历、威望、地位和身份上的满足感才是关键，进而“理所当然”所有的言行都要得到“兄弟”的拥护，党的纪律、执法规范都要让位；做“兄弟”的自认为有了“大哥”这个靠山，管理层级、纪律规章都可以突破……如此的心理体验，在相当一部分领导干部和民警身上都有不同程度的体现。

称谓折射作风，关乎作风。将“老板”、“老大”、“大哥”、“兄弟”等称呼还原于“同志”，是当前作风建设的必然要求。古人云：“同德则同心，同心则同志。”[①] 到了现代，“同志”逐渐成为无产阶级政党成员之间的特有称呼，成为发扬党的优良传统，克

---

① 《国语·晋语四》。

服和抵制封建社会腐朽习气以及官僚主义作风的一种方式。在新时期的公安队伍中，叫一声“同志”，能唤起党员之间的平等感和价值认同感，这既是党的纪律严明、党员意识强烈的真实表现，也是社会主义核心价值观的内在要求。

要远离专制的“老大文化”，做到科学管理、民主决策，首先要全面理解领导力的应有内涵。近年来，关于领导力的著作学说五花八门，科学理性之说有之，权谋厚黑之术亦有之。作为新时期的公安机关领导干部，要树立正确的世界观、人生观和价值观，始终以一名共产党员的标准严格要求自己，对权力永怀敬畏之心，自觉抵制权谋论、厚黑学等文化糟粕的腐蚀。另外，非权力性影响力是领导力的重要组成部分，包括个人品德修养、知识水平、生活态度、情感魅力等方面。在运用得当的前提下，这些因素可以成为领导干部履职尽责的“助燃剂”和“润滑剂”，但绝不能超越领导干部应有的责任担当和纪律要求。习近平总书记在参加全国人大安徽代表团审议时提出了“三严三实”的要求：严以修身、严以用权、严以律己，谋事要实、创业要实、做人要实。这是对公安机关领导干部抵制专制的“老大文化”的一剂良方。老老实实做人，规规矩矩用权，踏踏实实做事，唯有如此，才能成为广大民警真心拥护的领导者。

四、贪婪的“跪金文化”

张某等人表面上为了哥儿们义气互相关照、一团和气，而背后的共同目的却是对金钱的攫取和利益的分配。在金钱面前，张某等人毫无例外地跪下了双膝，放弃了理想信念和党性原则，沦为“跪金文化”的俘虏。

习近平总书记指出：“理想信念是共产党人精神上的‘钙’，没有理想信念，理想信念不坚定，精神上就会‘缺钙’，就会得‘软骨病’。”这形象的比喻，指出了崇高的理想信念对于共产党人的极端重要性。当前的大量案例表明，以不讲奉献讲金钱、不讲精神讲鬼神、不讲情操讲庸俗、不讲原则讲利益为表现的信仰庸俗化现象正以温水煮青蛙的方式侵蚀着党员干部乃至整个社会的精神信仰。贪婪的“跪金文化”就是典型现象之一。精神极度空虚、信奉享乐主义、醉心于黄老之说、沉迷于色情刊物，是所有被贪婪的“跪金文化”俘虏的党员干部的共同表现。

公安机关肩负着惩恶扬善、维护正义的神圣使命，然而执法者何以沦为阶下囚？张某的堕落给出了答案，就是被贪婪的“跪金文化”酿造的“糖衣炮弹”所击倒。针对“公安民警在个人生活情趣爱好方面是否也必须成为楷模模范？”对于这一问题，虽然大部分被调查民警赞同肯定，但同时也有 8.7% 的被调查民警表示“不认同”，25.2% 的被调查民警表示“不确定”。结合各地公安机关关于基层民警工作中消极倦怠倾向和亚健康现象的统计数据可以看出，作为直面社会腐朽丑恶现象的专门执法力量，在当前社会大环境各种消极因素的腐蚀下，警察职业信仰和价值观塑造方面仍然形势严峻，必须从顶层设计与基层实践的角度坚持不懈共同努力。具体而言，就是要在社会主义核心价值体系的引领下，从民警职业规划、福利待遇、日常养成和心理健康等方面充分发挥公安廉政文化建设“润物细无声”的功效。

五、狭隘的“小农意识”

中国传统的农耕文化造就了“小农意识”这一独特产物。在追求分工协作的社会化大生产时代，小富即安、缺乏自律、宗派亲族的“小农意识”观念早已过时。在对党忠诚、纪律严明、团结协作的公安队伍中，“小农意识”更是与政治纪律、组织纪律和警务纪律格格不入，其危害性不言自明。

虽然工作业绩突出，但张某曾不止一次对身边的同事和办案人员说过：“公安工作又苦又累，干得没什么劲，不如挣两年钱就回老家盖房去。”通过采访、座谈和问卷调查可以发现，“小农意识”思想残余在公安队伍中还大量存在。倡导个人利益高于一切，只盯着自己的“一亩三分地”，免谈理想信念，把干工作的目的局限于“回老家盖房”等个人追求，动辄还以马斯洛的个人需求层次理论为自己辩护，这都是“小农意识”的典型表现。同样，与“小农意识”伴生的“小市民思想”也在广大民警中占有一定市场。在“个人利益、生活幸福指数始终是工作目标实现的前提，对于公安工作而言也是如此”这一观点上，19.7%的被调查民警表示“非常同意”。在当前价值观日益多元化的社会大环境中，“小农意识”和“小市民思想”这一对“孪生兄弟”显然与维护公平正义、倡导无私奉献的警察职业精神背道而驰，都需要在公安廉政文化建设中坚决反对。

理想信念是共产党人精神上的“钙”，“小农意识”则是严重的缺“钙”症状。坚定理想信念，固守共产党人的精神家园，学习焦裕禄同志“心里装着全体人民，唯独没有他自己”的公仆情怀，是补“钙”的良方。就公安廉政文化建设而言，就是要传承无数公安英烈对党忠诚、无私奉献、献出青春热血乃至生命的光荣传统，筑牢忠于祖国、忠于人民、忠于法律的忠诚警魂，教育引领广大民警将个人得失荣辱与公安事业的兴衰成败紧密结合起来，将有限的“小我”自觉投身于无限的为人民服务中去。

六、错位的“孔雀文化”

目前，队伍管理工作中存在这样的现象：部分领导干部和民警的表现就如开屏的孔雀，正面“光鲜照人”，优点成绩比比皆是，背后却有不为人知、故意掩盖的肮脏龌龊的一面。错位的“孔雀文化”由此而来。

从张某的个人履历中可以看到，其曾经先后因破获涉黑和抢劫银行案件荣立个人二等功和个人一等功。经座谈了解到，曾经的同事对其业务工作的评价大多是“疾恶如仇、敢打硬仗”。一名曾经疾恶如仇、屡立战功的功模英雄，逐步从民警成长为基层派出所的“一把手”，然后迅速从光环中堕落，沦为阶下囚。这样“抛物线”式的发展轨迹令人深思，其中一个重要的原因就是当前公安队伍中错位的“孔雀文化”。关于对“业务骨干和功模人员的违纪违法行为”的评价问题，13.7%的被调查民警认为“可以将功抵过，对轻微的从轻处理”。由此可以看出，错位的“孔雀文化”在公安队伍中具有一定的影响力，危害性不容忽视。

在错位的“孔雀文化”中，我们可以清晰地看到当前对待功模人员的一些错误认识。当民警工作业绩突出，尤其是破获有影响力的大案、要案时，鲜花与掌声接踵而来。在部分领导干部和民警眼中，功模民警不自觉地被“推定”为各方面都优秀、毫无瑕疵的典型，以偏概全的“晕轮效应”逐渐产生。对功模领导干部进行选拔任用时，往往只注重考察其优秀的一面，容易忽略民警和群众的负面反馈，不能充分发挥民主。在日常管理中，往往只看到其曾经的“辉煌”，容易忽略其日常真实表现的细节，信任逐渐代替了监督。

习近平总书记强调：“要把权力关进制度的笼子里；坚持制度面前人人平等、执行制度没有例外。”在纪律面前，无论是普通民警还是功模人员，一律没有例外，要坚持用客观平等的标准执行纪律，绝不能用信任代替监督。自觉抵制错位的“孔雀文化”，不仅是公安纪检监察部门需要身体力行的环节，更应该成为公安廉政文化建设的重要突破口。

在公安廉政文化建设中，长期以来形成的“圈子文化”、“面子文化”、“老大文化”、“跪金文化”、“小农意识”和“孔雀文化”六种“灰色文化”可谓根深蒂固，危害性不可小视，必须坚决反对。习近平总书记指出：“一个国家、一个民族的强盛，总是以文化兴盛为支撑的”。就新时期的公安工作而言，文化建设是不可替代的软实力。只有深刻领会习近平总书记关于廉政建设重要讲话精神，着眼于社会主义核心价值体系建设，立足于历史转型期公安文化的传承与发展，以“踏石留印、抓铁有痕”的决心从细节点滴做起，才能真正激浊扬清、润物无声，真正坚守属于公安民警自己的精神家园。

（作者系北京市公安局丰台分局党委书记、局长）

依法治国与公安法治文化宣传

马卫东

摘　要　公安法治文化宣传是法治文化的重要组成部分，是法治文化的不可缺少的重要内容。现在的公安文化宣传是由计划经济体制下的公安文化宣传逐步演变而成市场经济体制下的公安文化宣传，并将最终演变成完全的依法治国、依宪治国的市场经济体制下的公安法治文化宣传。

关键词　依法治国　公安法治文化　宣传

党的十八届四中全会向全党全国发出了依法治国、依宪治国的号令，全国各行各业正在积极行动，全面落实这一伟大的行动纲领。

依法治国、依宪治国，自20世纪50年代我国第一部宪法制定公布起，就已提出，但由于种种原因，始终没能成为我们的国策，以至于发生“文化大革命”那种视法律如儿戏、视宪法如废纸的悲剧，经过全国人民代表大会选举产生的国家主席，可以被群众运动随意推翻、打倒，折磨致死。老百姓的私有财产包括生命可以任意被侵占蹂躏。有法不依、有宪不依、无法无宪的问题严重存在，极其严重地影响了我们国家前进的步伐，影响全国人民伟大的中国梦的实现。党的十八届四中全会提出全面落实依法治国、依宪治国的伟大战略决策，为我们全面推进中国梦的早日实现，提供了法律保证。

要依法治国，就必须坚持加强法治文化，在公安系统就要坚持实行公安法治文化宣传。

法治文化是社会最现实的一种文化状态和精神风貌，实质上，就是用依法治国、依宪治国精神塑造人、引导人、熏陶人、提高人，最终实现人的法治素养的全面提升，使人们的法治意识普遍增强。法治文化是全面推进依法治国、依宪治国的精神内涵，这种精神内涵具有教化和调控的功能，能够指导、制约、控制人们的行为方式，因而法治文化对于依法治国、依宪治国具有非常重要的推动作用。法治文化工作包括两层含义：一层含义是为宣传依法治国、依宪治国所开展的各项文化活动；另一层含义就是指用文化手段宣传法治。公安文化宣传就是用文化手段宣传公安法治的重要途径。

公安法治文化宣传是法治文化的重要组成部分，是法治文化的不可缺少的重要内容。众所周知，现在的公安文化宣传是由计划经济体制下的公安文化宣传逐步演变而成市场经济体制下的公安文化宣传，并将最终演变成完全的依法治国、依宪治国的市场经济体制下的公安法治文化宣传。

一、公安法治文化宣传工作的重要性

党的十一届三中全会之后，随着改革开放的不断深入，加速了我国从计划经济体制到市场经济体制的转变，到 1992 年党的十四大上，已经明确提出了我国经济体制改革的总目标是建立社会主义市场经济体制。社会主义市场经济体制对公安工作提出了更高的要求。其主要表现在以下几个方面：

第一，由计划经济体制下的社会封闭式管理变为开放式管理，使公安工作由原来的小范围、地方化变成更大范围的社会化。过去公安工作的孤立主义、神秘主义将彻底失去其赖以生存的土壤，社会治安的治理将不再是公安机关一家的事，而是在党政领导下充分发挥公安机关的职能作用，最大限度地动员组织社会各部门和全体公民，实行社会治安的综合治理。

第二，社会主义市场经济的本质，要求必须依法治国、依宪治国，决定了公安工作将更加法治化。公安工作的一切行为，必须依法办事、依宪办事，一切有法必依、执法必严、违法必究。

第三，市场经济体制下全国范围人、才、物大流动，加上对外开放、国际交往的增加，公安工作也将由过去的静态管理转变为动态管理。

第四，社会主义市场经济体制下，政府管理职能的转变也使公安机关的职能发生了变化：由单纯的打击惩治变为寓打击惩治于管理服务之中。

公安工作的这种转变，公安工作在社会生活中的日益重要的作用，决定了公安文化宣传工作由可有可无到必不可少，到越来越重要的转变。而且随着时间的推移，必将更加显示出其重要性，即公安文化宣传工作是整个公安工作不可缺少的重要组成部分，是新时期团结教育广大公安民警做好公安思想政治工作的重要途径，是市场经济体制下，公安机关联系群众、动员群众、组织群众维护社会治安的桥梁和纽带，是树立新时期广大民警良好形象，争取人民群众理解和支持的主要手段。可以说，过去那种“小打小闹”、零打碎敲、各自为战的公安文化宣传工作早已不适应社会主义市场经济体制下公安工作的需要，必须代之以全新的、适应社会主义市场经济体制下公安工作需要的公安文化宣传工作。当前，必须代之以实现平安中国梦的公安工作所需要的公安法治文化宣传工作。

二、公安法治文化宣传工作的内涵

第一，在地位和作用上，公安法治文化宣传工作已经不是计划经济体制下可有可无、无关紧要的工作，而是公安工作的重要组成部分，既是公安业务工作的重要组成部分，也是公安思想政治工作的一部分。越来越多的事实证明，通过公安法治文化宣传工作，可以把千千万万群众组织起来，共同维护社会治安，维护社会稳定；通过公安文化宣传工作，可以把广大民警的积极性调动起来，更自觉、更积极地投入工作。所以，可以说通过公安法治文化宣传工作，能够出警力、出战斗力，能够直接发挥公安工作千军万马的作用，它的作用和效益甚至要比几百个甚至几千个民警的工作效益大得多。近几年，通过对英雄模范人物的宣传、对各项工作的宣传，就可以完全说明这一点。

第二，在规模和形式上，市场经济体制下公安工作的社会化、法治化和动态管理，都要求公安法治文化宣传工作要打破过去零打碎敲、家庭作坊式的“小文化”、“小宣传”的模式，而代之以多形式、多层次、多角度、多渠道、全方位、立体化，能在社会上引起轰动效应的公安法治文化宣传工作。

多形式，则要求文字、电视、摄影、绘画、文艺等形式同时运用。

多层次，是指在运用传媒上，中央级的、省市级的、地市级的同时上。

多角度，就是对一个宣传对象，不论是单位、事件还是个人，要多侧面宣传，不要只宣传一个面。

多渠道，则是指在文化宣传的投稿渠道和宣传渠道上，应该“八仙过海，各显其能”，只要能发稿、能宣传，在不违反宣传纪律、规定的前提下，什么渠道都可以使用。

全方位、立体化的宣传，就要求以上各种文化宣传形式、层次、角度和渠道要同时运作，多管齐下，从而造成“不鸣则已，一鸣惊人”的轰动性的宣传效果。

第三，在数量和质量上，为了适应依法治国、依宪治国要求下公安工作的需要，公安法治文化宣传首先要有一定的数量，即做到“报纸天天有字，电视天天有影，电台天天有声”。在此基础上，要努力提高公安法治文化宣传的质量，力争多出精品，多出一些能够获得“五个一工程奖”的文学作品，多出一些能够获得各种奖项的新闻作品，以达到更好的宣传效果。当前，在公安系统法治文化宣传作品主要不是数量问题，而是质量问题，而且是高质量法治文化宣传精品太少的问题。当然，在一些公安法治文化宣传作品很少的地区，数量问题仍是主要问题之一。目前，有些省市区公安机关不认真培养自己的法治文化宣传队伍，不鼓励、不培养他们去创作自己的精品法治文化宣传作品，而是把希望完全寄托在社会文化单位和新闻单位上，完全依靠社会文化团体和新闻媒体去做宣传，这就完全丧失了公安机关在法治文化宣传上的主动权，把公安法治文化宣传让给别人去做，别人怎么能够认真去做呢？这种做法怎能够创造辉煌的公安法治文化呢？又怎能使公安法治文化宣传更好地为公安工作服务呢？

第四，在内容和范围上，为适应依法治国、依宪治国要求下公安工作的需要，在公安法治文化宣传的内容和范围上已突破过去的一些限制和规定，从过去只限于一般的社会新闻和好人好事的文化宣传，到现在的除了正在经营运作尚未侦破的案件和犯罪分子的作案手段、我们破案的侦破手段外，其他公安工作都可以进行法治文化宣传，就连过去很难涉及的社会丑恶现象，如毒品、卖淫嫖娼等，也在可涉及的范围。现在的问题不是宣传多了，而是依法宣传还差得很远。虽然在宣传的内容和范围上解禁了很多，但是有思想有深度又符合依法治国、依宪治国要求的公安法治文化作品显然太少了。更有某些公安机关在公安法治文化宣传上才刚刚起步，有的甚至还是空白。

根据党的十八届四中全会精神，结合市场经济体制对公安法治文化宣传的要求，公安法治文化宣传大致包括以下内容和范围：

一是党和政府关于新时期公安工作的路线、方针、政策的宣传与报道。

二是对人民公安机关依法办事、依法办案的宣传报道。

三是对人民警察先进集体与先进个人的宣传与报道。

四是对人民警察各警种基本情况的介绍，使人民群众更加支持警察工作。

五是对各项公安工作成果的宣传，如刑侦破案，治安整顿，交通、消防、户籍、外来人口管理，公安科技、公安院校取得的新成果。

六是各项公安中心工作的宣传（包括业务工作和政治思想工作）。

七是普及宪法等法律法规和法律常识的宣传，如对刑法、刑事诉讼法、治安处罚法的宣传等。

八是为公众安全服务的文化宣传，如宣传公民与犯罪行为作斗争的权利与义务，公民实施正当防卫的方法与界限，怎样阻止犯罪、制服犯罪，等等。

九是对治安情况动态的宣传，如公布一个时期交通、消防、治安的有关情况、数字、特点、动向，使群众在预警上更加主动；如对交通、消防、治安等方面存在问题的揭露与曝光，以及对犯罪分子的公开通缉等。

十是对社会治安综合治理工作的宣传等。

第五，在方式和方法上，市场经济体制下公安工作加上依法治国、依宪治国的要求，对公安法治文化宣传工作的方式、方法也提出了更高的需求。从大的方面来说有以下几点：

一是由过去那种坐等线索、居家写稿、就事论事的文化宣传，转变为随警作战，到一线去主动找线索，到基层去创作、去写稿。

二是由过去基本上只搞文字宣传，发展到现在文字、摄影、摄像、表演、绘画、影视等各种形式、多种方法一起用，特别是充分发挥电视这一媒体宣传直接、形象的优势，大力开展以影视宣传为主的法治文化宣传工作。

三是由过去终结式的文化宣传，即一切文化宣传都在公安工作做完之后或在案件终结之后才开始，转变为现在的行进式法治文化宣传，即在一项公安中心工作或大的案件侦破工作一开始，公安法治文化宣传人员就深入实际，及时进行连续宣传报道，层层剥皮，步步深入，及时、深入、快捷地做好宣传报道工作，为工作结束或案件结束之后组织创作高质量的文化精品打下基础。像崔大庆的宣传报道工作就是这样，崔大庆牺牲后，市公安局法制宣传处马上拟订了宣传计划，一步一步进行宣传报道，及时宣扬了崔大庆的事迹，掀起了群众向崔大庆学习的热潮，接着，包括《人民日报》、新华社、《光明日报》《人民公安报》等 26 家省市以上大的新闻媒体头版头条都刊发学习崔大庆精神的文章，各种宣传报道共计 2600 多条，最后，北京市公安局和长影厂还合拍了电影《警官崔大庆》，北京市公安局和北京曲剧团排演了曲剧《崔大庆》，北京市公安局还出版了图书《崔大庆、甘雷事迹选》。崔大庆事迹的文化宣传工作达到了迄今为止最好的宣传效果。

四是由过去计划经济体制下按部就班的公安文化宣传，到市场经济体制下讲究经济效益过多的公安文化宣传，再到依法治国要求下强调有法必依、执法必严、违法必究的公安法治文化宣传工作。

第六，在人员和装备上，在市场经济体制下，依法治国、依宪治国要求对公安法治文化宣传的从业人员提出了更高的要求。这不仅表现在数量上要有足够的公安法治文化宣传人员，而且在素质上提出了更高的要求。

从数量上看，过去计划经济体制下，公安文化宣传工作以内部宣教工作为主，对社会上只负责提供一些群众宣传教育材料，完全是一种“小打小闹”的文化宣传活动，因而也用人不多。而在市场经济体制下，在依法治国、依宪治国的要求下，公安法治文化宣传工作主要面向社会、面向群众，受众面比过去大得多，而且面对的是动态管理，开展的是行进式文化宣传教育活动，又是严格的法治文化宣传教育，这就需要有更多的公安法治文化宣传人员来从事这项工作。

从人员素质上看，市场经济体制和依法治国、依宪治国对公安工作和公安法治文化宣传提出了更高的要求，对公安法治文化宣传人员的素质也提出了更高的要求。其主要表现在以下几个方面：

一是政治觉悟高。公安法治文化宣传人员要有很高的政治观念，要能够熟练地掌握运用马克思列宁主义、毛泽东思想、邓小平理论、“三个代表”重要思想和科学发展观，去观察问题、研究问题和解决问题，要有较高的政治敏感力，能够自觉地和党中央保持一致。

二是法治观念强。公安法治文化宣传人员要具备极强的法治观念，能够熟练地记住宪法、刑法、刑事诉讼法、治安处罚法等主要法律法规，并能够自觉地运用到日常工作中去。平时工作中自觉按法治要求自己，严格执法，坚决同违法现象作斗争。

三是业务精。公安法治文化宣传人员既要熟悉各项公安业务，又要熟练掌握各项文化宣传业务和各项文化宣传技能。

四是知识广。公安法治文化宣传人员应是“杂”家，具有各方面的知识和技能，包括会写各种文章，会驾驶汽车，会操作电脑，会照相、摄像，懂一定的绘画知识和音乐知识等。

五是信息灵。公安法治文化宣传人员要有新闻敏感度，善于捕捉各种信息，要有及时掌握各种信息的网络和方法。

六是纪律好。公安法治文化宣传人员要有严格的组织纪律观念，自觉遵守各项公安纪律规定和各项公安文化宣传纪律规定，保守各项公安机关文化宣传机密。

七是作风正。作为新时期公安法治文化宣传人员，为完成各项公安法治文化宣传任务，要求具备良好的思想作风和工作作风，包括实事求是、深入实际、艰苦奋斗、开拓进取、连续作战、无私奉献、严守机密等。

从文化宣传装备上看，由于在市场经济体制下，依法治国、依宪治国给公安法治文化宣传工作提出了更高的要求，决定了公安法治文化宣传工作既是领导机关部门，又是直接战斗的一线部门。因此，在对待公安法治文化宣传部门的装备上，既要考虑它的政治工作和机关工作的一面，更要考虑它的业务工作和一线工作的一面。因此，要像装备所有业务部门、一线部门一样，对公安法治文化宣传部门也装备必要的通信器材、交通工具和照相、摄像设备，以保证公安法治文化宣传工作任务的顺利完成。

总之，依法治国、依宪治国对公安法治文化宣传提出了更高的要求，我们必须努力改进和加强公安法治文化宣传工作，不断总结完善在市场经济体制条件下依法治国、依宪治国做好公安法治文化宣传工作的经验，切实把公安法治文化宣传工作提高到新的水平。

三、公安法治文化宣传工作应抓住的几个重点环节

第一，始终坚持正确的舆论导向。导向问题至关重要，导向的正确与否直接关系到公安法治文化宣传工作方向的对与错，所以导向问题是做好公安法治文化宣传工作的首要问题。

要坚持正确的舆论导向，首先要以马克思列宁主义、毛泽东思想、邓小平理论、“三个代表”重要思想、科学发展观和依法治国、依宪治国思想指导公安法治文化宣传工作。

要建立理论学习制度，公安法治文化宣传人员要经常学习理论知识，真正用马克思列宁主义理论武装自己，自觉运用马克思列宁主义的立场观点去分析问题、解决问题。

要保证导向正确，还应建立健全审读制度。聘请有较高思想政治水平、工作经验丰富的同志组成各级审读小组，对一个时期的公安法治文化宣传作品进行审读，及时总结经验，纠正问题。

要建立调研制度。公安法治文化宣传人员要定期深入一线实际或召开各种座谈会，广泛听取群众意见，及时了解各界对公安法治文化宣传工作的反应，分析形势，研究趋势，不断改进完善和加强公安法治文化宣传工作。

建立法治文化宣传通气会制度。由主管公安法治文化宣传工作的领导召集，定期召开，传达中央领导同志和公安部领导对公安法治文化宣传工作的指示精神，通报一个时期公安文化法治宣传工作的工作意见，对公安法治文化宣传工作中需要注意的苗头和带有倾向性的问题，及时提醒，以引起重视。

建立新闻发布会制度。对需要发布的公安工作和公安法治文化宣传工作的重要情况，定期或不定期召开新闻发布会，统一报道口径，达到正确引导舆论的作用。

第二，紧密围绕中心工作开展公安法治文化宣传。新时期公安工作是紧密围绕党和政府的中心工作开展的，在不同时期又会有不同的中心工作，当前主要是依法治国、依宪治国，努力实现平安中

国梦。当然，在这个大的中心工作中，也会有不同时期、不同阶段的小的中心工作，如元旦到春节期间，公安中心工作是开展以宗旨教育和为人民服务为主要内容的“爱民乐”活动；3月前后，公安中心工作是以确保全国人大、全国政协会议安全的两会保卫工作；春节、五一、国庆节等重大节假日的安全保卫工作；还有重大外事活动、重要外宾来访的安全保卫工作；等等。公安法治文化宣传工作就是要紧密围绕不同时期的公安中心工作展开，离开了公安中心工作，公安法治文化宣传工作就失去了生命力。

如何围绕公安中心工作开展公安法治文化宣传工作呢？主要应抓好以下几点：

一是超前准备，提前介入。每次公安中心工作开展之前，公安文化宣传部门提前介入，了解中心工作安排，有何要求，公安文化宣传部门怎么配合，然后拿出法治文化宣传的计划方案。

二是周密安排，协同运作。中心工作开展之后，根据法治文化宣传的计划，和相关部门密切配合，周密安排好中心工作中重点阶段的法治文化宣传工作。

三是闻警而动，随警作战。文化宣传干部特别是负责文字工作和照相、摄像工作的同志，要深入中心工作一线，随同中心工作的同志一起作战，把中心工作中最重要、最感人的情节随时记录下来，为进行法治文化宣传打下基础。

四是集中报道，形成高潮。选择中心工作中最具代表性的阶段和情节，集中进行法治文化宣传，掀起高潮，实现轰动效应。

五是突出典型，形式多样。在中心工作的法治文化宣传中要注意抓住典型，集中优势兵力，反复宣传透。要及时研究中心工作中涌现出的典型人物、典型工作、典型集体、典型案件，运用多种形式，如写深度报道、编影视剧、搞舞台创作，等等，从不同角度、不同侧面，对典型进行全方位、立体化的文化宣传，最终达到全面深入宣传公安中心工作的目的。

第三，坚持团结、稳定、鼓劲，以正面宣传为主的方针。公安工作接触案件多，接触黑暗面多，如果不坚持以正面宣传为主的方针，公安法治文化宣传工作势必会出现以案件为主，以揭露社会黑暗面为主的宣传，而达不到团结、稳定、鼓劲的作用。坚持正面宣传为主的方针，在公安法治文化宣传上主要有以下两层含义：

一是要多宣传公安队伍建设的成果，多宣传公安队伍中涌现的好人好事，多宣传在各项中心工作中的英雄模范人物，以此树立良好的公安人员形象，同时让人民群众更加理解和支持公安工作。

二是在公安业务宣传、案例宣传中，坚持正面宣传的角度。也就是说，宣传角度一定是正面的，不能是歪的、斜的。例如，在报道凶杀案时，不是报道犯罪分子怎么凶残，也不是报道犯罪分子的凶残的作案手段，而是报道公安人员破案的机智勇敢，报道群众如何积极提供线索协助破案，这样案件报道也就转换成歌颂公安人员英勇事迹，歌颂人民群众协助公安机关破案的正面报道了。

通过我们的正面文化宣传，使公安民警有荣誉感和责任感，使犯罪分子有震慑感和罪恶感，使群众中的法盲有羞愧感和警觉感，使人民群众有安全感和幸福感。

第四，要有精品意识，在法治文化宣传的质量上下功夫。要抓好以下几项工作：

首先，要在广大公安法治文化宣传民警中树立精品观念，充分认识精品意识在整个法治公安文化宣传中的重要地位，要不断提高他们抓精品的自觉性，养成“不出精品誓不罢休”的精神。

其次，在抓精品、抓质量上要有计划、有安排，狠抓落实。

再次，要有公安法治文化宣传上大报、上一版、上头条、上省市级以上舞台、上省市级以上电视台、上全国“五个一工程奖”的明确目标。

最后，要抓紧对公安法治文化宣传干部的培训工作。针对公安法治文化宣传干部的不同情况，采取不同形式、不同内容的培训工作，要运用长期、短期、脱产、不脱产等多种培训方法，对不同层次、不同情况的公安法治文化宣传干部进行强化培训，为提高公安法治文化宣传工作的质量，多出精品，打下良好的基础。

第五，坚持闻警而动，随警作战的方针。由于现在公安工作的法治化、社会化和动态管理，对公安文化宣传工作变终结式文化宣传为行进式公安法治文化宣传。而随警作战就是在目前情况下，做好公安法治文化宣传工作的基本原则和主要方法。离开随警作战，就不可能做好新形势下的公安法治文化宣传工作。

通过近几年我们公安法治文化宣传工作开展随警作战的实践经验，要做到随警作战，就要抓好以下几个方面的工作：

一是建立网络，掌握信息。要把随警作战作为制度固定下来，同时应在主要公安业务单位设立联络员，发生突发事件或重大政治、刑事、治安、交通、消防等案件和大的自然灾害事故，各单位在及时向上级报告的同时也能即时通报法治文化宣传部门，使公安法治文化宣传部门及时做好随警作战准备。

二是行动要快，深入一线。公安法治文化宣传部门有关人员应24小时值班备勤，接到信息能够马上出动，以最快的速度赶往现场。随警作战的法治文化宣传人员一定要深入一线，把最直观的东西记录下来，掌握一手材料，而不要在指挥部听汇报。

三是抓紧编稿，及时审批。随警作战结束后，有关法治文化宣传人员要立即整理有关文字、摄像、照相材料，根据事先拟订的计划，开始创作，该发新闻的，马上编写新闻稿件，编辑电视新闻片；该搞文学创作的，马上投入文学创作；待完成后，马上报送领导审批，其他该存档的存档，以备后用。

第六，努力建立和完善公安战线自己的法治文化宣传阵地。要适应依法治国、依宪治国要求下公安工作的需要，公安法治文化宣传工作除了要充分利用社会上的文化新闻媒体外，还应建立公安自己的法治文化新闻媒体，这是搞好公安系统200万警察法治文化宣传工作的可靠保证。因为只有自己直接掌握这些文化、新闻机构，才能够真正做到有令则行、有禁则止。现在公安部机关已经办有自己的报纸刊物，像《人民公安报》、《人民公安》杂志、《啄木鸟》杂志等，有拍摄公安电视剧的金盾影视文化中心，有出版公安图书的中国人民公安出版社（下辖群众出版社、中国人民公安大学出版社），有组织文化创作、培养文化人才的全国公安文联——一些省市区公安厅局也成立了公安文联，一些地方办起了公安自己的报纸杂志，在电视台办起公安栏目，各地还普遍建立了交通电台，有的省市区公安机关还办起了警官合唱团、警察文工团和警察乐队，对公安法治文化宣传工作发挥了很好的作用。

但目前从整体上来说，公安法治文化宣传阵地建设还不够，品种还不多，高质量的名牌阵地还很少，对于公安法治文化宣传建设还很不利。下一步应本着整顿、巩固原有阵地，建立、发展新的阵地，培养、创建名牌阵地的原则，对公安机关现有文化新闻宣传部门进行清理整顿。同时，公安部要和国家新闻出版广电总局共同研究布局，在省市区公安厅局恢复创办公开发行的公安报纸刊物。各地公安机关要和当地电视台商议，逐步设立公安频道。各地公安机关要抓紧培养自己的名作家、名编剧、名记者、名摄影师、名画家和名音乐制作人，为公安法治文化作出应有的贡献。

（作者系公安部群众出版社原副社长）

试论法治文化建设在信访工作中的重要意义和作用

张彭发

摘　要　法治文化是依法规范信访工作的精神引领和实践指导。加强法治文化建设，可从源头上预防和减少信访问题的发生，有效化解信访问题，维护良好的信访秩序和社会秩序。

关键词　法治文化　信访

党的十八届四中全会吹响了全面推进依法治国的号角，提出了建设中国特色社会主义法治体系、建设社会主义法治国家的总目标，对科学立法、严格执法、公正司法、全民守法、法治队伍建设、加强和改进党对全面推进依法治国的领导作出了全面部署，必将有力地推进加快建设社会主义法治国家进程。

党的十八届四中全会《决定》还专门对建设社会主义法治文化作出了部署，提出了要求："必须弘扬社会主义法治精神，建设社会主义法治文化，增强全社会厉行法治的积极性和主动性，形成守法光荣、违法可耻的社会氛围，使全体人民都成为社会主义法治的忠实崇尚者、自觉遵守者、坚定捍卫者。"

法治文化是法治的灵魂，是全面推进依法治国的重要精神支柱和内在动力。法治文化建设涉及方方面面，其中对于加强和改进信访工作、推进依法信访、促进信访工作全面走上法治化轨道有着重要的意义和作用。为此，各级党委、政府及信访工作机构必须按照十八届四中全会《决定》的要求，自觉地、主动地在信访工作中加强社会主义法治文化建设，使信访工作在全面推进依法治国的进程中发挥更加积极有效的作用。

一、法治文化是依法规范信访工作的精神引领和实践指导

法治文化的内容主要包括法治精神、法治理念、法治价值、法治方式、法治制度、法治实践等。法治文化是全面推进依法治国的精神内涵，是科学立法、严格执法、公正司法的内在动力，也是全民守法的重要基础和前提。新时期信访工作的定位是党和政府的一项重要工作，是构建社会主义和谐社会的基础性工作，是党的群众工作的重要组成部分，是为人民群众排忧解难的工作；目标是切实维护群众合法权益，及时反映社情民意，着力促进社会和谐；主要任务之一是推进信访工作制度化、规范化、法治化。根据法治文化的内容、重要性和信访工作的定位、目标、任务，法治文化对推进信访工作法治化进程在以下几个方面具有重要的指导和引领作用：

（一）法治文化对信访工作弘扬法治精神有着重要的指导作用

法治精神是法治文化的重要内容，是民主法治社会中所普遍尊崇的法律至上、公平正义、保障人权、权力制约、社会和谐等价值追求的总和，也是法治文化的灵魂。在全面推进依法治国的进程中，任何一项工作都离不开法治精神。这对于信访工作尤为重要，因为信访工作是构建社会主义和谐社会的基础性工作，是党的群众工作的重要组成部分，是为人民群众排忧解难的工作，切实维护群众合法权益是信访工作的主要目标。信访工作的对象绝大多数是普通公民，是弱势群众。他们相信党和政府，希望通过信访渠道帮助他们解决遇到的困难和问题。作为代表党委和政府专门处理信访问题的信访工作机构，如何才能做到切实为信访群众解决困难和问

题，真正帮助他们排忧解难，则必须高举法治旗帜，引扬法治精神，以法治精神为指导，尊重法律，伸张正义，民主公道，公平公正，保障人权，实事求是，不唯上、不唯权，不欺下、不欺民，唯有如此，才能真正维护群众的合法权益，促进社会的和谐稳定，增强党和政府在群众心目中的地位和威望，密切党和政府同群众的关系。为此，必须在信访工作中加大法治文化建设的力度，发挥和弘扬法治精神的指导作用，积极有效地推进信访工作的法治化进程。

（二）法治文化对信访工作培育法治思维具有重要的引领作用

法治思维是法治文化的重要组成部分，是将法治的诸种要求运用于认识、分析、处理问题的思维方式，是以法律规范为基准的逻辑化的理性思考方式。它要求将法律作为判断是非和处理事务的准绳，崇尚法治，尊重法律，善于运用法律手段解决问题和推动工作。在全面推进依法治国的进程中，办理任何一件事情，解决任何一个问题，化解任何一项矛盾，调解任何一种纠纷，都离不开法治思维。这对于信访工作更为关键，因为信访工作的主要任务就是协调事情、处理事务、疏导情绪、解决问题、化解矛盾、调解纠纷，整天与信访群众及信访事项打交道，围绕着矛盾和问题开展工作，如果不善于运用法治思维思考、分析、处理事情和问题，就很难处理好事情，解决好问题，甚至会激化矛盾，无法完成信访工作的任务，无法实现信访工作的目标。为此，必须在信访工作中强化法治文化建设，加强法治思维对信访工作的引领作用，努力使信访工作在法治化建设进程中大步前进，扎实推进。

（三）法治文化对信访工作善用法治方式具有重要的促进作用

法治方式是法治文化外在的具体表现形式，是运用法治思维处理和解决问题的行为，是法治思维实际作用于人的行为的外在表现。法治思维是实施法治方式的思想基础，影响和决定着法治方式。没有法治思维就不可能有解决问题的法治方式。法治思维主要是指思考的过程，而法治方式主要是以行为的方式表现法治思维的决策。在法治思维对信访工作的引领下，实施好具体的法治方式，对于信访工作影响重大。信访工作不仅是一门学问，更是一项实际工作，面对的是一桩桩事情、一个个问题、一件件矛盾，有了好的思维方式，还要有好的工作方式，才能妥善解决问题，顺利化解矛盾；否则必然事与愿违，造成对群众感情的伤害、利益的损害、矛盾的激化。解决信访问题、化解信访矛盾，最有效的方式是法治方式，最科学的方法是法治方法。为此，在信访工作中必须不断加强法治文化建设，培养和推进法治方式的运用，努力使信访工作在全面推进法治化进程中健康、科学地发展。

二、在信访工作中加强法治文化建设的几点思考

党中央、国务院历来对信访工作法治化建设高度重视，2005 年出台了新修订的国务院《信访条例》，近年来，又陆陆续续制定了一系列有关信访工作的规章制度，并在信访工作中加大了依法信访的宣传和教育力度，积极有效地推进了信访工作的法治化建设。但从总体来看，当前信访工作的制度化、规范化、法治化程度与信访工作的形势、任务、要求还有较大差距，与全面推进依法治国的总体部署和要求还存在较多不适应、不相符的地方。此外，信访工作不仅仅是信访工作部门的事，它还涉及方方面面、上下左右。因此，除了要解决信访工作机构不适应、不相符的问题外，有关地方和部门的法治化建设也必须同步推进。按照党的十八届四中全会关于全面推进依法治国的总体部署和要求，结合当前信访工作实际，建议重点在以下几个方面加强和推进法治文化建设：

（一）加强法治文化建设，依法规范行政行为，从源头上预防和减少信访问题的发生

当前，我国正处于社会主义初级阶段，改革进入攻坚期和深水区，矛盾风险之多前所未有，群众信访仍处于频发期、高发期。标本兼治，重在治本，这是信访工作的一条重要原则。从源头上治理是实施这一原则的重要举措。引发信访问题的原因是多方面的，但从当前发生的信访问题看，绝大多数是行政行为不当引发的，其他还有政策问题、群众自身问题的原因等，但所占的比例相对较少。

行政行为不当引发的信访问题突出表现在以下两个方面：

1. 行政不作为

群众遇到问题找到相关地方或部门后，相关地方或部门要么不理不睬，要么敷衍塞责，要么互相推诿，要么久拖不决，引起群众不满，导致信访问题发生。这种情况在基层有些组织和部门较为突出。

2. 行政乱作为

这种情况较为普遍，也比较复杂，表现形式多种多样，有行政决策不当损害群众权益的、有行政执法粗暴随意侵犯群众利益的、有越权执法谋取私利侵害群众权利的等。这种情况较多发生在涉及群众生产生活较密切的行政执法部门，如城市、土地、房产管理等部门。

上述情况的发生和存在，原因也许是多方面的，但根本原因是一些行政机关及其工作人员依法行政观念淡薄，法治意识缺失。为此，按照党的十八届四中全会精神，全面加强法治文化建设，大力弘扬法治精神，是行政执法部门的当务之急，也是从源头上减少信访问题产生的紧迫任务。一是依法科学决策。决策不能主观臆断，不能脱离当地当前客观实际，不能违背群众意愿。建立决策终身负责制，责任倒查制，避免和减少因决策不当给群众造成的损害。二是依法全面履职。按照“法定职责必须为、法无授权不可为”的要求，该履行的职责必须全面履行，不能有职不履，不能越权执法，不能随意用权，不能因人而异。出现问题及时纠正，违法行为严肃查处，尽量减少因执法不当对群众造成的伤害。三是依法文明执法。执法要文明，要讲求方式方法，要注意疏导解释，要做到以理服人，不能以权压人，不能粗暴执法，不能欺压百姓，不能以权谋私。依法严肃查处违法、违规、违纪行为，尽可能避免有损群众利益的事情发生。四是依法加强监督。有权就有责，用权受监督，要依法明确监督主体、监督责任，加大监督力度，以有效的监督促进行政执法行为的规范，以有力的监督减少行政违规违法行为的发生。

（二）加强法治文化建设，依法规范信访工作行为，有效化解信访问题

信访问题的产生有其复杂的原因，源头防控固然能减少信访问题的产生，但不可能杜绝信访问题的产生。为妥善、及时解决信访问题，我国从组织体制上成立了信访工作机构专门处理信访问题。目前，已形成了较完备的信访工作体系，纵向上，从国家到省（区、市）、地（州、市）、县（市）甚至乡镇、社区都设立了信访工作机构；横向上，从国家各部、委、局到省、地、县的相关工作部门也都设立了信访工作机构。从总体来看，这些信访工作机构对解决信访问题发挥了积极作用，取得了明显成效，绝大多数信访问题发生后都得到了及时妥善处理。但同时也不能否认，当前的信访工作与党和国家的要求及形势发展的需求还有一定的差距，尤其是在依法规范信访工作方面还存在较多不适应、不相符的地方。其主要表现在以下几个方面：

1. 法规制度建设相对滞后

政策法规是处理信访问题的重要依据，尤其是有关信访工作的法律法规是不可或缺的，否则依法规范信访工作就无从谈起。国务院《信访条例》是2005年1月修订、5月实施的，这是当前专门规范信访工作的唯一的国务院行政法规。2005年修订的《信访条例》是根据当时的国内外形势及针对当时的信访形势和情况修订的，而且当时未制定和出台《信访条例》实施的相关细则，影响了相关具体问题的操作。《信访条例》实施至今已近10年，国内外形势发生了很大的变化，信访工作也面对着许多新情况、新变化、新要求，迫切需要有新的法律法规对信访工作作出明确规范。

2. 处理信访问题不尽规范

当前，各级、各部门信访工作机构处理信访问题总体情况较为规范，基本上都能按《信访条例》的规定办理，但也有一些地方和部门的信访工作机构及工作人员办理信访事项随意性大，很不规范。有的对该受理的信访事项不受理或不及时受理，有的对该登录的信访事项不登录或登录要件不全，有的对该转送的信访事项不转

送或不按时转送，有的对该交办的信访事项不交办，有的对该督办的信访事项不督办，还有的对信访事项经常登错、转错、交错。上述情况严重影响了信访事项的正常办理并损害了信访工作机构的形象，引起信访群众的不满。

3. 协调问题职能有待加强

信访工作中经常会遇到一些难事和烦事，有的信访事项十分复杂，有的信访事项涉及多部门多区域，有的信访事项长达多年或几十年。这些信访事项久拖不决，不仅拖累了信访人，也拖累了相关地方和部门，但仅靠一地一部门又很难解决，必须有一个部门出面协调才能较好解决。《信访条例》规定，信访工作机构具有“协调处理重要信访事项”的职责。但从实际情况来看，信访工作机构的这一职责并未得到很好的履行，致使一些疑难复杂信访事项尚未得到妥善有效的解决。

4. 工作人员素质尚需提高

自从实施公务员制度以来，各级信访工作机构根据工作需要和按照逢进必考的要求，陆陆续续从高等院校、部队转业军人、有关地方和部门招录了大量工作人员。信访队伍的人员构成、文化程度、知识和年龄结构都有了较大改变，工作人员的总体素质有了较明显的提高。但从实际情况来看，仍存在着一些与工作任务和要求不相适应、不相符合的问题，有的不安心工作，有的缺乏工作责任心，有的与群众打交道的能力差，尤其是依法处理信访问题的水平和解决疑难复杂信访问题的能力亟待提高。

针对上述情况，按照党的十八届四中全会的部署和要求，在信访工作中全面加强法治文化建设，弘扬法治精神，培育法治思维，健全法规制度，用好法治方式，是解决好依法规范信访工作问题的当务之急。一是依法规范信访工作行为。依法规范信访工作行为，是党的十八届四中全会的总要求，是做好信访工作的基本规范和要求，也是解决好信访问题的前提和基础。无论是来信来访还是网上投诉，每一件信访工作怎么办理，《信访条例》从受理、办理、督办到终结都有明确的规范性要求。对此，每位从事信访工作的人员都必须自觉严格遵守和执行，信访工作规范的问题才能得到较好的解决。二是依法提高处理信访问题的能力和水平。处理信访问题的主要依据是政策法规，不掌握和熟悉相关的政策法规就很难处理好信访问题。党的十八届四中全会《决定》中提出：把信访纳入法治化轨道，保证合理合法诉求依照法律规定和程序就能得到合理合法的结果。为此，首先，每位信访工作人员都要自觉学好相关政策法规，牢牢绷紧依法处理信访问题这根弦。其次，要加大对信访工作人员经常性的法治培训力度，不断提高他们依法处理信访问题的能力和水平。最后，今后信访工作机构进人，要多招录法律专业人员，要逐步培养和树立信访工作者就是法律工作者的理念。三是抓紧制定《信访法》。按照党的十八届四中全会《决定》的精神，信访工作也应建立相应完备的法律规范体系。目前，信访工作主要遵循的是国务院行政法规《信访条例》，尚无专门的法律。况且，现有《信访条例》的一些条款与当前信访工作的要求和形势已不相适应、不相符合。制定法律层级更高的《信访法》，不仅与党的十八届四中全会关于全面推进依法治国的部署和要求相一致，而且也是当前信访工作面临的形势和要求的迫切需要。其中对于信访工作职能如何定位和对无理缠访及“非访”如何处置，更是需要由法律条款来解决的当务之急。

（三）加强法治文化建设，依法规范信访行为，维护良好的信访秩序和社会秩序

各级党委、政府对建立和维护良好的信访秩序高度重视，尤其是近年来出台了一系列相应的规章制度，采取了诸多重要举措，规范和整顿信访秩序取得了一定成效，信访秩序有了较大改观。但整体情况依然不容乐观，群众信访尤其是上访中的乱象仍不同程度地存在。越级访、集体访、串联访、无理访特别是“非访”等无序信访行为仍不断出现，严重干扰了正常的机关办公秩序、信访秩序、交通秩序和社会秩序，在社会上造成了恶劣影响。少数信访群众无序信访的原因多种多样，情况错综复杂，但归根结底是缺乏法治这根弦，依法信访观念淡薄，依法维权意识缺失。从少数信访群众自

身因素分析，造成无序信访主要有以下几方面原因：

1. 私欲膨胀，得不到满足就为所欲为

少数群众遇到私利和集体利益或国家利益冲突时，不管政策怎么规定，不顾大局多么重要，不论要求是否合理，就是一味要满足自己的私欲，追求利益最大化，不达目的绝不罢休，在信访过程中无视法律法规规定，不顾公共利益和他人利益，为所欲为，大吵大闹，严重干扰了机关及接待场所正常的工作秩序，影响了正常的信访秩序和社会秩序，破坏了法治的权威和严肃性。

2. 观念陈旧，不上访到头绝不罢休

少数群众观念陈旧，不相信基层领导和当地部门，认为信访就要找最高机关最高领导，否则谁的话都不相信。于是他们遇到问题后便开始逐级上访，尽管基层和地方有关部门给予他们耐心细致合理的解释或按相关政策法规妥善解决了他们的问题，可是他们就是不服、不接受，从村逐级上访到乡镇、县（市）、地（市）、省（区、市），有的则直接越级上访到北京。到了北京，他们又找各相关部门甚至不相关的部门，认为哪个部门级别高就说话算数就能解决问题，到了部门又要找最高领导，甚至拦截中央领导同志的坐车喊冤告状，严重影响了正常的社会秩序和交通秩序。

3. 心存侥幸，“法不责众”观念作祟

少数群众的合理诉求已按政策法规规定得到妥善解决。他们为了满足更高或无理要求，获取更大利益，便煽动、串联不明真相的群众与他们一起上访闹事，甚至花钱顾人为他们撑腰造声势起哄闹事。这些人认为，自己本来就是无理的，人少闹事目标突出，容易被抓到证据，受到法律制裁。人多势众，再怎么闹也无所谓，反正“法不责众”。在这种错误观念的影响下，他们不仅大规模集体上访，而且到非上访接待场所集体“非访”闹事，在社会上造成了恶劣影响。

4. 一意孤行，“只有大闹才能大解决”

少数群众在“不闹不解决、小闹小解决、大闹大解决”的错误观念影响下，有的在上访接待场所大喊大叫、大吵大闹，摔桌椅、砸门窗，甚至打骂工作人员，以自杀自残相要挟等；有的采取“非访”方式，在机关门口或公共场所呼口号、举标语、拉横幅，静坐、示威、游行，甚至冲击机关大门、毁坏公共设施等。这种做法不仅影响了自己合理诉求的解决，而且严重干扰了社会公共秩序，在社会上造成了恶劣的影响。

上述行为严重违背了建设法治社会的要求，与全面推进依法治国的精神和部署极不合拍。党的十八届四中全会《决定》中强调要“增强全民法治观念，推进法治社会建设”，并在《决定》中第五部分作出了专门的部署，提出了专门的要求。这对增强信访群众法治观念，依法规范信访行为，培育和引导信访群众依法信访、依法维权具有特别重要的指导引领作用。按照党的十八届四中全会《决定》的部署和要求，应着重在以下几个方面加强对信访群众的法治宣传和教育。

一是在全社会加强依法信访、依法维权的宣传教育。党的十八届四中全会《决定》中要求：推动全社会树立法治意识。坚持把全民普法和守法作为依法治国的长期基础性工作，深入开展法治宣传教育，引导全民自觉守法、遇事找法、解决问题靠法。要把对信访群众的法治宣传教育作为重点，纳入各级党委、政府的重要工作议程，加强社会主义法治文化建设，通过电视、报纸、网络等各种宣传媒体，加大宣传教育的力度；采取以事说法、以案说法等通俗易懂的方法，增强宣传教育的效果。

二是加强基层组织对信访群众的法治宣传教育。群众开始信访一般都发生在基层，最早找的也是基层组织。基层组织与信访群众的联系最密切、关系最紧密。基层组织处在对群众进行法治宣传教育的第一线，任务繁重、责任重大、意义深远，作用发挥好了能达到事半功倍的效果。

三是充分发挥人民团体和社会组织对信访群众法治宣传教育的作用。党的十八届四中全会《决定》中专门指出：发挥人民团体和社会组织在法治社会建设中的积极作用。人民团体和社会组织是党委、政府的左膀右臂，是为人民群众服务的重要组成部分，对信访群众来说又处于相对公正的第三方。为此，人民团体和社会组织在对信访群众进行法治宣传教育引导中会起到特殊积极有效的作用。

四是有关行政机关及各级信访工作机构要切实做好对信访群众依法信访的宣传教育和积极引导工作。国务院《信访条例》第28条明确规定：行政机关及其工作人员办理信访事项，应当恪尽职守、秉公办事，查明事实、分清责任，宣传法制、教育疏导，及时妥善处理，不得推诿、敷衍、拖延。这一条规定得非常明确，工作人员在办理信访事项中，除了要公正、及时、妥善处理信访问题，还要做好对信访群众的宣传法制、教育疏导工作。这是职责规定，也是责任所在。为此，每一位工作人员都要尽职尽责，主动地、自觉地把办理信访事项的过程作为对信访群众进行法治宣传、教育疏导、解疑释惑的过程，在推进依法治国的进程中作出积极的贡献，发挥有效的作用。

（作者系国家信访局原副局长）

勃兴税收法治文化　为建设法治中国共筑“中国梦”更好奉献

易运和

摘　要　税法是国家法律的有机组成部分。税收队伍是国家一支重要的执法力量。广大纳税人既是国家税收的贡献者，也是国家财政支出所形成的社会公共产品和公共服务的享受者。所有这些要素，是税收法治文化取之不竭、用之不尽的广博原料。所以，税收法治文化是社会主义法治文化的一个重要方面。探讨勃兴税收法治文化，应多视角全面认识税收，更多地了解税收的过去与现状，更好地把握税收的未来。

关键词　税收　法治文化　法治中国

探讨研究税收法治文化与法治中国问题，是为了繁荣社会主义法治文化。繁荣社会主义法治文化的目标之一，是为了使法治精神和规则意识深度渗透到政府管理和公民自我约束之中，为尽早建成社会主义法治中国，实现依法治国、依法执政、依法行政起到应有的推进作用。在党的十八届四中全会刚通过《决定》不久，中国法学会法制文学研究会把 2014 年的年会主题确定为“法治文化与法治中国”，体现了坚决贯彻党的十八届四中全会精神，要在全面推进依法治国的进程中，努力发挥自身优势，有所作为、有所贡献的主观能动性，是非常适时、非常必要、非常重要的。作为这个社团的一员，我愿意在社团的领导组织下，努力发一分光与热。

税法是国家法律的有机组成部分。税收队伍是国家一支重要的执法力量。广大纳税人既是国家税收的贡献者，也是国家财政支出所形成的社会公共产品和公共服务的享受者。所有这些要素，是税收法治文化取之不竭、用之不尽的广博原料。所以，税收法治文化是社会主义法治文化的一个重要方面。探讨研究法治文化与法治中国的问题，思谋繁荣社会主义法治文化的问题，不应忽略这个重要方面。今天，我想根据我国税收和税收法治文化的现状，结合自己几十年所从事的税收实际工作、税收理论研究和多次亲自参与重大税制改革的实践，谈谈如何勃兴税收法治文化问题，以求教于各位专家学者。

第一，改革开放以来，随着我国经济社会的高速发展，随着我国 GDP 的大幅增长，我国税制进行了重大改革，税收队伍迅速扩大，税收实现了惊人增长。反过来，又促进了我国基础设施的大规模建设，科学技术的大幅提升，国防建设的飞速发展和人民生活水平、民生福祉的根本性改善。

1978 年改革开放伊始，我国 GDP 只有 3645 亿元，税收只有区区 462 亿元。那时从中央到基层政府，都没有独立设置的税务机构。当然，更没有专门从事税收理论研究的机构和人员。实行改革开放后，为适应经济社会发展和对外开放交往的需要，我国税制经历了利改税、对内对外不同的两套税制、同地方财政和中央财政分灶吃饭相适应的分税制等几次重大改革。

这些重大改革同经济体制改革促进了经济高速发展、GDP 大幅增长一样，也促进了税收的高速增长。我国税收总量由 1978 年的 462 亿元到 1999 年突破 1 万亿元用了 21 年时间（1999 年达 10314 亿元）。由 1 万亿元翻一番达到 2 万亿元只用了 4 年时间（2003 年达 20466 亿元）。由 2 万亿元再翻一番达到 4 万亿元也是用了 4 年时间（2007 年达 49451 亿元）。由 4 万亿元又翻一番达到 8 万亿元仍是用了 4 年时间。而税收突破 10 万亿元只用了 2 年时间。与承担的收入任务相适应，税务机构从下至上不断完善，税收人员相应增加。

税收的高速增长使国库大大充实，财政支出大幅增长。所以，我国才有长江集防洪、发电、调节水量、保障灌溉、航运于一体的大坝的兴建，才有居世界第一的高速公路网和世界第一的高速铁路营运里程，才有“南水北调”工程的兴建，才有全国各大中城市地铁从无到有营运里程还在不断延伸，才有自助知识产权的宇航工程深海探测、科学考察工程的不断进展，才有国防建设的跨越式发展和提升，也才有人民生活水平的不断提高和人民享用公共产品、公共服务的不断改善。

改革开放以来，我国经多次重大税制改革，金税工程建设为税收现代化插上了信息化翅膀，更有税收大幅增长等，有力支撑了经济快速发展和人民生活水平的空前提高，令全世界瞩目惊叹。这也大大增加了我国对外交往的影响力和在国际舞台上的话语权。这是值得大书特书一笔的。

第二，与税收大改革、大发展、大增长形成强烈反差的是，税收法治文化的繁荣姗姗来迟，不但对已往取得的成就未起到应有的促进作用，更没有为进入税收发展新常态做应有的准备。这是研讨法治文化和法治中国问题必须引起重视的。

中外文明史都充分证明，一个国家或地区经济社会高度发展的历史时期，都曾出现过文化繁荣的盛世。改革开放 30 多年来，我国经济社会高速发展，我国现在已成为世界第二大经济体。但是这 30 多年间失落的也不少，诸如环境的污染、生态的破坏、诚信的缺乏、道德的沦丧等。这同并未出现与经济社会发展相适应的文化大繁荣不无关系。法治文化也是如此。税收法治文化的状况更为突出。迄今为止，甚至对税收的宣传也只是停留在对税收法规的解释和对一些案例的剖析上。近几年，虽然加入了较多的纳税服务的内容，但仍然是一般化的套路多，缺乏打动人心的创意。即使在现在流行的大量所谓文化快餐中，也鲜见税收方面的内容。至于对纳税人和税务人员有巨大吸引力和影响力的文学力作和其他形式的文艺表现形式，以本人的孤陋寡闻，至今未曾见闻。

在党中央作出了全面推进依法治国的重大部署后，法治文化应该担当起责任，在依法治国的推进中起到摇旗呐喊的擂鼓助威的作用。所以，眼下应借助十八届四中全会通过全面推进依法治国的东风，乘势而上，把“法治文化与法治中国”这个题目的大文章做好。这于税收法治文化而言，正是一个勃兴的大好时机。随着税收发展新常态的到来，会出现一个税收法治文化勃然兴起的繁荣景象，我们抱有充分的信心。

第三，随着经济社会发展人们收入的多元化，随着世界经济的全球化，税收不但会更多进入人们的生活，也会更深刻影响经济全球化。所以，探讨勃兴税收法治文化，应多视角全面认识税收，更多地了解税收的过去与现状，更好地把握税收的未来。

一是“观今宜鉴古”，应从历史的发展视角观照税收。中华民族是一个有着数千年历史的古国，又是一个有着30多年改革开放成功经验的发展中大国。古老的中国税收也是一个古老的概念。在中国历史发展进程中，不同历史发展时期有不同的经济社会发展水平，有不同的税赋改革。这些改革反映了当时经济发展的需要，虽然是由一些有影响的政治人物提出和推行的，其中在历史上曾打下深刻烙印的，诸如“量吏禄、度官用，以赋于民”，“盐铁酒专卖”，“租庸调”，“青苗法”，“一条鞭法”等，都对当时的社会经济发展和国计民生产生过很大影响，甚至导致朝廷的党争和朝代的更替。这些治税思想理念和具体办法的推行，其中的成败得失经验教训，对我们今天都有一定的参考借鉴价值。我们的改革开放仍在不断扩大和深化，税制改革也是如此。如何在新的国际国内发展形势下，使税制改革更有利于经济社会可持续发展，更有利于社会的公平公正，更有利于满足人民对公共产品和社会福祉的更多享受，更有利于环境的保护、生态的改善，既要向社会人民向纳税人做充分调查论证，又要向古人汲取智慧。

二是“税收是人们社会生活的一部分”，应从全社会的视角观察税收。西方国家有这样一种说法，只有死亡和税收是每个人必须面对和逃脱不了的。这说明无论是什么国家和地区，税收都对其生存生活有不同程度的影响，所以说税收是人们社会生活的一部分并非夸张。这是因为，税收不但是一个国家（地区）发展水平和富裕程度的重要标志，一个国家税制先进，征管水平又高，则通过税收聚集国库的真金白银必然丰厚；税收还是观照一个国家的镜子，从中可折射其上层建筑与经济基础是否相适应，国民收入分配比例是否合适，由收入所决定的社会阶层构成是否合理，以及人民对公共产品和民生福祉享受水平等。所以，税收并不只是税收部门把税款征收入库那么简单，它本身一头牵着数以亿计的纳税人，一头牵着税收人员与国家金库，它必然为社会广泛关注。特别是当今社会，既有经济全球化的大背景，也有随着科技进步，人们的社会分工更加细化，社会成员收入呈现多元化、多渠道、多形式的特点，承担税款征收的部门，必须有多部门的协作配合，从各个方面获取大量信息，才能以比较高的效率和比较低的税收成本，完成税款的征收。

三是“包容互济共赢”，从经济全球化的视角审视税收。经济全球化深入发展的结果是，经济贸易交往的国家与地区概念日益淡化，而科学技术迅速发展使数字经济成为现实；这样，企业已冲破了实体限制，无须设立实体经营场所便可开拓市场。随之而来的是企业收入来源流动性越来越大。更由于无形资产和可移动投资收入轻易地跨境流动，使得通过税收筹划达到避税几乎随心所欲。所以反避税成为各国所面临的共同问题。正如在经济全球化背景下所发生的经济危机和金融危机，各国都难于幸免一样，对国际避税的有效对策是大家都采取“包容互济共赢”的合作态度。这就是说，在制定税收规则时，必须考虑到对他国的影响；如果只考虑本国或本地区利益最大化，就可能导致税源的错误分配。由于损害他国（地区）的利益，最终会影响全球经济的发展，也终将殃及自身。此外，为了有效应对国际避税，任何国家都要获取其他国家（地区）

的相关信息，尤其是金融信息。所以习近平主席在2014年G20峰会提出了加强国际税收合作共同打击国际避税逃税的倡议。作为负责任大国，根据习主席的提议，我国在国际税收合作方面承担着重任，因此眼下要抓紧做好以下几项工作：其一是积极参与BEPS（税基侵蚀和利润转移）后续行动计划。其二是全力做好2015年和2016年G20峰会涉税议题准备。其三是做好承办2016年税收征管论坛的各项准备。其四是全力推进《多边税收征管互助公约》和金融账户涉税信息自动交换标准的制定与执行。其五是启动对发展中国家和低收入国家加强税收征管的援助。在经济全球化背景下，相互间的融合确已达到你中有我、我中有你的境况，为避免一损俱损，选择“包容共济共赢”是最为明智的。

四是“共生共存共荣”，从征纳双方的角度体味税收，讲好税收故事。纳税人与收税人、偷税与反偷税，是伴随税收的产生而产生的。在我国几千年的封建社会，纳税与征税、偷税与反偷税是两个完全对立的利益主体，两者之间矛盾冲突极为尖锐，抗税赋、避徭役在各个朝代都有发生，甚至由此而引发大规模农民起义。但是，新中国成立以后，税收发生了本质变化，取之于民用之于民，是新中国税收的本质特征。所以，税收的征纳关系也发生了根本变化。创业投资生产经营的纳税人，他们不但满足了人民日益增长的物质文化需求，不但吸纳了社会劳动力的就业，还向国家纳税，并享受通过国家财政支出形成的公共产品和社会福祉。代表国家行使征税的税务部门把税款征集入库，通过财政支出形成包括道路、交通、机场、码头、通信、动力、社会治安等公共产品和公共服务，形成较好的投资环境，有利于生产经营者的扩大投资。至于国家通过一些税收减免等税收优惠政策，更是让生产经营者直接受益。所以，征纳双方的关系是“共生共存共荣”。至于发生的偷逃税行为，以及税务部门的反偷逃税，不是征纳关系的主要方面，更不是纳税人中的普遍存在。正因为如此，才会有把为纳税人服务作为税收部门工作的一个重要内容的定位。只有正确认识社会主义新中国的税收本质，只有准确全面把握这种税收本质下的征纳关系，才能讲好税收故事。

讲好税收故事，勃兴税收法治文化，需要税收法治文化发挥应有的作用。税收法治文化应大力宣扬富强、民主、文明、和谐的国家理念，税收法治文化应准确描绘自由、平等、公正、法治的壮美图景，税收法治文化应给力于褒扬爱国、敬业、诚信、友善的道德情怀。税收法治文化有这样崇高的时代使命和光荣的责任担当，是大有可为，值得我们付出更大努力的。

习近平同志提出：“要讲清楚每个国家和民族的历史传统、文化积淀、基本国情不同，其发展道路必然有着自己的特色；讲清楚中华文化积淀着中华民族最深沉的精神追求，是中华民族生生不息、发展壮大的丰厚滋养；讲清楚中华优秀传统文化是中华民族的突出优势，是我们最深厚的文化软实力；讲清楚中国特色社会主义植根于中华文化沃土、反映中国人民意愿、适应中国和时代发展进步要求，有着深厚历史渊源和广泛现实基础。”这“四个讲清楚”，闪耀着历史唯物主义和辩证唯物主义的光芒，不但阐述了道路探寻、精神追求、历史文化之间的内在关系，也为文化工作者指明了方向，也应该是探讨法治文化问题、创作法治文艺作品、评价法治文艺作品所应遵循的。法治文化是植根于古老中华大地沃土的，是优秀的中华文化的组成部分，具有强大的生命力。在讲好中国故事，实现“中国梦”的伟大历史使命中，法治文化应该有自己的定位、自己的特点、自己的作为。当然，也就必然会有自己的贡献和地位。

（作者系国家税务总局原司长）

依法治军是建设强大军队的铁律

杜建林

摘　要　古往今来，从严治军、依法治军都被认为是兵家治军之铁律。历代有作为的军事家无不把严明纪律、依法治军作为治军之道、制胜之基。认真总结古今中外依法治军的文化积淀，对我们深刻领会、坚决贯彻《决定》依法治军的精神，推动我军大力提升法治化水平，实现强军梦、强国梦具有重大的指导意义。

关键词　依法治军　铁律

十八届四中全会通过的《决定》，是新形势下我们党坚持依法执政、推进国家治理体系和治理能力现代化的纲领性文献，开启了建设法治中国新航程。《决定》把依法治军、从严治军纳入依法治国总体布局，作出战略部署，必将引领我军在法治轨道上朝着强军目标阔步前进。

习近平总书记强调指出："从严治军是建设强大军队的铁律。古语说得好，慈不掌兵。稀稀拉拉，松松垮垮，就不成其为军队，就打不了仗，更不可能打胜仗。"这就告诫我们，纪律是军队的命脉，必须依法治军、从严治军，用钢铁般的纪律来保证强军目标的实现。古往今来，从严治军、依法治军都被认为是兵家治军之铁律。历代有作为的军事家无不把严明纪律、依法治军作为治军之道、制胜之基。认真总结古今中外依法治军的文化积淀，对我们深刻领会、坚决贯彻《决定》依法治军的精神，推动我军大力提升法治化水平，实现强军梦、强国梦具有重大的指导意义。

一、以古为镜

刑起于兵，师出于律。我国依法治军历时数千年，积累了丰富的依法治军的理论和实践经验。

夏、商和西周三代，是“依法治军”的萌芽时期，产生了包括赏罚内容的军事法，萌生了依法治军的观念。当时的军事法主要体现在临战前统治者发布的誓命文诰中。“誓”是奴隶社会军事法的重要渊源，如《尚书》中的《甘誓》《汤誓》《牧誓》，既是战争的动员令、讨敌檄文，又是古老的军事法。夏王启在《甘誓》中宣布，全军将士必须严格执行命令，奋勇杀敌，否则“不恭命”治罪。殷商甲骨文中的“师惟律用”，《周易》师卦中的“师出于律”，甲骨文、金文中其他关于军事法内容与司法官员的记载，都反映了殷商、西周对依法治军的重视。夏、商和西周的统治者正是通过包括严格赏罚内容的军事法控制和指挥军队为其效命。所以，此三代均把“立誓命之文”列为“阵战之首”，认为军队只有严格遵守军规军法，才可“用”于对敌作战，强调必须依法治军。

春秋战国时期，是中国古代的“依法治军”趋于制度化的重要时期。诸侯各国的政治家、军事家、思想家都充分认识到了依法治军的重要性。其中，孙武是第一个从战略上论述军事法问题的著名军事家，他在《孙子兵法·计篇》中，把法看成是谋取战争胜利的五个基本因素之一，并指出“善用兵者，修道而保法，故能为胜败之政”。军事家尉缭认为，军队必须建立起各种制度，“凡兵，制必先定”，有了制度，“则士不乱”。著名法家代表人物商鞅在《商君书》中亦强调依法治军，“壹赏、壹刑、壹教”是其主要思想。军事家吴子则强调，克敌制胜不在于兵多，不取决于数量上的优势，“若法令不明，赏罚不信，金之不止，鼓之不进，虽有百万，何以与用”，强调以严格的军纪法令约束将士，使其一切行动“任其上令”，做到“令行禁止，严不可犯”、“进有重赏，退有重刑”。

秦汉至明清，是我国“依法治军”的发展时期。军事法的主要形式发生了根本的变化，临时性的军事誓言已被稳定的成文法所取代，依法治军适应了战斗和战备的需要，形成了在规范上更加周密完备、在发展程度上更趋于成熟、在实践中取得更大成效的依法治军系统，把我国古代依法治军的水平提高到一个新的高度。秦，作为中国历史上第一个封建专制主义中央集权的统一国家，进行了大规模的军事立法。汉承秦制，除了继续丰富、完善各个领域的军事法之外，还制定了地区性、细则性的军事法科别、品约。三国时期对汉朝的军事法有所继承和发展，统治者十分重视军事制度的建设和依法治军。曹操就认为治军同治国不完全相同，不能靠“礼”来治兵，要充分发挥法的强制作用。隋唐时期，军事法律规范较以往更加周详。唐代制定了《宫卫令》《军防令》《兵布格》《兵步式》等一系列专门的军事条令、条例，还集军令中的军事刑法之大成，制定了《誓众军令》，并在唐律中将其作为刑律中的军律的特别法确定下来。宋代，强调从严、依法治军。赵匡胤十分重视军事立法，力图走以文制武、依法治军的道路，严格规定了军内等级制度的《阶级法》，并编定了统一的军令《罚条》。元朝，也十分重视用法治手段加强对军队的控制，通过组织立法，设达鲁花赤作为监临官，控制其他民族的军队，在法典中首次设置了《军律》专篇，制定了各种军事“条画”，作为治军之依据。明朝，封建专制集权法制得到高度发展，其军事法可谓集古代之大成，并有重要创新。《大明律》打破了自秦汉以来将军事法分列于多篇的格局，集中专列《兵律》一篇，使《大明律·兵律》成为覆盖军事全局的基本法。清朝，努尔哈赤丰富的军事法思想，为清代依法治军思想的发展奠定了坚实的基础。清军入关以后，逐步制定完备的法律，将原来零散的、具有长期作用的军律归并一起，以明律为蓝本，制定了清代军律中最具代表性的《大清律·兵律》，使军事法更为规范化、系统化。

我国古代依法治军成效十分显著，出现了许多成功的依法制胜战例。例如，3000多年前，武王伐纣，拜姜尚为帅，姜尚出征前在帅府挂出“斩法纪律牌”，开列条款“十七斩”，令到法行，三军用命，终在“牧野之战”中，以5万兵力一举打败纣王17万大军。又如，民族英雄岳飞治军以军纪严明著称，素有“冻死不拆屋，饿死不掳掠”之美誉，令金军发出“撼山易、撼岳家军难”之慨叹。再如，明代屡胜倭寇的民族英雄戚继光，也非常推崇“严号令”、“明恩威”，要求兵士“擂鼓进军，虽水火不却步；鸣金收兵，虽金银不贪”。依法治军之所以在血火交织的我国古代战争史上谱写出壮丽篇章，无一不和他们从严治军有着密切的联系。

历史是最好的教科书。以我国古代依法治军为镜，可以为新时期强国强军征程上深入推进依法治军、从严治军提供丰富的文化营养。

二、他山之石

近现代以来，一些军事强国都以军纪严明、依法治军著称。我们以美、俄、德依法治军为例，可以得到很多启迪。

（一）美国依法治军

美国依法治军法规完备。体现在其军队组织结构、军官培养、军费开支、装备采办、作战训练及日常生活的方方面面。

在组织方面，美国特别注重组织结构立法。美国的《国家安全法》通过多达7次的修正，最终确立目前广为接受的军队领导与指挥体制。1947年美国国会通过的《国家安全法》，是其建立统一的国防组织体系的基本法律依据；1949年美国国会通过了《国家安全法修正案》，规定国防部成为内阁部，军种部下降为国防部下属的部；1958年美国国会通过的《国防部改组法》，撤销了军种部的作战指挥权。此后，美国又先后通过了《海军组织法》《陆军组织法》《空军组织法》等，为现代美军组织结构的确立奠定了法理基础。美军组织结构的立法，包括国会立法、总统立法、国防部立法和军种立法四个层次，内容涉及军队规模、结构、领导指挥体制，各级各类机构和部队的职能、机构设置和编制员额，组织编制的制定、发展改革，以及执行的许可权、程式、方法等。法律的强制性和权威性，确保了美军组织结构的刚性约束，使美军能够建立起适应统兵打仗的领导管理体制和具备打仗能力的部队作战编成。

美军的职业发展，依法令而行。美军详尽规范军队人员的军衔、薪金待遇、教育培训、岗位轮换、退役退休军官可以根据意愿和条件规划个人前途，人事部门将予以考虑。美军强调，高素质的军人是军事力量中的决定性因素。美国国会通过的《国家安全法》《军事人员管理法》，国防部通过的《国防军官人事管理法》《国防军官晋升条例》，军种部长、参谋长颁布的法规，以及部队制定的细则等，详尽规范了军队人员的军衔（职级）、薪金待遇、教育培训、岗位轮换、退役退休，确保美军官兵能够在军队的不同岗位上有效地履职尽责。军官是建军治军骨干。美军官专业总共分为 13 个门类，91 个专业。军官可以根据自身爱好和条件，选择在军队发展的专业。美国《国防军官人事管理法》规定，军官可以根据个人在同级和同一服役年限的军官中所处地位的判断，规划个人前途。只要出于军官本人意愿，符合军队的需要，综合素质状况允许，军官个人可以向军官人事管理部门提出自己的倾向性意见，人事部门将考虑他们个人的愿望和要求。美军规范化的人力资源管理，有利于克服个人权力和意志对军队人员职业发展的影响，防止各种营私舞弊行为，有效地激发了军队人员的内在活力。

美军在经费开支方面，投入重金，但花费开支约束严格。美国拨给国防部的经费必须专款专用，数额追加和项目变更必须经国会批准。美军建立了完备的规划、计划、预算与执行制度。每年美国国会都要通过《国防授权法》和《国防拨款法》等法律，对军费拨付的许可权、程式、类别等进行规范。美军在细微之处也“很抠”。其营级分队有预算咨询委员会，对本单位的资金使用情况进行监督检查。小到部队使用的信封，上面都印着“公用信封、不得私用、违者罚款”的警示。

美军的装备采办，一律按章程办事。美国的《纳恩—迈科迪法案》规定，如果一个装备采办项目的当前预算成本与项目启动时的预算成本相比，超支幅度超过了25%，就要考虑取消该项目。为了给武器装备采办提供依据和手段，美军建立了各方面、各层次的装备采办法规。美军建有由国防采办执行官，部门、军种采办执行官，计划执行官，项目主任四个层次组成的装备采办管理指挥体系。美国国会还有一个很重要的机构，即政府问责局，主要职能是监督政府如何花钱。它对美军这一烧钱大户特别关注，从2003年年初开始每年发布《重大国防装备采办项目评价》报告，对装备采办项目的成本开支和进度计划等进行评估，发挥了重大的监督和制约作用。

为了保证军队的正常秩序及良好的军人行为，美军制定了种类多、内容全、规定严的行政管理法规。美军的行政管理法规有1000余种，涉及军人道德、举止和行为规范、军人奖惩、日常生活管理等方方面面。从军事训练的计划、保障、实施与考核各个环节，使训练有法可依。美军建有健全的战时管理法规体系，仅参联会颁布的联合作战条令就有100多部，陆军野战条令则有600多部。海湾战争中，美国之所以能在短时间内征召20多万名预备役军人，征用240架大型民用运输机，主要就是依靠完善的国防动员法规作保障。美军还有比较完备的奖惩法规体系，涉及军人从入伍到退役，从日常生活到训练、作战等各个阶段、各个环节。《军事统一司法法典》《禁止与处罚事项》《勋奖章和奖励》等法规和条例是美军实施奖惩的基本依据。

（二）俄罗斯依法治军

俄罗斯依法治军也有其特色。由于冷战结束后国家体制的改变，俄军一成立就面临着改革和转型。军事改革事实上成为俄军20多年来建设的主题。其中，法治对推动改革起了重要的作用，具体体现在进行改革顶层设计、破解改革难题、巩固改革成果、保障作战行动、维护军人权益等诸多方面。

在注重顶层设计方面，使军队整体改革有法有据。俄国依法制定军队建设规划，把国防预算、军队长期总任务、军队组织建设及武器装备发展结合为一个整体，确保改革的有序进行。俄军主要采取“目标纲要法”，对军队建设进行整体规划。“目标纲要法”的实施有严格的法律规定作保障，主要包括《安全法》《国防法》《俄联邦国家战略规划法》《国家国防订货法》等联邦法律，《俄联邦战略规划基础》《安全会议条例》《国防部条例》《军事规划条例》等，以及在这些法律基础上形成的军队建设规划，把国防预算、军队长期总任务及其未来组织建设及武器装备发展结合为一个整体，使俄军整体改革在法治的轨道上有序进行。俄联邦总统令在“目标纲要法”的实施中发挥着关键作用。2008 年，俄总统批准的《2020 年前武装力量建设与发展构想》，便是一部法规性文件，提出了俄联邦武装力量建设与发展的中长期发展目标，涉及军队建设的方方面面，反映了军队上一轮改革探索的成果，为军队下一轮改革指明了方向。

俄军坚持问题导向，依法推进改革措施。俄军将涉及改革重点难点问题的法律，提交最高立法机构修改，既可保证法律的极高权威性，又有助于调动国家各部门和各种资源。俄罗斯自 1992 年颁布《国防法》以来，每次修订都针对实际问题，解决了一系列突出矛盾。2004 年俄对《国防法》进行了 6 项重大修改，重点解决了总参谋部的定位问题，此次修订从法律上确立了由国防部长领导并通过总参谋部指挥作战的制度，杜绝了总参谋部定位不准给军队带来混乱的可能性。而 2014 年《国防法》的修订，则着眼于解决军民融合的问题，增加了战争动员与民防的内容。目前，新修订的《国防法》已经开始发挥调节作用，如民用机场已无条件承担军机起降及加油等勤务保障任务。

俄军着眼实践需求，以法律确认改革成果。俄军认为，新的理念、新的构想是改革的动力，而法律法规则是转化、固化和落实创新成果的必要条件。2008 年以来，俄国防部陆续批准了《2020 年前俄联邦武器装备发展纲要》《2025 年前俄联邦武装力量指挥系统发展构想》《2020 年前俄联邦武装力量通信系统发展构想》等一系列法规文件，内容涵盖了军事航天、信息网络、指挥系统、武器平台和战场态势感知等领域。腐败、虐兵、事故频发是影响俄军发展的重要因素，俄罗斯高层多次表示要采取坚决措施铲除这些“毒瘤”。2009 年 11 月，俄国防部开始拟定《军事警察法》。2011 年，国防部成立了警察总局。2012 年 2 月 24 日，国防部部长以国防部部长令的方式批准军事警察的章程，章程规定军事警察的主要功能是预防、发现、查处俄军中出现的犯罪，严明俄军军纪。2014 年 2 月 3 日，《俄罗斯联邦武装力量军事警察活动问题独立立法文件修改法》在国家杜马获得通过，并由普京总统签字正式生效，赋予军事警察武装力量唯一护法机构的正式地位。

俄军聚焦多元任务，依法保障作战行动。在军事行动全程，提供实时法律服务；明确国内法约束，确保履行对内职能；营造有利的法律环境，确保履行对外职能；面对新的安全形势，俄军承担的任务更加多元，不仅包括对外反侵略、对内反颠覆，还包括抢险救灾、打击恐怖主义、打击跨国犯罪以及应对社会突发性事件等。俄罗斯制定的这些相关法律法规，为俄军执行多元任务提供精准有力的法律保障。

俄军维纪与维权相结合，综合执法有成效。俄军条令规定非常细致，违反条令将受到严厉惩罚。俄军设立专门部门、配备专业人员为军人提供法律服务，维护军人权益。

俄军还通过提升军人地位，增强军人的责任意识。苏联解体后，俄军出现思想状况恶化、法治观念淡薄。为此，俄军出台了一系列旨在提高军人及其家庭社会保障水平的法律，如《俄罗斯联邦军人地位法》《俄罗斯联邦武装力量驻防保障程序细则》等，不断增强军人工资待遇和出台其他优惠政策。解决军人面临的现实问题，对于增强官兵责任意识、保证思想建设成效发挥着重要作用。

（三）德国依法治军

德国依法治军成效显著。德军注重传承优良历史传统，源自血脉中的尚武及服从精神成为其依法治军的文化基础。德意志是一个尚武的民族，德国又是世界上最早颁布宪法并建立完整法律体系的国家之一。当今德国联邦国防军的依法治军，既得益于其良好的社会法治基础，又继承了其悠久的尚武传统。

德军有着严谨科学的军事法体系。为防止重走第二次世界大战的老路，德国在20世纪50年代重建军队时，确立了“文官统军”的原则。以宪法《基本法》为基础，建立了一整套严谨正规的军队法规体系。德军仅共同条令就超过了100部，其他各军种的专业条令、条例更是精细严密。严谨科学的法规体系，明确了大到为谁当兵打仗，小到如何使用武器等具体事项，不仅保证了军令的畅通，也使部队战斗力有了可靠保障。

德军法规体系大致可分为三个层次。第一层次是宪法《基本法》框架下的国防法律，这一层次的法律主要是针对防务政策的；第二层次是确保军队正常秩序的一系列法规，这一层次的法律主要是针对人的，既要求军队依法保护军人的合法权益，又要求军人依法履行自己的岗位职责；第三层次是涉及作战和确保武器装备正常使用的一系列条令条例，这一层次的法律主要是针对人与装备的。随着武器装备由机械化向信息化方向快速发展，武器装备的复杂程度和运算速度呈爆炸式增长，更加需要操作规范和安全规范；不同岗位之间的配合、同一兵种之间的战术协同、不同兵种甚至不同军种之间的联合作战等，也都需要通过相应的作战条例进行规范。德军建立了完备的教育和监察机构。适龄青年可到入伍咨询机关咨询，最终决定是否服役及想要参加的军种。依托院校和部队进行法治教育。设立监察机构维护军纪和保障军人权益。德军建立了一整套完备的组织机构，将众多严谨的法律法规与日常军事行动有机地编织在一起，使所有国防和军事活动形成一个高效整体。

德国国防部下属的“内心引导中心”最具德国特色。该中心不断完善以“军人是穿军服的公民”为主体的政治教育理论，将“民主法治国家的自由原则与军人履行宪法使命的秩序原则和功能原则相结合”，使公民的权利与军人的义务协调一致，使军人出于信仰而忠于职守、乐于奉献，竭尽全力地履行自己的义务，同时乐于接受“军人法”对个人基本权利的限制。此外，该中心的另一个职能是尽力为军人提供法律援助，为军人消除后顾之忧，确保军人能够集中精力履行防务职责。为维护军队法纪和保障军人人权不受侵犯，德军依据《基本法》制定了《国防监察员法》，在国会设立“国防监察员”，在国防部设立法律司、监察办公室等机构，设立一个直属总监察长的国防事务专员，专门负责“特别事件”独立调查。各军种司令部也相应设立了法律机构和监察机构。各级监察机构必须对本级违法乱纪和所有诉愿案件进行独立调查，以确保依法治军的落实。

德军官兵自律意识非常强。除严格接受军营各种规章制度的约束，更时刻遵守社会的各项制度，高度自觉地成为“穿军服的公民”。德国拥有一套相当完善的社会信用制度和管理体系，军人不仅是部队的一员，更是社会的一分子，除了要接受军营各种规章制度的约束，还要时刻遵守社会的各项制度。

德军在廉洁建设方面规定十分严格。包括德国国防部在内的德国军营里均不设小餐厅，取而代之的是需要自掏腰包的军官俱乐部。不设小餐厅、官兵平等排队用餐、禁止公款旅游、依法履行职责等具体规定，体现的不仅仅是公私分明和法律面前人人平等，更重要的是消除了滋生腐败的特权。

美、俄、德依法治军的实践，给我们以很多启示。他山之石，可以攻玉。我们应该按照习近平总书记在纪念全国人民代表大会成立60周年时的重要讲话中提出的“对丰富多彩的世界，我们应该秉持兼容并蓄的态度，虚心学习他人的好东西，在独立自主的立场上把他人的好东西加以消化吸收，化成我们自己的好东西，但绝不能囫囵吞枣、绝不能邯郸学步”。在全面推进依法治军的实践进程中，我们要借鉴国外依法治军的有益经验，但绝不照搬外国法治理念和模式，坚持中国特色社会主义依法治军的基本特征，走中国特色社会主义依法治军道路。

三、强军之基

我军作为党领导下的人民军队，深入推进依法治军、从严治军，是保证新形势下打得赢、不变质的根本要求。

从严治军、依法治军是人民军队的光荣传统。从建军初期，我军制定的“三大纪律八项注意”，到后来颁布的一系列条令条例，贯穿了我军令行禁止的严明军纪。新中国成立后，我军稳健推进依法治军步伐。1949 年 9 月，新中国具有临时宪法性质的《共同纲领》通过，拉开了依法治军的序幕。军队最高统帅部很快作出了依法建军的战略决策。1954 年 4 月，颁布了《中国人民解放军政治工作条例（草案)》。1955 年 7 月，我国军事法治体系开始建立，依法治军的步伐逐步加快。1954—1955 年间，军队司法工作逐步走上了正轨，军事法院和军事检察院依法正式建立。1955 年 9 月，《中华人民共和国兵役法》和《中国人民解放军军官服役条例》颁布实行，全面确立了我国的兵役制度。1957 年，军委通过了《关于裁减军队数量加强质量的决定》，将陆、海、空、防空、公安 5 个军种改为陆、海、空 3 个军种。1978 年 12 月，党的十一届三中全会召开，国家法治建设全面重新启动，依法治军踏上了新的征程。1981 年 6 月，制定了第一部具有军事刑法性质的《中华人民共和国惩治军人违反职责罪暂行条例》，使我军对危害国家军事利益犯罪的定罪处罚第一次有了统一的法律依据。1985 年 2 月，建立法律服务体系，海军直属机关法律顾问处正式挂牌，这是全军首家法律顾问处。1992 年 9 月，总政司法局设立，标志着军队司法行政工作和法律服务工作向规范化、正规化迈进了一大步。自 1986 年起，首次开展全军普法。按照国家的统一部署，全军第一个五年普法教育迅速展开。伴随着全国法治教育的步伐，全军连续开展了“二五”、“三五”普法，官兵的法律意识大大增强。1987 年，我国军事法学学术研究工作迅速发展，出版了《中国军事法学》等一批理论专著；同年，原国家教委决定将军事法学正式列为我国法学类的一门分支学科；《中国军事百科全书》把军事法学增设为该书的分支学科之一，表明军事法和军事法学作为我国社会主义法律体系和法律科学中的一个独立部门已经得到了国家和社会的认可。1988年6月，完善军事立法体制，中央军委决定成立军委法制局，作为中央军委领导军事法制建设的办事机构和归口管理全军法制工作的职能部门。1992年5月，我军历史上第一个军事立法规划《中央军委"八五"期间立法规划》印发全军，标志着我军立法工作开始走上了统一组织、统一计划的轨道。从20世纪90年代开始，中央军委将依法治军正式确立为我军新时期的重要建军方针。1990年6月9日签发的《内务条令》中，首次出现了"坚持从严治军、依法治军"的表述，为"依法治军"写入法律奠定了基础。

我党几代领导集体都高度重视人民军队法治建设。毛泽东同志十分重视军队正规化建设，在法规性文件中明确党对军队的绝对领导，重视维护军人权益的法律法规制定，明确提出人民军队的军事立法要从中国实际出发，重视制定训练和作战法规和规章，强调自觉守法。邓小平同志的民主法治理论，为依法治军指导思想的最终形成奠定了坚实的理论基础。他坚持一手抓国防建设，一手抓军事法治建设，严格执行纪律和规章制度，强调党对军队的绝对领导应当依法确立，突出法治教育在从严治军中的作用，要求建立健全必要的规章制度等。江泽民同志明确提出依法治军指导方针，并系统阐述了依法治军的基本内涵，标志着我军依法治军指导思想的形成。胡锦涛同志在新世纪新阶段关于依法治军的一系列论述，是依法治军指导思想的深入发展。

党的十八大以来，习近平总书记就国防和军队建设、依法治军发表了一系列重要论述，提出了一系列新思想、新举措，军队改革已经进入"深水区"。士气不振、军中腐败、备战松懈三大关键问题，正在被各个击破。建设一支听党指挥、能打胜仗、作风优良的人民军队，是新形势下党的强军目标。围绕这一目标，以提升军队战斗力为核心，用改革之剑破除壁垒，加大依法治军力度，以前所未有的强度向军内腐败祭出重拳，筑造中国新的铜墙铁壁。习近平总书记把依法治军、从严治军置于强军之基的战略位置。他的依法治军的新思想集中归纳为以下几个方面：一是加大依法治军、从严治军力度，坚持以纪律建设为核心，着力增强法规制度执行力，坚决杜绝有法不依、执法不严、违法不究的现象；二是要不折不扣落实依法治军、从严治军方针，培养部队严守纪律、令行禁止、步调一致的良好作风；三是强调要牢记依法治军、从严治军是强军之基，必须保持严明的作风和铁的纪律，确保部队高度集中统一和安全稳定；四是要坚持和发扬艰苦奋斗精神，使厉行节约、反对浪费在部队蔚然成风。

习近平总书记依法治军的重要思想，就是要高度重视法律制度在军队建设中的地位和作用，运用法律制度来管理军队；就是要用统一的行为准则来规范全军的行动，切实保证军队的高度集中统一和各项任务的顺利完成；就是要建立正规的战备、训练、工作、生活秩序，使军队建设各个方面走上制度化、规范化的轨道；就是要严格依法办事，做到有法必依、执法必严、违法必究、赏罚分明，人人尽职尽责，事事按制度办事；就是要用法律来确定军队在国家政权中的地位，维护军队的合法权益，保证军队能够很好地履行自己的职能。

依法治军的实质，就是要把党关于国防和武装力量建设的主张通过法定程序上升为国家意志，从制度上和法律上保证党对军队的绝对领导，保持人民军队的性质，更好地推进军队的革命化、现代化、正规化建设。

（作者系北京军区联勤部原政委、少将）

律师之道与法治中国

于德魁

摘　要　律师之所以被冠以“师”称，原因有二：一是出于社会公众对国家法律的敬畏，二是基于法律从业者的自有师道。律师之道，是执业律师专业素养、执业理念与行为规范的集合，其核心在于对法律的忠诚和对事业的敬重。社会是律师演绎法律的舞台，律师的作为取决于社会的法治环境。中国共产党十八大提出了推进法治中国建设的战略目标与重要举措，就中国律师而言，这是历史的机遇，它加重了执业律师的责任感与使命感。

关键词　律师　法治中国

律师是法治国家重要的社会角色。律师是依法取得执业资格，接受委托或者指定，为当事人提供法律服务的专业人员。律师之所以被冠以“师”称，原因有二：一是出于社会公众对国家法律的敬畏，二是基于法律从业者的自有师道。律师之道，是执业律师专业素养、执业理念与行为规范的集合，其核心在于对法律的忠诚和对事业的敬重。社会是律师演绎法律的舞台，律师的作为取决于社会的法治环境。中国共产党十八大提出了推进法治中国建设的战略目标与重要举措，就中国律师而言，这是历史的机遇，它加重了执业律师的责任感与使命感。由此，有必要探讨律师之道与法治中国这个命题。

一、法治中国是中国共产党的战略选择

改革开放以来，我国的经济建设取得了突飞猛进的发展，经济持续增长的势头为世界所瞩目。根据国际货币基金组织（IMF）的统计数据，2013 年世界各国国内生产总值（GDP）总量超过万亿美元的国家共有 16 个，排名最前的仍为头号经济强国美国，其经济总量超过 16 万亿美元；中国位居第二，GDP 总量已超过 9 万亿美元；日本以约 6 万亿美元排在第三，之后是德国、法国、英国、巴西、印度、俄罗斯和意大利。

在上述位居世界经济总量强国的行列中，中国是唯一的实行社会主义制度的国家。大家是否还记得，世界上曾经有一个以苏联为首的与资本主义相抗衡的社会主义阵营，最多时，这个阵营中有 41 个国家。但随着苏联的解体，社会主义阵营不复存在，而今，仍然实行社会主义制度的只有中国、朝鲜和古巴三个国家。盘点一下，那些社会主义国家为什么或分崩离析或改弦更张，而中国能执着前行并成为世界第二大经济体且具有相当的国际话语权？分析家们普遍认为，归根结底，是中国实行了改革开放。

改革开放，不仅把社会主义中国带上了市场经济的正轨，也让社会体制与政治制度更加具有中国特色。可以说，具有中国特色的社会主义制度是执政中国的共产党在治理国家中经过挫折迂回，不断摸索并逐步完善的符合中国国情的一种政治制度。这种政治制度基于马克思主义原理，又摒弃了脱离实践的僵化教条，同时顺应了国际社会发展规律，体现了人类普世价值的精华。

谁都不会否认改革开放为中国带来了巨大的发展，但是，如果盲目乐观，不能与时俱进，传统体制和僵化理念或许会成为社会发展的桎梏。随着全球经济一体化的大趋势，国际风云变幻，必将影

响中国的政治格局。变革中的中国各种矛盾会不断显现、积聚，不同社会阶层会有新的诉求与举措，不同利益集团会为保住既得利益或谋求更大利益而激烈博弈。形势的发展为中国政治体制改革提出了新的课题，如果拒绝改革或改革不能深化，经济发展必然会受阻，社会矛盾也会爆发。中国已经走到了关键节点，执政党面临着严峻的挑战与潜伏的危机。历史关头，唯有高瞻远瞩，广泛凝聚共识，才能形成合力，才能助推改革走向深入，保障社会平稳发展，才能使广大人民群众真正享受到改革的红利，真正产生幸福感。

正是在这种社会大背景下，中共十八大提出了依法治国的宏观战略。十八大报告指出："法治思想是治国理政的基本方式，要更加注重发挥法治在国家治理和社会管理中的重要作用，全面推进依法治国，加快建设社会主义法治国家。"

法治，不是在基本民生未解决阶段的中国靠"摸着石头过河"探索经济发展出路，更不是以"维稳"为借口用强制打压或不计代价方式求得表面的"和谐"。法治是中国深层次改革的切入点，它已经触及了回避多年的政治改革的敏感地带，它能让在世界政治领域独辟蹊径的中国共产党将具有中国特色的社会主义制度进一步升华，它能为实现富强、民主、文明、和谐的社会主义现代化国家的建设目标提供基础保障。

十八大之后，2013 年 11 月，中共中央十八届三中全会通过了《关于全面深化改革若干重大问题的决定》。这一决定指出："推进法治中国建设是全面深化改革的重要组成部分。法治中国既是全面深化改革的重要环节、重要目标，也是全面深化改革的根本保障。"

让我们以法律人的视角解读这一决定。

法治中国，科学有效治理社会的根本保障就是坚持法治。这一决定将依法治国作为党领导人民治理国家的基本方略，实践证明，繁荣富强、文明和谐的社会依赖于科学有效的社会治理体系和执政党的社会治理能力，只有法治才能保障执政党科学执政、民主执政、依法执政，才能确保社会既充满活力又和谐有序。法治是一切的根本，抛开法治，民主、自由、平等、公正就成为妄谈。

法治中国必须维护宪法法律权威，让法治成为国民的信仰。法治，本质上是规则之治。宪法和法律构成一国的基本规则。宪法是国家的根本大法，是立国宪章，具有至高无上的权威。根据宪法所制定的各种基本法律是国家这一共同体的基本规范准则。法律是宪法的具体化，亦具有不可侵犯的权威性。没有法治信仰、任意践踏法治，社会就会面临灾难，“文化大革命”就是国家的前车之鉴。因此，只有牢固确立和尊崇宪法和法律的权威性，才能在国家树立一个最高的是非判断标准，才能建立稳定可靠的制度预期，才能引导国民遵守规则、信仰法治。

法治中国必须规范公权力运行，保障私权利实现。制约和规范公权力运行，保障和实现私权利价值是现代法治并行的两大使命。当今中国，人民大众之所以有不满情绪，一是腐败现象猖獗，二是自身私权被侵犯，究其根由，就是公权力私有化和私权利公有化。任何社会制度下，绝对权力必然导致绝对腐败。由法律授予的公权力必须在法律规定的范围内运行。如果权力没有被关进法律化的制度之笼，具有侵犯私权属性的公权力就会失去制约而侵犯私权。坚持用法律化的制度管权、管事、管人，真正让人民通过法治化的途径监督权力，让权力在法治的轨道内运行。否则，私权利就会受到必然的冲击，公权力更会失去存在的意义。

法治中国必须坚持依法行政，建设法治政府。坚持依法行政，建设法治政府是深化行政执法体制改革的关键。科学的宏观调控，有效的政府治理，必须通过一个法治的政府才能实现，这是发挥社会主义市场经济体制优势的内在要求。依法行政是规范公权力运行，保证私权利实现的首要保障。当前社会矛盾聚集，信访不断，群体事件频发，多与依法行政不到位有关。只有坚持依法行政，才能从源头上减少社会矛盾，最大限度地增加社会和谐因素，增强社会发展的活力。依法行政也是创新社会治理所必须遵循的根本准则。不管何种新型的社会治理方式，包括新型的预防和化解社会矛盾体制、机制，皆代表国家对社会管理的方法或者态度，都涉及公权力的运用，因此必须坚持依法而为。未得到法律授权的任何公权力运用都是非法的，非法治的权宜之计，必须坚决摒弃。

法治中国必须强化司法权威，保障司法公正。建设法治中国，必须深化司法体制改革，加快建设公正、高效、权威的社会主义司法制度，以维护人民权益，实现社会公平正义。司法是社会公平正义的保障，是公平正义实现的最后一道关卡。当民众普遍感到公平正义难以获得的时候，将导致社会不稳。理想的法治状态下，一切纠纷皆可通过司法获得解决与救济，民众能够从司法获得最后的公平正义。司法要承担守护民众公平正义的使命，要求司法必须有权威，强化司法权威是当前司法体制改革的主要方向。司法权威来源于独立和公正，应健全司法权力运行机制，下大力气根除制约司法权依法独立运行的各种体制机制障碍，确保司法机关依法独立公正行使审判权。司法权依法独立运行与坚持党的领导在本质上是统一的，依法独立行使司法权就是对党和人民意志的最好贯彻和落实。目前，存在诸多如“信访不信法”、“找媒体不找法院”等消减司法权威的不利因素，亟须得到纠正。

十八届三中全会后，2014 年 10 月召开的中共中央十八届四中全会再次奏出依法治国的主旋律，其重点音符是公权力的改革。

十八届四中全会《公报》将建设中国特色社会主义法治体系、建设社会主义法治国家作为依法治国的总目标，为此，要建立“五个体系”，即完备的法律法规体系、高效的法治实施体系、严密的法治监督体系、有力的法治保障体系、完善的党内法规体系，同时强调“三个依法”，即依法治国、依法执政、依法行政，创建法治国家、法治政府和法治社会，实现科学立法、严格执法、公正司法、全民守法，促进国家治理体系和治理能力现代化。

十八届四中全会《公报》还提出了法治中国建设的“六大任务”：完善以宪法为核心的中国特色社会主义法律体系，加强宪法实施；深入推进依法行政，加快建设法治政府；保证公正司法，提高司法公信力；增强全民法治观念，推进法治社会建设；加强法治工作队伍建设；加强和改进党对全面推进依法治国的领导。

十八届四中全会从公权力改革入手，勾画了法治中国的实施路线图与美好愿景，为建设中国特色社会主义现代化强国提供了保障，为进一步深化改革夯实了根基。

二、法治中国的文化内涵

法治靠规制与信仰支撑，没有规制必然无法可依，缺乏信仰则会有法不依。法治文化包括法律制度结构和法律观念结构以及自觉执法、守法、用法等行为方式。法治中国建设中应体现包含民主、人权、平等、自由、正义、公平等价值在内的人类优秀法治文化要素。具体而言如下：

（一）制度层面上应是良法善治

法治社会应是良法之治。符合良法标准的法律必须建立在尊重和保障人权的基础之上。法律必须尊重和保护公民的人身自由、人格尊严、各种民主权利、政治自由和经济社会的文化权利。法律不仅要满足人们的利益需求，也要满足人们的正义需求；不仅要满足人们的效率需求，也要满足人们的公平需求；不仅要满足人们的秩序需求，也要满足人们的自由需求。要避免法律存在偏重社会秩序和国家利益追求，无形剥夺人们对自由的追求，出现公平沦落的现象。

（二）政体的组织机构应是一种有效的权力制约模式

法治社会的构建不仅要确立法治的精神和理念，要有反映社会发展规律和时代潮流、代表人民意志和利益的完备的法律体系，还要有与法治要求相适应的政体组织机构，对公共权力进行有效的监督和制约。通俗地讲，就是“把权力关进法律的笼子”。

（三）社会治理遵循理性规则之治

理性规则是社会中的多元利益在冲突、渗透、整合中妥协、让步、合作的产物，法律就是理性规则的体现，它能使人们更公正、更平和。通过法律治理社会，理性规则的表现就是解决社会冲突和纠纷中的秩序化与程序化。

（四）公民的人权和各种法定权利能得到有效保障

保障人权和公民的基本权利，尊重人的主体性和个体性，以人的权利为出发点和归宿，是当代法治理念的精髓。在法治建设过程中，保障公民的人权和各种法定权利，就是要使宪法和法律规定的公民权利能够得到认真实现，坚持以人为本，真正做到以公民利益为重，尊重公民主体地位，依法保障公民的各项权益，促进社会公平正义，通过科学合理的纠纷解决机制和利益诉求表达渠道，保证民众的意见得到充分表达，合理诉求和合法利益得到充分体现，使民众切实感受到权益受到保障而具有幸福感，从而自觉接受规则约束、自主进行秩序维护。

(五) 社会各类主体具有自觉的规则意识和契约意识

确立法治意识和理念，最重要的是确立公民规则意识。公民规则意识就是公民在对法律信仰、认同的基础上，积极主动、自觉地遵守和服从法律规则。作为公民意识内涵的一个核心层面，公民规则意识的培养应着重体现在以下几个方面：一是权利意识，权利意识包括积极的权利主张与合法权利的保护两个方面。二是权利行使的正当性意识，或正当程序意识。这种正当性的要求，就是公民在维护自己的合法权益时要讲程序，遵循一定的规则，不能滥用权利。三是权利的节制意识，对权利的节制，就是要合理限制某些权利，使之符合所处时代、所处社会的道德、法律、经济发展状况、文化等多种价值取向。四是自觉守法意识，即尊重法律、遵守法律、严格依法办事的意识。五是社会公德意识，例如，我们倡导的社会主义价值观中的“爱国、敬业、诚信、友善”就是在培育公民基本的社会公德。

(六) 法治思维成为社会治理的主要思维模式

法治思维是一种整体性的思维，是一种国家治理的理念、视角和思路。从社会治理的角度看，它不仅是社会治理中的价值追求，更主要的是一种治国方法、手段的选择，在社会治理的各种手段中，更侧重于法律规则和法律手段的运用，强调依法办事。法治的实现，不仅仅是建立一套完备的法律体系，更重要的是把法治变成一种普遍的行为模式。而要做到这一点，就必须存在一种与之相适应的社会思维模式，即法治思维。具体而言，化解各种社会矛盾，把法治思维模式作为创新社会管理的基本思维模式，就是要注重法律方法和手段的运用，全面落实依法治国方略，完善各种具体法律制度，确立公民和各级政府机关的规则意识和契约意识，引导公民对待各种涉及自身利益的纠纷，寻求理性的解决手段。

三、律师与法治中国建设

专业素养、执业理念与行为规范构成律师之道。专业素养也可称为业务技能，包括律师对法律的专研、探究水平以及处置律师实务中演绎法律的能力，是律师赖以生存的根本。但是，专业素养并不等同于法治文化修养。不理解法治文化内涵，没有正确的价值观、没有正确的执业理念、触犯律师职业纪律、践踏律师执业规范，这样的执业者只能堕落为“法虫”，却不配被叫作律师。

法治中国的愿景为中国律师展开了一个在海阔天空中演绎法律的舞台。具有法治文化修养的律师凭借律师之道将会在法治中国建设中发挥积极作用。律师之道之于法治中国密切关联、相辅相成。

（一）律师与立法

完善以宪法为核心的中国特色社会主义法律体系，加强宪法实施是法治中国建设的首要任务。社会的发展与不断涌现的新生事物倒逼滞后的法律规范出台，而具有高度职业敏感的律师在执业中产生的法律困惑必然促使他们高度关注并积极参与立法。执业律师参与立法工作具有独特的专业优势，同时，也决定了法律中将充分体现民主、人权、平等、自由、正义、公平等法治文化要素，即形成良法之治。法治建设成熟的国家，具有法学教育背景或律师职业背景的议员在立法机构席位中所占比例非常高。例如，在美国，从首任总统华盛顿到现任总统奥巴马，43 位总统中有 25 位是律师出身。在我国，2013 年全国有 1343 名律师当选县、市、省和全国四级人大代表；有 3790 名律师担任各级政协委员。此届全国人大代表和政协委员中律师总人数为 27 名，呈上升态势。专家学者型律师参与立法工作已成常态。2010—2012 年三年间，律师向各级“两会”提交的议案、提案和建议数超过 7000 份。今后，国家立法将会越来越重视律师行业的意见，在制定和修改法律法规的过程中，会将律师协会作为固定的征求意见单位。律师参与立法使良法善治的理想愿景更加接近现实。

（二）律师与行政

社会治理通过政府行政工作进行，建设法治政府，依法行政是法治中国建设的重要体现。律师参与法治政府建设有三个通道：一是担任政府法律顾问，在行政决策中为政府提供法律依据（据不完全统计，2010—2012 年三年间，全国共有 23500 多名律师担任了各级政府部门的法律顾问，占到律师总数的 1/10 以上，其中，1300 余名律师担任省部级政府部门的法律顾问，8100 多名律师担任地市级政府相关部门的法律顾问，14000 多名律师担任县级政府相关部门的法律顾问）；二是通过行政诉讼，无论是代理当事人起诉政府还是代表政府应诉，都可以达到督促政府依法办事，改变或撤销违法、越权的具体行政行为，依法行政的目的（2013 年全国法院一审行政诉讼案件超过 12 万件，大多数案件都有律师参与）；三是积极、主动向政府进言献策，反映民生问题，在行政机关与老百姓之间充当“润滑剂”和桥梁，为政府提高行政管理能力与管理水平、化解官民矛盾、创造和谐稳定的社会环境发挥应有的作用（据不完全统计，2010—2012 年三年间，律师为各级政府相关部门提供咨询 51 万余次，出具法律意见书 87000 余份，参与重大项目研究 16400 余次，参与重点事件研究 17000 余次）。

（三）律师与司法

保证公正司法，提高司法公信力是法治中国的基本要求。公正是法治的生命线，司法公正对社会公正具有重要的引领作用，司法不公对社会公正具有致命的破坏作用。公正司法不光是司法机关的事，作为司法程序的参与者，诉讼律师也应担负提高司法公信力的社会责任。在律师的法治文化思维中，“公平、公正”应是绝对的、宏观的，不应狭义地站在本方立场为追求个案中单方定位的“公平”目标而不择手段甚至牺牲社会的公平；律师要有理性规则意识，不要因谋求私利而调词架讼浪费国家司法资源；律师要维护法律的尊严，同时要树立职业尊严，不要充当司法掮客，杜绝“花钱买公平”的做法，不能污损司法机体，不能纵容司法腐败；律师要遵守执业纪律、恪守职业道德，更要有高尚的人格，不要让社会阴暗玷污灵魂，不能趋炎附势，不能扰动正义的天平，更不能误导法治的正确价值取向。另外，随着十八届四中全会对法治队伍建设正规化、专业化、职业化的部署，一批忠于国家、忠于人民、忠于法律、业务过硬、政治坚定的优秀律师也将步入职业法官、检察官队伍，这是建设法治中国的一项重大举措，对于保障司法公正、提高司法公信力将起到积极作用。目前，我国律师人数已经超过 20 万人，每万人拥有律师不足 2 人（而同期，美国律师人数已经超过 125 万人，每万人拥有律师超过 40 人），但“星星之火，可以燎原”。如果广大律师能自觉肩负历史使命，能不断提高法治思维意识，则全民族的法治意识就能提升，人民对法律的信仰就能建立。如果每一名律师在每一个案件中都追求、信守公平与正义，老百姓就会从个案中感受到法律的公平与正义的力量。

中国梦的最高境界是中华民族的复兴。实现富强、民主、文明、和谐的建设目标，法治中国建设成为重要手段与基本保障。法治中国建设为中国执业律师带来了巨大的发展机遇，同时也让他们承载了艰巨的历史使命。秉承法治文化精髓、努力践行法律实务的当代律师将在法治中国建设中大有可为。

（作者系中国法学会法制文学研究会法律事务部主任）

我们这个时代：法治文学路在何方

丁伯慧

摘　要　中国在改革开放三十年之后，终于从以改革开放经济建设为中心，转为以依法治国为国策，即将开启一个“法治时代”。在法治文学成为类型文学的今天，恰逢一个新时代的大幕拉开，无疑迎来了一个极其重要的机遇。我们能够看到，各种纷繁芜杂的法律案件在我们眼前出现，一台台活生生的法律现实剧在我们的时代上演。现在，我们所缺少的不是故事，而是从故事中寻找非同寻常的价值的能力；我们缺少的不是法律案件，而是从法律案件中发现复杂人性、表达复杂人性的能力。我们这个时代，法治文学的真正出路无非有两条：一是抓住法治中国这个动态的进程，去寻找这个过程中最有人性价值、最能记录这个时代的东西；二是遵循文学本身的规律，沿着文学应有的方向前进。

关键词　时代　法治文学

这个时代与这个时代的文学

我们这个时代，应该从1984年说起。1984年，中国的改革开放全面实行，战争彻底远离中国，一个全新的时代到来了。从1984年到2014年，整整经过了三十年。这三十年给中国带来了巨大的变化，也给中国人带来了巨大的变化。这三十年让整整一代人老去，也让新一代人长大。要概括这样一个时代很不容易，我只能努力从这个复杂的时代里找出几个关乎文学的关键词来。

和平

从1984年年末开始，中国真正进入了和平年代。在这三十年的时间里，中国没有战争，没有大的动荡。三十年，这个数据意味着什么？意味着创造了一个新的历史。在漫长的历史中，中华民族还从未有过这么长的时间里，没有战争和动荡。

那么一个和平年代意味着什么？意味着老百姓的生活进入了日常生活。“琴棋书画诗酒花，当年样样不离它；如今出门七件事，柴米油盐酱醋茶。”不再是硝烟弥漫，也不再是你争我斗，柴米油盐、吃喝拉撒、生老病死，这些成了老百姓日常生活的主题。正如作家池莉在完成了她的成名作《烦恼人生》后所说：“我们今天的这生活不是文学名著中的那生活。”这样的时代不再需要英雄，不再需要救世主。人们需要的只是安居乐业，把日子过得好一些。事实上，不需要救世主的生活才是大众最渴望的生活。

奔跑

一位美国朋友在第二次来中国时，曾对我感叹道，中国真是一天一个变化。我答曰：这就是中国速度。近代一百多年，中国一直内忧外患，硝烟四起，战火频仍。直到20世纪下半叶，才盼来了久违的和平。一个很久都没有和平的国家，在一个漫长的和平年代所迸发出来的发展能量是惊人的。

这个年代，经济在飞速发展，城市在不断扩张，科技在不停进步。我们离开一个城市一年，再回来时，就几乎认不出它来了。这种变化给人带来的心理上的冲击也是巨大的。所有人都在奔跑，所有人都停不下自己的脚步。然而，这样一个飞奔的时代，真正的领跑者只是少数人，大多数人都是跟着跑，或者被人群裹着一起跑，却很少有人停下来，思考一下，我们到底为什么跑，我们要往哪里跑。当这种奔跑成了一种常态，就会影响到人的存在状态。人们只是在行动，不再去思考。

喧嚣

随着人类社会传播手段越来越发达，世界也变得越来越开放越来越透明。地球那头发生的事，几秒钟就可以传到地球这边。地球变得越来越小，“地球村”成了现实。缩小了的时代意味着，人们可以更多地分享同类的一言一行，可以知道同类是如何生活的。缩小了的时代还意味着，人们之间的秘密越来越少，仿佛一切都是透明的。无论是明星名人，还是普通民众，所有人都在舞台上、聚光灯下。

缩小了的另一个结果便是我们进入了一个前所未有的喧嚣的时代。我们发现，人类从未像现在这样热闹。清华大学的教授可以和著名主持人在微博上大骂对方“弱智”，而一群普通人则可以在旁边为双方呐喊助威，甚至助骂；所谓的青年偶像和反伪科学的明星也结成了两个不同的阵营，相互吵闹不休。这些事情在以前的时代或许也发生过，但是只在很小的范围内发生，也只有很少人能看得到。现在，普罗大众也参与了争吵，我们的世界仿佛变成了一个巨大的菜市场，到处是争吵和喧闹。

功利化

归根结底，这还是一个物质的时代、功利化的时代。“天下熙熙，皆为利来；天下攘攘，皆为利往。”所有人都在追逐着物质财富。如同一个饿怕了的人，不停地吃、吃、吃。与此同时，信仰危机、道德危机，如同幽灵一样徘徊在我们周围。人们发现，在物质变得越来越富裕的同时，精神上却越来越匮乏。人们不再追问一直追问的三大命题：我们从哪里来？到哪里去？去干什么？而这三大命题正是人类宗教乃至全部文化的原动力。停止了追问的人们不再管前世和未来，只管现世的财富和享受。文化因此变得轻飘无力，更多的只是在娱乐和麻醉。

正如狄更斯在《双城记》中所言：“那是最美好的时代，那是最糟糕的时代；那是智慧的年头，那是愚昧的年头；那是信仰的时期，那是怀疑的时期；那是光明的季节，那是黑暗的季节；那是希望的春天，那是失望的冬天；我们全都在直奔天堂，我们全都在直奔相反的方向——简而言之，那时跟现在非常相像，某些最喧嚣的权威坚持要用形容词的最高级来形容它。说它好，是最高级的；说它不好，也是最高级的。”这种极端化的描述对于这个时代而言，则集中体现在物质和精神上的二元对立。

这样的一个时代，这些时代特征，对文学的发生和生长无疑是影响极大的。

很多写作者都在怀念20世纪八九十年代，那是一个写征婚启事都要加上“热爱文学”的年代。但是对于文学而言，那样的年代是可遇而不可求的。进入新世纪之后，我们不得不面临一个不争的事实：文学的关注度和影响力正在日渐减弱，20世纪八九十年代的文学荣光已经远离我们。文学正被分割成两个部分：一部分继续思考人类的严肃命题，另一部分则成了娱乐的工具。而严肃文学，正和京剧等高雅艺术一样，成为少数人的用品。严肃文学不再以影响全体国民为目标。它的影响力正以两种方式来展开：一是影响精英人群，再以精英人群来影响其他人；二是经过二次创作，以影视、戏剧乃至游戏等方式间接影响其他人。

另外，这个时代的文学开始出现多元化的局面，真正的“百花齐放”开始了。从艺术手法上来说，中国文学在改革开放以后，用了二三十年的时间复制了一遍欧美近现代文学，尤其是经历了“先锋派”作家的广泛的模仿和借鉴，创作的手法极大的丰富了，各种流派、各种写法并存的局面已经出现了。从文学样式上来说，严肃文学与通俗文学并存，严肃文学师承了欧美文学的哲性传统，尤其是小说，不似中国传统的故事传统，不以讲故事为目的，而转以思考人生、人性、人的存在状态为目的；而通俗文学，在中国传统文学的基础上也借鉴了严肃文学的创作手法，丰富了创作手段。从文学媒介上来说，纸媒与网络、电子文学并存，使更多的人以更多的方式接触到不同的文学。从文学门类上来说，文学的分支也越来越细，出现了各种类型的文学。而法治文学，也成为“类型文学”的一种。事实上，犯罪题材一直是文学永恒的主题。陀思妥耶夫斯基的《罪与罚》就是典型。而在这个时代，法治文学因其题材的特殊和读者特别的关注而成为一种类型文学。

与此同时，中国在改革开放30年之后，终于从以改革开放经济建设为中心，转为以依法治国为国策，即将开启一个“法治时代”。在法治文学成为类型文学的今天，恰逢一个新时代的大幕拉开，无疑迎来了一个极其重要的机遇。

这个时代的法治文学

在欧美文学之中，法治题材一直是一个热门题材。大量的文学作品都涉及法律案件当中法律和人性的冲突。例如，雨果《悲惨世界》中的冉阿让与沙威，就代表着人性与法律正义之间的矛盾，从而引发读者对于法律与人性之间矛盾的思考。小说中的冉阿让因为偷了一块面包而被判了十九年的苦役。沙威作为一个法律执行者代表着法律的威严。然而，他在目睹了冉阿让的善行之后，却在执法和人性之间产生了动摇，逮捕冉阿让是不人道的，不逮捕冉阿让又是对法律的背叛，以至于他最终选择了自杀来解决这个矛盾。这样的结局让人思考法律与人性之间的矛盾，思考法律本身的合理性。雨果的另一部作品《九三年》中的西穆尔登也面临着同样的困境。旺代叛军首领朗德纳克侯爵在逃走之前发现了三个被大火困住的孩子，于是返回救出了他们，结果自己却被其侄孙、镇压叛乱的共和军司令郭文抓住。郭文为其人道精神所感动，私自放走了朗德纳克。根据革命军的法律，西穆尔登应该判处郭文死刑，但他又认为郭文的行动是符合人道主义精神的。最终，他还是处死了郭文，但却在郭文被执行绞刑的同时开枪自杀。

而中国传统文学当中，却少有这种类型的作品出现，究其原因，关键还在于中国历史上的治国传统。

和西方历史上早已有之的法治传统不同，虽然我国在先秦及秦代，也曾有过法治的早期实践，但基本上是昙花一现。新中国成立后，中国有了自己的宪法，但是那个特殊的年代，法律遭到了“以阶级斗争为纲”的政治路线的无情践踏。这种情况一直到改革开放以后才真正得以改善。然而，对于一个没有多少法治传统的民族来说，要实现法治必然是一个长期而又艰难的过程。法律条文只是纸面上的东西，还需要人去执行和遵守。但中国人的文化基因中太缺少法治观念和法律意识了，这无疑给中国的法治进程带来尴尬。这样的一种状况也反映在中国法治文学的创作之中。很多的法治文学作品都只是在写犯罪与执法之间的矛盾，具体就体现为执法者与罪犯之类的斗争。因此，法治文学只是承担着一个弘法、普法的特殊作用。然而，法治文学的功能不是简单的对法治的宣传，更不是精神审判的工具。

另外，在王大于法甚至族治大于法治的中国传统社会中，先验的判断有时比法律更管用，更能统御人心。这种思想也存在于现今的很多作家与读者身上。因此，不少法治文学作品都存在着简单的、倾向性明显的价值判断。文学作品中的人物非“好”即“坏”，“好”与“坏”都写在人的脸上。文学作品中案件的发展结果也是指向单一的。在这种意义上，法治文学其实就成了一种宣传工具，只不过是一种比宣传口号复杂一点的工具而已。这种宣传工具看起来很有作用，很有效，但实际上大大削弱了法治文学作为“文学”的艺术力量。文学的本质工作还是通过艺术的形式，放大生活，展现生活，从而引发人的思索，引导人的思考方向，而不是直接告诉别人，什么是好的，什么是坏的。

正如米兰·昆德拉在《小说的艺术》中所说：“人总是希望世界中善与恶是明确区分开的，因为人有一种天生的、不可遏制的欲望，那就是在理解之前就评判。宗教与意识形态就建立在这种欲望上。只有在把小说相对性、暧昧性的语言转化为它们独断的、教条的言论之后，它们才能接受小说，与之和解。”而真正优秀的文学作品中，评判从来都不是简单的，更不是单一的。文学作品不是《塔木德》式的教义——“有三点不要忘记，人就不会陷入罪恶之中——有眼在看，有耳在听，你的一切行为都记录在案”。文学不是来说教的，世界也并非非黑即白非善即恶的。有些时候，一个“好人”在主观上有着好的愿望，却在行动中触犯了法律，其带来的结果无疑更加让人思索。

人类一直企图认识一个真实客观的世界，也认为自己已经认识了真实客观的世界。然而事实上，我们眼中的世界还不够真实，只是我们“自以为真实”的世界，在本质上仍然是主观世界。据科学家研究表明，人类一般能够识别红、橙、黄、绿、蓝、靛、紫，以及它们之间的各种过渡色，总共约有 60 种，但是蜜蜂能看见人所看不见的紫外线，并能把紫外线和各种深浅不同的白色和灰色准确地区别开来。所以，人类和蜜蜂眼中的世界的色彩就是不一样的。人类自以为看到的真实色彩其实是不可靠的。所谓的“真相”，其实只是人的主观判断而已。

对于文学来说，“真相”一直是一个难题，法治文学更是如此。各种法律案件之中，有人在掩盖真相，有人在寻找真相。对于法律来说，找到真相是最终目的。但是对于文学来说，有时候，掩盖真相却比暴露真相更能显示问题。文学其实一直徘徊在暴露和掩盖之间。这种徘徊揭示的正是人性。而人性对于法律来说，时而是制定法律的依据，时而却是与法律相冲突的。但是让人遗憾的是，现今的很多法治文学还只是停留在暴露真相的阶段。通过暴露真相，揭示“法网恢恢疏而不漏”的古老愿望，这仍然还只是米兰·昆德拉所说的“在理解之前就评判”。我们太喜欢评判了。

所有这一切，都说明一个事实：我们的法治文学，还只是处在一个初级阶段。我们不缺少法治文学作品，缺少的只是优秀的法治文学作品。

事实上，法治文学的这种现状是和法治的现状紧密相连的。从某种程度上说，改革开放后的这三十年，只能算是中国法治建设的起步和铺垫阶段。这三十年里，我们尽管制定了很多法律，我们尽管也在日渐努力用法律来解决问题，但是中国的法治还是经历了太多的争议与阵痛，也暴露了中国的法律在立法理念、执法行动上的诸多不健全。尤为重要的是，人们对“法”的理解以及法的意识还不够。一个真正的法治社会，法的意识是要深深地根植于民众的意识中的。立法者、执法者诚然重要，民众对于“法”的理解和尊重同样重要。没有这种法的意识作为根基，即便制定再多的法律，中国的法治也还是停留在初级阶段，中国的法治文学也必然只是处在一个初级阶段。

无论如何，值得欣喜的一点是：我们这个时代为法治文学作家提供了空前广阔的舞台。从某种意义上说，法治路上的中国比一个法治已经健全的中国，给中国作家提供了更为广阔的舞台。我们能够看到，各种纷繁芜杂的法律案件在我们眼前出现，一台台活生生的法律现实剧在我们的时代上演。发达的现代媒介把一幅幅光怪陆离的社会图景送到我们跟前，我们不再缺少故事，甚至有作家惊呼：生活已经比小说更传奇，文学已经“低于”生活！现在，我们所缺少的不是故事，而是从故事中寻找非同寻常的价值的能力；我们缺少的不是法律案件，而是从法律案件中发现复杂人性、表达复杂人性的能力。

我们需要怎样的法治文学

美国著名学者哈罗德·布鲁姆在《西方正典》中写道："一部文学作品能够赢得经典地位的原创性标志是某种陌生性，这种特性要么不可能完全被我们同化，要么有可能成为一种既定的习性而使我们熟视无睹。"可见，一部文学作品要成为优秀乃至经典作品，通常有两种方式：一是创造创新，这种创造创新是很难学习和替代的，主要体现在对生活的认知以及艺术手法的独特性上；二是抓住那种别人可能忽略的，最具生活本质的东西，在生活发现和艺术手法上都能成为别人学习的榜样。

我们这个时代的法治文学，缺少的就是这种经典，缺少的是《罪与罚》和《复活》那种盛传不衰的作品。我们以这两部作品为例来解析优秀法治文学作品的这种特性。

在陀思妥耶夫斯基的《罪与罚》中，穷大学生拉斯柯尔尼科夫原在法律系就读，因交不起学费而被迫辍学，靠母亲和妹妹从拮据的生活费中节省下来的钱维持生活。他已经很久没有交房租了。近来，房东太太不仅停止供给他伙食，而且催租甚紧。这时他遇见了小公务员马尔美拉陀夫。马尔美拉陀夫因失业而陷入绝境，长女索尼娅被迫当了街头妓女。拉斯柯尔尼科夫不愿像马尔美拉陀夫那样任人宰割，他打算采取某种行动来证明自己是一个很"不平凡的人"，于是他杀了房东太太。拉斯柯尔尼科夫杀人后，因内心处于痛苦的矛盾冲突中，无法摆脱内心的恐惧，他感到自己原先的一切美好的感情都随之泯灭了，这是比法律惩罚更严厉的良心惩罚。他意识到自己失败了。所以，他怀着痛苦的心情来到索尼娅处，受到索尼娅宗教思想的感召，向她说出了犯罪的真相与动机。在索尼娅的劝说下，他向警方投案自首。拉斯柯尔尼科夫被判处 8 年苦役，来到了西伯利亚。不久，索尼娅也去了那里。一天清晨，两人在河边相遇。他们决心虔信上帝，以忏悔的心情承受一切苦难，获取精神上的新生。

在这部作品中，主人公犯下了杀人罪，也受到了法律的惩罚，然而，故事并没有停留在这种简单的审判上。陀思妥耶夫斯基把笔伸向了更深的地方。正如他在给卡特科夫的信中所说，拉斯柯尔尼科夫自首是“不得不然”的。不得不然，是因为即使死在狱中，却可以重新接近人。他在犯罪后立刻体会到的和人疏远、和人隔离的感觉，深深地折磨着他。他在犯罪之后脱离了整个人性。他恐惧地注视着，他丧失了拥有人类感情的可能，他最爱的是母亲和妹妹，可是他却怀着对她们和对自己的反感，他开始憎恨她们。因此，在《罪与罚》中表现出对于完全违反人和人道的生活法则所感到的战栗。陀思妥耶夫斯基认为一切以暴力抗恶的做法都不足取，因为人无法逃避内心的惩罚，在毁灭他人的同时也毁灭了自身。《罪与罚》中的这种对于人性的发现，是这部作品超越了时代具有永恒价值的关键所在。

与陀思妥耶夫斯基同时代的列夫·托尔斯泰则把目光投向了另一个法律案件。这个案件是检察官柯尼为他提供的：一个贵族青年引诱了他姑母的婢女，婢女怀孕后被赶出家门，后来当了妓女，因被指控偷钱而遭受审判。这个贵族青年以陪审员的身份出庭，见到从前被他引诱过的女人，深受良心的谴责。他向法官申请准许自己同她结婚，以赎回罪过。托尔斯泰以这个故事为主线，用了十年时间，六易其稿，终于完成了这部不朽的名著。在小说中，贵族青年聂赫留朵夫公爵引诱姑妈家女仆卡秋莎，致使她怀孕并被赶出家门。后来，她沦为妓女，因被指控谋财害命而受审判。聂赫留朵夫以陪审员的身份出庭，见到从前被他引诱的女人，深受良心谴责。他为她奔走申冤，并请求同她结婚，以赎回自己的罪过。上诉失败后，他陪她流放西伯利亚。他的行为感动了她，使她重新爱上他。但为了不损害他的名誉和地位，她最终没有和他结婚，而是同一个革命者结为伉俪。

在这部作品中，托尔斯泰展现了他对俄国社会的揭露和批判，并把笔力集中在揭露法庭、监狱和政府机关的黑暗以及官吏的昏庸残暴和法律的反动上。正如列宁的评价，托尔斯泰“在晚期的作品里，对现代一切国家制度、教会制度、社会制度和经济制度作了激烈的批判”，达到“撕下了一切假面具”的“最清醒的现实主义”。不仅如此，托尔斯泰在这部作品中同样展现了对于人性的深刻反思。和拉斯柯尔尼科夫一样，聂赫留朵夫也同样地忏悔和反思，但是他们反思的却是不一样的：前者是因为人性中的恶，后者则是因为人性中的善。

这两部经典名著为我们的法治文学创作提供了很好的借鉴，也为我们的法治文学的发展指明几个方向：

第一，文学归根结底还是人学，其目标是思考人性，记录人的生存状态。法治文学也一样。当作家面临一个复杂的案件时，首先的本能反应是寻找真相。寻找真相是没有错的，但是，作家要寻找的真相不是法律意义上的真相，那是执法者的任务，作家的任务则是寻找法律背后的人性的真相：法律是有时代性和地域性的，而人性则是可以超越时空的。这样的文学作品才有可能摆脱时空的局限，具有更永恒的价值。

第二，法治文学的关键不在于宣传，而在于反思。哲学家维特根斯坦把我们所面临的世界分为两个部分：一部分是不可知的，这属于神学、宗教的范畴；另一部分是可知的，而可知的世界又分为可说的和不可说的。可说的是科学的范畴，不可说的是哲学的范畴。事实上，文学也属于“不可说”的范畴，正因为不能确切地去表达，才用模糊的形象化的方式去表达。文学的任务就是表达那些不能确切表达的东西。从这种意义上说，法治文学承担的也是法律工作者所不能承担的那部分工作，那就是：对法律、法制和法治进行反思，反思法治中一切关乎人性、关乎社会的那些有问题的不确切的东西。

第三，我们需要动态的法治文学，而不是静态的，也就是说，我们要展示法治进程中的民众生存状态。正如前面所言，文学要做的不是宣传，而是展示和思考。因而，法治文学需要关注的，不仅仅是一个案件的前因后果，而更是一个法治社会的进程中，人的生存状态。人是社会性动物，按照卢梭在《社会契约论》中所说，法律是一个社会的公共契约。但这种“契约”是不断发展变化的，是随着契约制定者的变化以及那个群体文明的变化而变化的。而中国的法治正是处在这种明显的变化发展进程之中，展示这种变化发展进程中人的生存状态，本来就是对法治中国进程的一种检阅。

第四，法治文学的工作不是审判，即使是法律审判、道德审判也不可以。对于文学来说，法律和道德有时是一把“双刃剑”，无能的作家把法律和道德庸俗化，用法律和道德来简单处理复杂的人性。康德认为，道德性的客观根据仅仅是道德律令，道德律令的三个公式就是普遍化原则、人是目的原则以及自律原则。因而，道德本质上是“应然”的而非“必然”的东西。法律也是如此。法律和道德都不是客观存在的，而是人为规定的。因而法律和道德总是经常地和复杂的人性形成冲突。文学的本质是反映人性而非法律和道德审判的。由此我们甚至可以说，法律与道德审判是反文学的。法律与道德可以审判作品中的某个人，却不能作为价值判断的工具。

第五，我们这个时代需要记录的是平民生活而不是“超级英雄”的生活。近年来，包拯、狄仁杰成为影视作品中的热点人物，不停地被开发利用。事实上，包拯和狄仁杰的出现正是中国历史上最大的悲剧：一个法治社会是不需要这种超级英雄存在的。现今中国正在建设一个法治国家，“包青天”式的“超级英雄”将不再是社会的需求，我们需要的，是有法可依、违法必究，人人有法律意识。记录普通人的生活将是法治文学的主题。

综上所言，我们这个时代，法治文学的真正出路无非有两条：一是抓住法治中国这个动态的进程，去寻找这个过程中最有人性价值、最能记录这个时代的东西；二是遵循文学本身的规律，沿着文学应有的方向前进。

（作者系重庆邮电大学移通学院特聘教师、钓鱼城研究院院长兼创意写作中心主任）

法治文学的机遇与挑战

易卓奇

摘　要　机遇是双重的。一方面，全面推进依法治国需要广大文学艺术工作者创作大量的有关法治的优秀的文学艺术作品，广大作家、艺术家在这个领域大有可为。另一方面，中央文艺座谈会的召开，极大地激发了广大文艺工作者的积极性和创造性，吹响了繁荣社会主义文艺的号角，这既对所有文学艺术家是一个难得的机遇，同时，对于曾经活跃在各条战线上的法治文学工作者来说也是个难得的机会。法治文学如何面对机遇和挑战？首先，创作态度问题，对于法治文学的创作是至关重要的。其实就是创作为什么人的问题。法治文学作品要为人民服务。其次，摒弃陋习。一些法治文学作品充满凶杀、充满色情、渲染暴力、血腥味十足，这是当今法治文学的通病。最后，潜心创作。即一要讲好故事，二要塑造好人物，三要创新手法。

关键词　法治文学　机遇　挑战

2014 年 10 月，党中央召开了两个极为重要的会议，一个是党的十八届四中全会，全会通过了《决定》，向全党全国各族人民吹响了依法治国的号角；另一个是文艺座谈会，习近平总书记和全国文艺工作者代表畅谈文学和艺术的现状和未来，吹响了繁荣社会主义文艺的号角。两个会议都具有划时代的意义，可以说是两座里程碑。十八届四中全会第一次把依法治国作为全会的主题，在我国法治建设史上具有里程碑意义；而习近平总书记亲自主持召开的文艺座谈会是继1942年毛泽东主席在延安主持召开的延安文艺座谈会七十二年之后我党在新时期召开的又一次文艺座谈会，也是新中国成立以来的最重要的一次文艺座谈会，对于我国文学艺术的繁荣发展同样具有里程碑意义。毫无疑问，这两次重要会议都具有划时代意义。而在日后全面推进依法治国和发展繁荣社会主义文学艺术的进程中，笔者以为，有一项事业必不可少，不仅不可少，而且大有可为，这就是法治文学的繁荣和发展，或者说得更大一点，整个法治文化将会面临一个空前繁荣和发展的机会。无论对于法治文学本身还是从事法治文学的创作者，机遇千载难逢，同时，挑战也异常空前。

一、机遇

任何一件事情的发展都离不开机遇。所谓机遇，就是有利于事物发展的最佳时期，就像土壤里的种子，需要合适的外因，气候、水分、温度，缺一不可，合适的土壤、气候、水分和温度碰到一起，就构成了机遇。文学艺术的发展繁荣也一样，也需要合适的机遇。十八届四中全会通过的《决定》中指出，“必须弘扬社会主义法治精神，建设社会主义法治文化……把法治教育纳入文明创建内容，开展群众性的法治文化活动……”这就明确提出，要全面推进依法治国的进程，就必须大力弘扬社会主义法治精神，建设社会主义法治文化，这既是党对文艺工作者提出的要求，也是广大文艺工作者以后工作的方向，同时也是法治文学发展繁荣难得的机遇。全面推进依法治国是一项巨大的系统工程，是全党全国各族人民今后相当一段时期的工作目标和任务。依法治国涉及方方面面，诸如健全法律体系、坚持依法行政、建设法治政府、保证司法公正，等等，还有最重要的一点就是增强全民法治意识。怎样增强全民法治意识？靠宣传，靠教育，从某种程度上说，还是要靠灌输。怎么灌输？一种是被动的，法律法规，条条框框，要求你学，要求你背，你必须记牢，否则你可能违法违规；还有一种，主动地、自觉地学，潜移默化地受影响，这就是文化的影响，更确切地说，就是法治文化的影响。而法治文化的核心部分还是法治文学，包括法治小说、电影电视、诗歌等，这些文学的影响是能够触及灵魂的，好的法治文学作品能够影响人的一辈子。法治文学对于依法治国必将起到无法替代的作用，绝非可有可无，而是举足轻重。新中国成立以来，广大文学艺术家创作了不少触及灵魂的作品，对我国很多读者观众起到了积极的正面的教育作用，但仅仅有以前那些作品还远远不够，时代在发展，社会在发展，全面推进法治建设会出现很多新情况、新问题，这就要求广大文艺工作者创作出更多更好的不负时代的作品，习近平总书记召开文艺座谈会之后同样需要更多更好的文艺作品出现。对于广大文艺工作者来说，这无疑是千载难逢的机会，这个时代要求出好作品、要求出好作家、要求出好艺术家，广大文艺工作者大有用武之地，有着无限广阔的发展空间，机遇可谓百年一遇，实在难得。

机遇是双重的。一方面，全面推进依法治国需要广大文学艺术工作者创作大量的优秀的文学艺术作品，尤其需要大量的上乘的有关法治的文艺作品，广大作家艺术家在这个领域可以大有可为，这是机遇一。另一方面，中央文艺座谈会的召开，极大地激发了广大文艺工作者的积极性和创造性，吹响了繁荣社会主义文艺的号角，这既对所有文学艺术家是一个难得的机遇，同时，对于曾经活跃在各条战线上的法治文学工作者来说也是个难得的机会，这是机遇二。双重的机遇给予的对象也是双重的，一是所有文艺工作者，二是曾经一直从事法治文学、法治文化的创作者。可以预见，在以后相当一段时期，法治文化、法治文学将会是一个非常热门的文化领域，不仅有大批的专业的法治文学作家、艺术家在这个领域打拼、创作，还会有更多的其他领域的作家、艺术家涉猎这个领域。法治文学的春天即将到来，这将是一个不争的事实。而法治文学作为我国文学一个重要的组成部分，其繁荣发展势必成为整个文学事业繁荣发展的基石。历史机遇就摆在我们广大文艺工作者尤其是法治文学创作者面前，只要有理想，只要有责任感，没有人愿意错过这个机遇。

二、挑战

任何机遇总是和挑战并存的，有机遇就会有挑战。依法治国的推进和文学艺术的繁荣客观上需要有更多更好的文学艺术作品出现，可现实中的文学艺术创作能不能适应新时期的要求，文艺工作者能不能为时代讴歌，这就是挑战。你要创作出好作品，你就得面对挑战，就得迎接挑战，退缩和躲避没有出路，粗制滥造、敷衍塞责同样没有出路，唯有迎难而上，面对挑战“杀出”一条血路。

要创作好的作品，我们还得面对当今现实。当今的文艺现实是什么？五个字：不尽如人意。从两个方面来看，一是作品不尽如人意，二是文艺工作者队伍不尽如人意。在过去相当一段时期里，尽管出现了不少脍炙人口的优秀作品，出了许多优秀的作家、艺术家，这是主流，但不能不看到，随着商品经济的日益繁荣，相当数量的文艺作品充满铜臭，拜金主义盛行，低俗、虚假、雷人的作品充斥市场，作品有数量没质量，有高原没高峰，粗制滥造，千篇一律，照搬照抄，从某种程度上讲，文学艺术界进入了一个追求低俗、崇尚虚假、金钱至上的怪圈，一定数量的作家、艺术家都成了市场的奴隶，成了金钱的奴隶。一切以市场为中心，一切以金钱为中心，只要能来钱，什么作品都可能出现，抗日英雄可以手撕鬼子，电视里的人物可以从古代穿越到今天，又从今天穿越到百年之后，从地球穿越到太空，甚至宇宙。而过去的一些法治文学作品充满凶杀、充满色情、渲染暴力、血腥味十足，这一切的一切都给广大观众或读者特别是青少年造成了无法弥补的负面影响。严格地说，一些所谓的作品早已不是真正意义上的作品了，简直是一堆“垃圾”，离奇荒唐。可垃圾还有市场，垃圾也能卖钱，为什么？为什么会有那么多粗制滥造的作品充斥市场？为什么会有为数不少的文学艺术工作者热衷于制造“垃圾”？说白了，都是被钱烧的，都是被市场绑架了。商人绑架了作家、艺术家，人被钱绑架了，结果作家、艺术家成了商人的奴隶，观众、读者成了艺术家的奴隶，所有人都成了市场的奴隶。文艺在这种乱象中迷失了自己的方向，丢失了自己不该丢失的东西，这是一个危险可怕而又不可回避的现实。

前面所说的种种怪象就如同文学艺术界中的雾霾。我们必须走出这个雾霾，必须用全新的作品驱散弥漫在我们头顶上的雾霾，作为新时期的文艺工作者，对此有着义不容辞的责任。

习近平总书记在文艺座谈会上特别强调：文艺不能在市场经济大潮中迷失方向，不能沾满铜臭气。我们的文艺“不能在为了谁的问题上产生偏差，否则文艺就没有生命力”。一部好的作品，应该把社会效益放在首位。优秀的文艺作品，最好是既在思想上、艺术上取得成功，又在市场上受到欢迎。

习近平总书记在文艺座谈会上的重要讲话为我们广大文艺工作者指明了方向。广大文艺工作者必须勇于担当，积极进取，勇敢地迎接挑战，不断地创新，创作出更多更好的不负时代的优秀作品。

三、如何面对机遇和挑战

笔者无意高谈整个文艺如何面对机遇和挑战，只想就法治文学如何面对机遇和挑战谈几点粗浅的看法。

首先，创作态度问题，这是第一步要解决的。

摆正位置，端正创作态度，对于法治文学的创作是至关重要的。其实，说得直接一点，就是创作为什么人的问题。像其他文艺作品一样，法治文学作品首先要为人民服务，法治文学作家首先要立足为人民放歌的理念，不是想着如何猎奇、如何刺激、如何用旁门左道去博得观众、读者眼球，去赢得所谓的票房，而必须是立足人民，创作的作品必须为人民服务。有一种观点，总认为写人民大众的作品是不受读者欢迎的，不被圈内抬举的，所以才会热衷于市场流行什么写什么，跟风，胡编乱造，写出来的东西越来越脱离人民，越来越脱离实际，作品越来越不成其为作品。为什么会这样?原因就出在写作者自身的创作态度上，出在对人民的认识上，认识出现了偏差。“人民”这个词在部分作家、艺术家眼里分量已经越来越轻，变得廉价、低级，甚至丑陋。正因为认识上出现了偏差，创作的定位就会出现错误，写出来的作品就不可能真正受到人民大众的喜欢，这样的创作之路只可能是越走越窄，最后走进死胡同，不能自拔。

“为人民服务”应该成为广大作家、艺术家最高的艺术追求。习近平总书记说：“人民是文艺创作的源头活水，一旦脱离人民，文艺就会变成无根的浮萍、无病的呻吟、无魂的躯壳。能不能搞出优秀的作品，最根本的取决于是否能为人民抒写、为人民抒情、为人民抒怀。”党的十八届四中全会吹响了依法治国的号角，广大人民群众在依法治国和现代化建设实践中的精神风貌和丰富多彩的情感、可歌可泣的故事正是我们法治文学创作取之不尽、用之不竭的源泉，是真正的“源头活水”，是任何一个时代都无法比拟的。我们生活在人民大众之中，没有理由不珍惜人民给我们提供的丰富多彩的创作源泉，没有理由不为人民放歌。如果我们冷漠，我们忽视，甚至躲避，我们就将成为人民的罪人，就将成为这个时代的罪人。

其次，摒弃陋习。

前面已经谈到过，一些法治文学作品充满凶杀、充满色情、渲染暴力、血腥味十足，这是当今法治文学的通病。

从功效的受众角度来看，法治文学的社会功效其实只有两个方面，一是正面的、积极上进的、催人奋进的作用。我国法治文学源于先秦，《诗经》里的《谷风》，汉乐府里的《平陵东》《陌上桑》，唐诗《在狱咏禅》《杜陵叟》，元代的《窦娥冤》均在法治文学范畴之列。到了明清时期，中国的法治文学已经比较成熟，典型的公案小说都应该列入法治文学的范畴，如《三言二拍》《三侠五义》《包公案》均为典范。进入当代，我国法治文学出现新的繁荣，例如，电影《羊城暗哨》《秘密图纸》《戴手铐的旅客》《法庭内外》《少年犯》《寻找回来的世界》，小说《便衣警察》《苍天在上》《抉择》，话剧《于无声处》等，都是既叫好又叫座的优秀法治文学作品。无疑，这些优秀的法治文学作品在我国不同社会发展阶段为社会的进步发展起到了积极的正面的作用，曾引领一代又一代人积极向上，其社会功效不可低估，给人以正能量，值得称道。然而，法治文学还有一种负面的社会功效，是消极的堕落的，给人反面教唆的作用。西方的不少法治文学作品一味地强调血腥，渲染暴力，渲染色情，过分地暴露作案手段，教唆犯罪，带来的负面功效也不可低估。在我国，曾经有一段时期，杂志、书籍频繁登载凶杀案例、纪实作品，电视荧屏充满血腥和色情，过度暴露犯罪手段，而一些作者热衷于暴露，热衷于血淋淋的写作，媚俗、庸俗、色情、暴力的东西随处可见，严重玷污了人们尤其是青少年的心灵。这是非常危险的。作为有责任的法治文学工作者，以及试图创作法治文学题材的作家、艺术家必须把握好分寸，审时度势，不靠暴力、色情取悦读者，坚决杜绝负面社会功效的产生，谨防法治文学误入歧途。

一个有良知有责任的法治文学工作者，首先应该更多地想到给读者正能量的东西，不要也不应该渲染血腥，不为暴力而暴力，不去渲染色情，不企求通过作品来寻找感官刺激，而应该通过自己的作品感染读者，让更多的人获取积极的、催人振奋的正能量，而不是颓废的、叫人堕落的负能量。

那么，法治文学工作者应该摒弃哪些陋习呢？

一要摒弃铜臭。文艺作品沾满铜臭，也就是前面说到的，作品成了市场的奴隶，人成了金钱的奴隶。要改变这一现象，不是某一个人能左右，不是某一个作家能扭转，要众人达成共识。出现这种现象不是一朝一夕，也不是少数人造成的，值得反思的应该有两个方面，一是文艺界本身要反思，二是社会要反思。文艺界追求什么，市场认可什么，值得我们认真思考。艺术走市场之路没错，这一点不应该怀疑，任何文艺作品都要经得起市场的考验，值得怀疑的是我们对市场的认识，我们对于市场的导向，包括社会本身。例如，法治文学，不是要你作家拿那些充满血腥的东西去迎合市场，迎合读者，你完全可以写出充满正气和正能量的作品去引领市场。尤其在日后我国全面推进依法治国的进程中，有多少充满正气可歌可泣的人和事可写，你为什么非要把那些充满暴力、色情的东西牢牢握在手中不放，塞给读者？另外，社会是由人组成的，人们的价值取向决定了社会的价值取向，一个有序的社会应该充满正气正义，而不应该崇尚邪恶，不应该崇尚血腥，不应该崇尚暴力。社会的价值取向是需要引导的，这就存在一个导向问题。摒弃铜臭，正本清源，创作出更多更好的优秀作品引领市场，营造良好的市场环境正是我们日后努力的方向。

二要摒弃漂浮。当今社会有个通病，即浮躁。没有多少人肯静下心来读点书，想点问题。而我们的文艺工作者也缺乏应有的耐心，不脚踏实地，仿佛生活在真空，出书的只讲包装不重内容，拍戏的只讲票房，只要卖点随心所欲，以致雷剧不断，一股漂浮之风在文艺界盛行。人一不着地就像断线的风筝，心猿意马。社会浮躁，读者浮躁，作家艺术家也跟着浮躁，作品空洞无物，没有生命力。在全面推进依法治国的进程中，法治文学工作者必须摒弃这一陋习，脚踏实地，拥抱生活，潜心创作，真正写出有分量的作品来。

三要摒弃虚假。虚假之风盛行，是当今社会的另一个通病。一些文艺工作者不深入生活、不深入实际，听风就是雨，闭门造车，想入非非，弄虚作假，人家写什么跟着模仿什么，抄袭模仿，结果写出来的作品千篇一律，没有个性，没有特色，没有鲜明的人物形象。过去要不就是假大空，要不就是高大全，现在的一些作品又假又空，完全谈不上创作，基本是工业化生产，小说写作一个模式，影视生产一个套路，张三写出一个人来市场上说好，李四马上写出另一个人，把张三的人物换一套面具，毫无新意，一个比一个荒唐，一个比一个雷人，最终导致恶性循环，众人唾弃。新时期文艺工作者必须理直气壮摒弃这种虚假，不模仿，不跟风，不抄袭，求实求新，说真话，做实事，追求真善美，鞭挞假恶丑，让艺术回归到艺术，让作品真实地反映生活，真正为人民服务。

最后，潜心创作。

我国的法治文学创作曾经有过繁荣，出过不少精品，但近年来无论质量还是数量都有所下滑，精品不多。怎么提升？怎么突破？

笔者以为，一要讲好故事。小说也好，影视也好，先要有个好故事，作者先要讲好故事。看小说、看电影、看电视其实就是看故事，写小说、拍电影、拍电视剧其实就是讲故事给人听，可以说故事是小说、影视作品的主体，是作品的身体，没有故事就等于没有依赖于故事的小说、电视、电影，所谓的作品就不成其为作品。你无法想象抽掉故事还能存活的电影和小说。也许，没有故事还有文学，但没有故事绝对没有小说，没有影视。讲好故事是作家、艺术家最基本也是最重要的本钱。怎么讲好故事？首先要精心挑选、精心设计好故事。故事是生活中有的，精彩动人的故事生活中也有，但作为艺术作品里的故事就不完全是生活的照抄照搬，创作者必须首先挑选好故事，就如同建房子，故事不仅是基石，还是房子的框架，还是建筑房子的砖瓦石料、钢筋水泥。作家创作作品的过程就如同建筑师建筑房子的过程，码字就如同码砖。小说、影视作品的故事设计就如同房子的设计，当然，还不仅是设计，不仅要有图纸，故事设计好了还要实施，房子设计好了还要施工。试想，如果不精心设计好房子，不精心施工，何来漂亮的房子？同样的道理，不精心设计好故事，不把美妙的故事写出来，就不可能诞生好的小说和影视作品，这其实是个再简单不过的道理。

有人认为，法治文学的创作是不需要熟悉生活，不需要精心挑选、设计故事的，因为这类作品大多都会涉及案例，案例就是现成的故事，记录了那些故事性极强的案例就能成为法治文学，或者把某个案例搬出来就是作品。这其实是一种谬误。它完全扭曲了法治文学的真正含义，甚至诋毁、玷污了法治文学的圣洁。不错，许多法治文学作品取材于司法案例，但这并不代表其作品就是案例的记录，或者是案例的再现。如果没有艺术创作，不进行艺术加工，案例永远是案例，永远成不了作品。如果加工创作，案例再复杂、再曲折、再传奇还是一堆事例，无论涉及哪些方面，政治也好，经济也好，文化也好，也无论多么惊险，它始终是事例，离文学作品还非常遥远，对于真正意义上的法治文学来说，这一切都是素材，绝不能把素材等同于文学，绝不能把素材视为作品。

以我的长篇小说《迷失》为例，这部小说最近被公安部选入“公安文学名家名作系列”丛书，被誉为新中国成立以来公安文学长篇小说最高成就的作品之一。小说的故事来源就是同事给了我一本杀人犯的日记，一本小册子，日记写得很乱，记录了他本人不少肮脏的事情，非常零碎，很多内容不堪忍视，但非常真实。后来我就是以这个人为原型创作了小说《迷失》，我选择“文化大革命”后期到改革开放的今天这段特殊历史时期作为小说的时代背景，通过警察马东骥、犯罪嫌疑人“我”和市长等一批当年的知青不同命运的变化，反映了近四十年中国社会的变迁，人们思想的演变，法治建设的进步和成熟，在揭示人性的善恶美丑方面作了比较深刻的探索。

二要塑造好人物。人物和故事是不能分离的，故事是因为人而发生的，有人才会有故事，没人关于人类的故事就全无。事实上，故事和人物是糅合在一起的，密不可分。从文学的表述角度来看，人们更习惯把两者分开来说，对于一个作品，这是两个不同的构件，需要分开表述，需要从不同的角度加以把握。创作小说，故事需要精选，需要设计，而且要精心设计，而对于人物，小说和影视剧中的人物绝非生活中的人物，原生态的人不能机械地搬进小说和影视剧，那样构不成小说和电影、电视里的人物。生活中的人也不能等同于小说和影视剧里的人，作品中的人物需要塑造。成功的作品首先是人物塑造得成功，人物立不起来作品就立不起来，就算再精彩的故事也很难流传。人物是作品的脊椎，就如同房子的立柱、承重墙，没有立柱、承重墙，房子无法建起，建好了也会倒塌。

在法治文学领域，有这样一种观点，以为只要编织好一个精彩的故事就行了，法治文学作品可以以情节取胜，用不着在人物刻画上下功夫。这又是另一个谬误。不刻画人物，不塑造人物又有何艺术价值？又怎么谈得上成功？顶多是个好听的故事。把一个情节曲折的案子告诉人家那不是文学，还是案例再现。我们不能指责把案例呈现出来的做法，呈现案例、报道案例没有错，也是写作，它同样可以让人们警醒，同样有教化的作用，但它不完全是艺术，不是文学作品，它很难震撼心灵，要把它上升为艺术，提升为法治文学，就必须在精心设计好故事的同时潜心刻画人物，潜心塑造人物，让人们感觉故事淡忘了人物还在，还留在心里，这正是全面推进依法治国进程中法治文学所要做的事情。

还是以我的《迷失》为例：《迷失》以第一人称的形式介绍了一个死刑犯心灵迷失的过程。主人公“我”与刑警马东骥都出生在20世纪60年代初期，一来到这个世界就被深深打上了这个时代的烙印：“我”的父亲因为是国民党军官而被戴上了“牛鬼蛇神”的帽子，马东骥因为父亲被打成“右派”、母亲被打成“现行反革命”而成了“黑五类”狗崽子，他们的童年、少年受到了同样的待遇：被歧视、被侮辱、被伤害；他们被迫提早离开学校，提早下放农村，在广阔的天地里“大有作为”。他们原本同样的遭遇、同样的命运，但却有着截然不同的人生：“我”一开始就对人生完全失去信心而破罐子破摔，从知青点的小偷小摸到后来杀人抢劫什么都干，成了背负两条命案的杀人犯；而马东骥却从来不向命运低头，不懈努力，在当知青的时候就是优秀的知青，恢复高考后顺利考上大学，后来当了刑警，成了一名优秀的人民警察。应该说，小说里塑造出来的人物还是有血有肉的。

三要创新手法。手法也是技巧，应该说所有的文艺作品创作都是有技巧的，法治文学的创作同样有技巧，而且，其技巧还十分重要。如果不讲究技巧，即使精心设计好了故事，即使心中设计好了人物，你还是表达不出来，还是塑造不了真正的人物，作品还是苍白无力的。

创作的手法、技巧是个看不见摸不着的东西，常常是可以意会不可言传。每个人有每个人的技巧，每个人有每个人的方法，一百个作家没有一个是相同的。而每个时期又有每个时期创作的套路，创作的手法、技巧没有现成的东西可以照搬照抄，别人的方法或者技巧到你手里就不灵了，创作的技巧和方法只有不断地创新才有可能不断地创作出好的作品。

尽管如此，但这不等于说方法和技巧是不可以借鉴、不可以学习的。恰恰相反，一切经验都是可以学习、可以借鉴的，重要的是靠你自己领悟。创作需要积淀，只有不断地摸索、不断地探求、不断地创新才能形成自己的风格，才能真正掌握所谓的创作技巧或者手法。生活摆在那里，每个人都能感受，而作为作家仅仅感受是远远不够的。作家不是照相机，不是摄像头，不是简单地记录、模仿生活，记录和模仿出不了作品，必须提炼生活，必须创新手法。创新是创作法治文学的命脉，是写作的灵魂。法治文学要客观、准确地反映社会生活，借鉴、学习固有的创作方法固然重要，但更重要的是必须创新。创新是包括法治文学在内的一切文艺作品的生命。

习近平总书记在文艺座谈会上指出："文艺创作方法有一百条、一千条，但最根本、最关键、最牢靠的办法是扎根人民、扎根生活。应该用现实主义精神和浪漫主义情怀观照现实生活，用光明驱散黑暗，用美善战胜丑恶，让人们看到美好、看到希望、看到梦想就在前方。"

号角已经吹响，方向已经明确，让我们在全面推进依法治国的历史进程中，认真学习中央文艺座谈会的重要精神，深刻领会习近平总书记重要讲话的精神实质，振奋精神，励精图治，不断激发创作热情，开拓思路，深入生活，汲取营养，潜心创作，创新手段，抓住机遇，迎接挑战，努力创作出更多更好的法治文学作品，以实现法治文学的全面提升和突破，为我国依法治国的全面推进、为实现中华民族伟大复兴的"中国梦"添砖加瓦。

（作者系长沙市公安局治安支队纪委书记）

中华法治文章的历史功能与价值定位

陈鸿彝

摘　要　中华法治文章是中华礼法文明进程的追踪录像，可分为六大类。第一类，历代关于建制立法的典籍文章。第二类，为建制、立法、议刑而创作的政论、史论，含历代策论、章表、奏议之类文章。第三类，历代政法界人物的传记。第四类，历代政府制作的司法文书。第五类，历代各式陈情、驳议、申诉、声讨、弹劾、揭发之类的公私文翰。第六类，狱案题材的小说（含短篇、中篇、长篇小说）与戏剧（含参军戏、杂剧、南戏、花部、散曲、弹词等剧作）。中华法治文章对中华民族具有统合凝聚功能、辐射融会功能，是拒腐、抗害、复壮的有效武器，是社会正能量的强力表达。

关键词　法治文章　功能　价值

在我国制度文明史上，国家法统从未中断，历代志士仁人为建立礼法秩序一直在努力着，由此生成了海量的法治文章：包括讨论国家礼法制度、立法用刑的专题政论、史论；包括记录政法界司法执法典型事迹的人物传记；也包括实施国家法典、律令、仪轨所生成的各体司法文书，如诉状、详文、判词之类；还包括大量的以狱审和刑侦为素材的公案笔记、侦探小说、公案戏剧等。它们是历代社会变迁形态的即时聚焦，是中国社会法律实施实况的追踪录像，其所塑造的政法人物形象，是中华民族人物画廊中最光彩的一列。对它的宏观扫描和微观透析，有利于增进当代法治文学奏响主旋律、发挥正能量的艺术自觉。

一、法治文章：中华礼法文明进程的追踪录像

当文明曙光初照东方大地时，大河上下的华夏先民，不假借任何怪力乱神，就凭着自身的踏实奋斗，早早地跨入了农耕文明的时代。中华远古神话和传说，正是中华创世创业的历史进程的人格化、形象化演绎，从盘古氏女娲氏，到燧人氏伏羲氏，再到炎帝与黄帝，为华夏留下了改天换地、奋斗不止的精神种子。

距今四五千年之前，从尧舜到禹汤，私有制产生了，禅让制演变为王权制，社会生活中有了是与非的界划，有了罪与非罪的区分，先民懂得了维护个人和集体利益的必要，开始了建国立制的尝试，开始了惩治罪犯的活动，华夏社会步入了“有法时代”。远古甲骨卜辞与《易经》中关于防害御灾、刑狱惩处的卦词、爻词，便是中华法治文章的肇端和萌芽。

活动于公元前11世纪的西周政治家周公，一生制礼作乐，打造出以五礼—五禁—五刑为主干的礼法合治的文化体系。五礼（吉礼、凶礼、军礼、宾礼、嘉礼）在人生的起跑线上指导人，五禁（宫禁、官禁、国禁、野禁、军禁）在事业的进程中规范人，五刑（黥刑、劓刑、刖刑、宫刑、大辟）在事功的终点上审视人，从而把化民成俗、社会管理、国家治理三大任务全部纳入礼法合治的轨道。西周政权在政教分离的体制下，超越神治神断的普世法则，提出了慎狱恤刑、德主刑辅的治理方针，使国家以“诗礼之邦”的文明形象屹立于世界民族之林，也使中华法治文学的生成有了宽厚的依托。

公元前8—前3世纪为春秋战国的五百年，历经诸侯群邦的建

制、立法、称雄、竞优、磨合、兼并，终于缔造出了一个大一统的秦帝国。其间，涌现出一辈辈舍身求法的法治先行者、政治实践家，对他们的业绩，《春秋左传》《国语》《战国策》等历史著作，有脉络清晰的追踪记录，成为替政法界人物树碑立传的高水平起步。《尚书》的典谟训诰文章，《礼记》《仪礼》《周礼》对先秦礼法的精致论述，《诗经》中讴歌西周社会之礼法秩序的热情诗篇，让中华法治文章初放其璀璨光彩。

这一时期，诸子百家适应时代的需要，解答建制立法中提出的实践课题，或以“法先王”为旗帜，重视传统的治国理政经验的当代阐释，完成了中华大一统的法理论证；或以“法后王”相号召，专心于提升现实政治经验的理论锻造，拿出了大一统政权的顶层设计，草创了中华刑名体系。百家之文，没有一家是以风花雪月名世的，没有无病呻吟之作。这种论政议刑、建制立法的篇章，为法治文学在中华文坛上的显著地位奠定了不拔的根基。

秦人随着军事统一的推进，实现了中华全境的法令统一、行政统一、经济统一、文字统一，有《秦律》和《封诊式》垂世。其后的西汉，把吸收了百家优长的“儒术”定为一尊，从而建构了以伦理大义为支撑的中华法治体系，又以“引经决狱”为切入口，建构了中华法学的话语体系，实现了从漠北到岭南、从东海到西域之广袤国土的法律全覆盖；使大汉屹立于文明世界的最前列达四百年之久。两汉的政论疏直急切，直接干预、具体指导国家政刑，两汉史传文章求真求实，塑造了一批公允立法、公正司法、铁面执法的名吏、能吏形象，录下了这个伟大时代的法治最强音。即使在汉赋中、在汉乐府诗歌中，也不乏法治题材的精品，那也是大汉精、气、神的结晶，绝无蝇营狗苟之音夹杂于其间。一句话，两汉四百年的文坛，一直处于法治文章的主导下，弹奏着阳刚旋律。

到六朝时（公元3—6世纪），融入中原文化的各族各部，更从法典制作和法制实施上推进了中华民族的大融合。各族统治集团对汉家礼仪尤为倾心，每个皇帝登基都要请一批儒生来演习礼仪，订定法纪，由此迈入“汉化”（高度文明化）的大门。此时，不论入主中原的北方牧民如何强悍，形势如何动荡，也不论西天佛学如何渗透，都未能改变中华法治文章的价值取向。且不说在曹操、诸葛亮这样的政治家笔底，王衍、嵇康、范缜这样的思想家文中，陈寿、范晔这样的史传作者的手下，杜预、张斐这样的法学人士的专著中，就连葛洪这样的道家学者、王羲之这样的一方长官的著作中，也都留下了大批很有价值的法治文章。令人感到兴味的是，六朝美文对江山美、物象美、心灵美的发现与审美表达，向法治文章注入了“情”的元素，使理与法更顺畅地沁入人心，转化为人的气质、品性，正所谓相反而相成、共存而并进也。

公元6—9世纪的隋唐时期，中华法治文化在法理、法系、法典、仪轨、格式等各个领域以空前完备的形态呈现于世界，中华帝国又一次登上了文明世界的最高峰。大唐的强盛，力证了“中华法治文化”的巨大凝聚力、向心力、辐射力和持久性、兼容性、开放性。唐代三百年的法治生活，在正反两个方面都有特殊表现。贞观之治、开元—天宝盛世，一直以政局清平、文化昌盛闻名于世；《贞观政要》是其时的代表作。中唐发生的一次安史之乱，就使大唐登记人口从5600多万人下降到1600多万人，社会灾难之深重可想而知，政治秩序的败坏可想而知，唐代文坛对这种重创巨痛的反应与反思，值得探究。此时，涌现了一个个治国能手，于艰难竭蹶之中前行；其中的苦辣酸甜，转化为追求法治的名作，出现了一位又一位“大手笔”，陆贽奏议便是其中的杰出代表。此外，以狱审活动为内容的司法文牍的出现，以侦破、侠义为题材的唐人笔记、唐传奇的涌现，构成唐代法治文坛的新景观，很快成为“俗文学”的劲旅。应予以注意的是，唐代文坛，无论是在顺境中还是逆境中，作家们总是以阳光心态正面一切、筹划一切、评议一切，对其光明面有讴歌、有记录，但不谄媚、不浮夸；对实际存在的阴暗面不粉饰、不回避，但也不刻意渲染，而是积极应对，努力救治。在唐人的法治文章面前，什么厚黑哲学、黑幕文章，什么风花雪月、纸醉金迷，都没有立足之地。所谓“大唐气象”，离不开法治文章的支撑，否则是说不清楚的。

10—13 世纪，历史进入宋辽金时代，“四大发明”转化成了社会实体产业，涌现出开封、洛阳、扬州、苏州、杭州、泉州、广州、荆州、成都等一批大城市，人口达几十万甚至上百万人（欧洲中世纪的古代名城伦敦、汉堡、威尼斯等，都只有 2 万人口上下）。城市经济文化生活空前活跃，守法与违法的较量也就特别复杂，这就加大了侦查破案的难度，也为法治文学准备了更为丰厚的素材。宋人在狱审工作中，明确要求斗要察伤，盗要取赃，死要验尸，奸要捉双。这就强化了受理、审批、复查、洗冤、平反、甄别、追责的所有法定程序，细化了审理要求和检测手段，催生了刑侦、法医的专业知识与技能，促使各体司法文章走向规范严谨。相伴而生的宋代判词、案例的制作及公案笔记、公案话本的创作，也就蓬勃兴发起来，形成法治文章的“井喷时代”。宋人郑克编的《折狱龟鉴》、李昉等编撰的《太平广记 · 精察编》、真西山等人的《明公书判清明集》，还有《宋人轶事汇编》等，显然是狱案文章的聚珍之作。这类名著的接踵出现，向社会各层面灌输着守法意识，普及着刑侦狱审知识，推进了一代法治建设。由此看来，如果没有宋人法治建设的客观成就，很难设想粗犷强悍的辽金和后来的蒙元统治者，会认同中华法统，会自动地依循中华礼法来建国施政。宋代法治文章的功绩不容低估。

14 世纪前后的元人很开放。蒙元是整个中华法治文化发展进程中的一个重要的民族推手。元帝国实施多种文化并存的政治管理，推出了许多富有时代的、民族的特征的礼法举措，例如，狱案审理中的专职审议制、政府决策机制中的“圆署”制、多民族案件中的“约会”制、狱案侦审中的“问责”制、刑事案件的分级管理制及死刑的君主终审裁决制等，获得显著的法治文化进步，这是进入中亚—东欧的其他蒙古各部都未能实现的。在这个进程中，深明中原礼法的耶律楚材、许衡、姚枢、苏天爵等政法名流，都发出了自己的声音，名篇不绝，“元代名臣奏议”中就有。这些佳作，汇同元代杂剧、小令、散曲中的抨击时政的篇章一起，为那个时代留下了它的特有镜像。特别是元代“书会才人”与“勾栏艺人”联手创作了大量公案剧，作为剧中人物的清官，象征着官府的司法功能及民间的正义期待；从那些司法之神、护法之雄、法外之侠的理想人物身上，可以看到官方法律文化和民间法律意识的交合表现。通过透视复仇与正义、法与礼、据法与据礼的关系的解析，可以加深理解民间社会的法律情感与法律意识，探析公案戏剧的法律意蕴。

15—17 世纪的明朝，中国的社会生产力达到世界高峰，但社会财富的加速增值与集中，却为黑恶势力的泛化与攀升准备了温床，社会发案机制发生了惊人的改变，而明政府没有积极因应这一形势的能力，公然推行宦官政治下的特务统治，并恢复了肉刑，这就激化了社会矛盾，绷紧了社会神经，使社会秩序呈现出极端复杂而阴森的局面，刺激着明人的法治需求、精神需求，明代的案例与判词，对此就有集中而深刻的展示。特殊的是，明中后期文人的社会批判，开启了中国历史上迄今为止规模最大、最全面、最深刻的历史反思运动，兴起了文人集体干政的时代风潮，居民个体的权利，社会的公义与良知，渐渐成为时代的新思维、新要求，为中华礼法体制的全面更新提供了可能。它比西方 18 世纪的启蒙运动来得更早，产生了一批虎虎有生气的文化畸人，徐渭、王艮、李贽等人的战斗檄文便是其范本。在这里，判别是非的标准，论定罪与罚的准则，早已溢出固有的伦理原则、溢出国家成文法的法定框架。《水浒传》之公然为“群盗”立传，《西游记》之为“大闹天宫”唱赞歌，《儒林外史》把一个个社会精英拉来嘲讽，《金瓶梅》让市井生活成为精描细绘的对象，这都是周秦汉唐传统礼法秩序下匪夷所思的“文坛怪象”！在这种社会法纪生态下，公案小说、侦探小说的全面兴盛，“三言”、“二拍”、《今古奇观》的相继问世，一大批公案小说结集的涌现，如《百家公案》《龙图公案》《海刚峰公案》《新民公案》《详情公案》《详刑公案》《律条公案》《廉明公案》《诸司公案》《神明公案》《明镜公案》等，便昭示出明代法治文学的新景观。真正把公案小说这一通俗文学样式推向了它的鼎盛期。

其后的大清帝国之前中期（17—19 世纪），一方面全力扼杀明代已经出现的新机，大搞“文字狱”，严控学潮，泯灭汉人的民族民主意识；另一方面又全力推进中华传统礼法合治文化的集大成，使国家法理—法典—法制—禁令—仪轨彻底地伦理化。由于这个“集大成”，单就司法文书的制作而言，则达到了前所未有的规范化水平：文体上高度格式化，内容上要求与案件实情保持零距离，判罪量刑上要求与国家律条、成例做无缝对接，这可从清代历朝编纂的《刑案汇览》中看得分明。这样做，使清政府的有效施政落实到中华全境，北到黑龙江以北，西到伊犁河以西，都严格依《大清刑律》断案，而且必须及时“上详、题奏”，朝廷也一一受理，创历史上从未有过的有效司法的一统新局。清人蓝鼎元、于成龙、张船山、袁枚、端方、樊樊山等人所写的狱案笔记，长白浩歌子、俞樾、吴沃尧等人所写的侦探小说，可视为中国古代法治文学作品的巅峰会聚。一句话，清代的治国理政，集成有余而创新无力，迟滞了国家治理、社会管理、国民教化上应有的时代变革，故此时的法治文学，尽管写作手法上有所深化，但思想主题则很难说有多大的突破了。

值得注意的是，在清代统治集团全力扼杀明代已经出现的新机的同时，西方殖民者来了，西欧人以法国天主教会为先锋，借“中国人事件”为发端，向中华礼乐文化泼污水，以反祭孔、反敬祖为突破口，丑化、妖魔化中华礼法，企图截断中华礼法的文化脉络。他们把西欧人对“中世纪”的凄惨记忆无端地嫁接到三千年中国礼法文化身上，加以“封建”、“人治”的恶谥，企图以“全面西化”置换之。不过，中国固有的制度文化遗产是一个庞大的人文科学体系，不是轻易可以取代的，中国人自己在“中学为体、西学为用”的口号下开展了“变法改制”的艰苦努力，成功地阻击了原始资本及其后的自由资本与垄断资本毁我中华的毒计，使中国成为全球资本市场体制之外的一个硕果仅存的古文明之邦。对于这个大课题，需要学界作出新的探索、新的解答。

回顾中华法治文化史可知：（1）从西周到六朝，中华法治文化得以全面建构，伴随着仪轨、禁令、法典的完善，论及立法建制的政论篇章，记录执法护法、侦审破案的史传文章，是当时法治文章的主干。(2) 从唐宋到明清，中华法治文化得到了器质性的改造与更新，从发案、受理、侦审、上详、驳议，到批复、执行、甄别及误判追责，所有环节都程序化、法定化了，而各种司法应用文章也就得到了蓬勃的发展，历代司法文牍、公堂笔录、侦探小说、公案戏剧等，汇成了法治文化的浩浩长流；这是中华民族的精神富矿，其产量具有无比丰厚性，其品相具有世界唯一性，值得万分珍视。(3) 中国积累了法学、礼仪学、行政学、刑侦学、审讯学、法医学、狱政学、司法文书学等方面的丰厚知识，为法治作品提供了宽厚的知识底蕴，为培育法治人才提供了无尽的阳刚气禀，这是我们推进当代法治文学创作的底气。

二、中华法治文章的分类考察及其历史功能

中华法治文明为中华法治文章提供了必要的生态环境、优质的生成土壤。我们可以把它分为六大类予以考察。

第一类，历代关于建制立法的典籍文章。凡规范历代法制机构及其职能的典章文献，凡历代国家法典及其汇编，如《会要》《通典》《通志》等政法类书籍，是法治文章的根基。此类文章表达的是“法”自身的内在结构，通常被划在“文学作品”之外，但研究法治文学者却不能越过它，因为这是法文化的基本功。

第二类，为建制、立法、议刑而创作的政论、史论，含历代策论、章表、奏议之类文章。尤其是呼吁变法更化、除奸去伪的文章，讨论肉刑废置、血亲复仇的文章，其中的佳作名篇，往往创作于风口浪尖，诞生于危急关头；其表达简练明确，站得高，望得远，说得透，时局针对性强。“国家不幸诗家幸”，当法治秩序呈现复杂局面甚至危机扑面而来时，追求法治的文章恰恰能焕发出异彩。

第三类，历代政法界人物的传记。历代志士仁人之舍身求法、辩证论法、平允立法、公道司法、铁面执法、强力护法、应时变法，凡以其典型事迹为题材的纪传、碑铭、记叙、序录等各式记人记事之文，均在法治文章的考察范围之内。历史人物画廊中的良吏

清官，其功业、其品能，最能体现我中华民族的刚性灵魂、英烈气概。否定他们，把他们边缘化，必然会矮化我们的民族形象。

第四类，历代政府制作的司法文书。我国司法文章遗产之丰厚性，举世无双。唐宋以来，历代狱案在其发生、报案、受理、侦缉、审讯、上报、批复、判决、处置、执行、追责过程中制作的各种司法文牍，早已汇成了引人瞩目的长波巨澜，反映着不同时代的社会生态，折射着不同时代的官与民的法纪生活，刻录着历代中国人艰难奋进的真实足迹，是中国社会持续存在、持续发展的贴切记录，漂亮的司法文书是“法律中的文学”，但它容不得虚构、戏说、夸张、曲解，故具有最典型、最真实的原创性文献典籍意义。

第五类，历代各式陈情、驳议、申诉、声讨、弹劾、揭发之类的公私文翰。这类文章是社会正义的凝聚品，具有强烈的情感色彩，有鲜明的是非观，对现实社情具有冲击力，对受众有征服力、号召力、动员力，对弱者、受害者也是一种精神补偿。例如，东汉抨击“党锢之祸”的文章，唐代反对重用酷吏的文章，宋代抗议官家屈辱求和、自甘偏安的文章，明代声讨宦官政治与特务统治的文章，都是血性文章，最能反映志士仁人的疾恶刚肠和爱国救民情怀。要论审美效应，无出其右者，是“法律中的文学”的优选。

第六类，狱案题材的小说（含短篇、中篇、长篇小说）与戏剧（含参军戏、杂剧、南戏、花部、散曲、弹词等剧作）。这类文学作品是呼唤社会正义、唤醒弱势群体的有效方式；其创作手法、行文技巧对今人的创作有直接的借鉴意义。当然，这类“文学中的法律”作品，往往把法律寄寓在文化景观、人物形象、法治生态之中，意在反映一代法纪生活的社会效应，从正义战胜邪恶者身上收获对于智慧、勇敢、崇高的审美愉悦。对此，文学界、文艺评论界已有大量研究成果，兹不赘述。

这么丰富多样的中华法治文章，具有强大的社会功能。长期以来，人们把对文学作品研究的主要注意力都集中在所谓“审美鉴赏”上，忽略了对文章的社会功能、社会效应的真切体认。然而，中国文章界、文学界的创作，又历来是“为时、为事、为民”而作的；就连纯文学的“诗”，也是以“唯歌生民病”为主臬的。法治文章、法治文学的研究者们，当然要破除那个“唯艺术”的魔障，把注意力集中到对历代法治文章的社会功能的体认上来，同时兼顾它的审美品鉴，这才能给它以准确的价值定位。在笔者看来，至少可从下述四个方面人手作评议：

(一) 中华法治文章对中华民族有统合凝聚功能

诸子以来，中华的大一统始终是历代法治文章的共同主题，从未偏离过。在中华大地上，任何地方势力，任何分裂割据力量，都被全民自动地排斥在政治合法性之外，谁都没有、也不能超越中华法治的制导而实现自己的合法性统治；也从无鼓吹分裂、鼓吹割据的政法文章能得到全体国民的认可。这是中华法治文章的一条思想红线。

(二) 中华法治文章具有辐射融会功能

历史上，中原周边的少数民族，从进入文明史开始，就在接受中原礼法制度的辐射与熏陶；而若能进入中原主政，便努力融入中华礼法文化体系，苻秦、元魏、北齐、北周与后来的辽、金、元、清，都起了实实在在的向心推手作用。由此生成的法治文章，体现出内容的丰富性和宏阔气概。故中华文明从未被外来异质文化（例如，南亚传来的佛教文化）取代过、置换过，从未发生过西罗马那样的惨祸：一场“北蛮入侵”就倒退到旧石器时代了。中华文明的从未中断，说到底是中华法治的从未中断，是中华各族共同推进的结果。

(三) 中华法治文章是拒腐、抗害、复壮的有效武器

历史上，我国曾反复遭遇过全局性的天灾人祸，分裂动荡，有的长达几十年、上百年，但不仅没有被削弱，反而更显其持久力、融会力。中国的法治文章，一直以其阳刚旋律振奋着人心，支撑着民族意志，持续地发挥其拒腐、抗害、复壮的功能。有这样的功能，再大的坎儿也能迈过去，我们的民族充满信心。

(四) 中华法治文章是社会正能量的强力表达

在中国法治文坛上，特别注重严肃主题的庄重表达，所谓厚黑

之学、靡靡之音、黑幕文章及各色奢谈戏说，从未合法地占据过主流地位。在最讲阳刚之气的中华法治文章中，一直是在伸张正义而展示着天下一家、四海兄弟的博大情怀，没有对穷兵黩武、种族屠杀的张扬。当人类步入新世纪、缔造新的国际秩序的时候，更应该弘扬这种精神。

今天，摆在我们面前的任务，就是要以简明的语言来叙述中华礼法合治的全部历程，勾勒其历史镜像，揭示其文化特色，归纳其历史功能，阐发其审美效应。我们希望：通过这样的努力，可以增进我们的民族自尊和法理自信，走一条自己的法治道路，从而有益于推进世界的和谐共建。

（作者系中国人民公安大学教授）

中国古代的象刑制度和当代法治社会建设

黄震云

摘　要　通过对仰韶时期的陶文图案和传世文献的梳理，我们发现，在六千年前，我国已经广泛采用象刑制度，西周时期相对完备，至今一脉不断。我们需要从法理上认可其存在，进一步发挥道德作用，增强法律的价值功能，在法务上实现司法民主，推动法治社会的建设。

关键词　象刑制度　现代价值

象刑制度是我国上古时期创建的刑法手段，也是人类最早的刑法方式之一。千百年来，历经千变万化，但仍一脉不断，说明其治国理政的价值一直存在。我们认为，在当代法治社会建设的过程中，象刑依然具有现代价值，值得我们发掘研究。

一、关于象刑的研究

象刑产生的时代还没有文字，因此关于象刑的资料主要是后代稽古的结果，常常是三言两语，显得十分简略，有的甚至语焉不详，因此真伪难辨，长期以来一直存有争议。李衡梅在《“象刑”辨——兼与唐兰、程武同志商榷》中指出：“象刑一语最早见于《尚书》：‘象以典刑’（《尧典》）、‘皋陶方祇厥叙，方施象刑惟明’（《皋陶谟》），一共就16个字。近几年来，由于考古新发现，引起了人们的重新研究、解释象刑的兴趣。例如，唐兰《陕西省岐山县董家村新出土西周重要铜器铭辞的译文和注释》中认为，象刑是战国以后人上了儒家的唯心主义的胡说的当，把唐虞时代的象刑当成刑法。文章对此进行了全面反驳，认为象刑确实存在。但是，象刑究竟是什么时代产生的，具体的情形是什么？还是无从说起。”① 张海峰在《“象刑”辨疑》② 中认为，象刑是象征性刑罚，还是公布刑罚的图像，难以确定。估计不应该是象征性的，推测是通过公布刑罚的图像威胁普通百姓的一种方式。王小健在《论象刑》③ 中根据马克思主义关于原始社会的学说和考古学及文献资料试图证明，中国处于原始氏族社会晚期的尧舜时代有过以不戕害肉体为特点，以“画衣冠异章服”为形式，“耻辱其形象”为目的的象刑。中国在几千年的阶级社会中，作为象刑遗存的诸多惩罚方式一直存在。象刑绝非古人所杜撰，说象刑出于后人的虚构和编造是缺乏根据的。象刑是效法、模仿肉刑、死刑的一种刑罚。相关的还有吴荣曾在《试论先秦刑罚规范中所保留的氏族制残余》④ 中认为，我国从原始社会进入阶级社会，有了国家以后，诸如血族复仇、发替、神判、象刑等旧习惯，依然有所保留，不过其性质、作用都和原来不同，已转化为法律的一个部分。两篇文章都认为，象刑是习惯法。尤韶华在《历经两千五百年争议的中国最早刑制——中国传统司法原则的渊源》⑤ 中对历来象刑的研究进行了归纳分

① 《社会科学战线》1985年第1期。

② 《西南政法大学学报》2010年第3期。

③ 《吉林大学学报》1998年第1期。

④ 《中国社会科学》1984年第3期。

⑤ 中国法学网2014年2月25日。

析，也在一定程度上表明了他的看法，引用《荀子》有关资料，认为画像说是乱世妄说。刑罚的宗旨，是遏制残暴和罪恶，以儆戒将来。杀人者不死，伤人者不刑，是纵容残暴，而非遏制罪恶。文章还列举了汉代班固，宋人林之奇、夏僎的观点，说明象刑是读舜典而误。当代关于象刑的争论并没有出现有说服力的结论，原因很简单，还是在重复分析现有的相关资料。总之，象刑的有无争论没有结果，多数人倾向于不存在。

二、中国象刑的产生时代和目的方式

陈寿《三国志》裴松之注引《曹瞒传》曰："常出军，行经麦中，令'士卒无败麦，犯者死'。骑士皆下马，付麦以相持，于是太祖马腾入麦中，敕主簿议罪；主簿对以春秋之义，罚不加于尊。太祖曰：'制法而自犯之，何以帅下？然孤为军帅，不可自杀，请自刑。因援剑割发以置地。"① 曹操割发代首的处置方式就是象刑，只是在曹操时代已经没有这一律条，主簿依据春秋之义，罚不加尊。不加是免除。曹操要取信于将士和天下，割发代首，自然不会游戏为之，应该有法理法律依据。那么，割发代首的依据是什么呢？考《左传》有这样一条资料说：

执莒公子务娄，以其通楚使也。将执戎子驹支。范宣子亲数诸朝，曰："来！姜戎氏！昔秦人迫逐乃祖吾离于瓜州，乃祖吾离被苫盖，蒙荆棘，以来归我先君。我先君惠公有不腆之田，与女剖分而食之。今诸侯之事我寡君不知昔者，盖言语漏泄，则职女之由。诘朝之事，尔无与焉！与将执女！"对曰："昔秦人负恃其众，贪于土地，逐我诸戎。惠公蠲其大德，谓我诸戎，是四岳之裔胄也，毋是翦弃。赐我南鄙之田，狐狸所居，豺狼所嗥。我诸戎除翦其荆棘，驱其狐狸豺狼，以为先君不侵不叛之臣，至于今不贰。"②

---

① （晋）陈寿：《三国志》卷一，中华书局，1982年7月，第54~55页。

② （唐）孔颖达疏：《春秋左传正义》卷三十二，上海古籍出版社，1997年，第1955~1956页。

上引材料见《左传》襄公十四年。晋惠公（？—前637年）时代，也就是春秋初期，秦人追逐姜戎氏吾离于瓜州，姜戎氏战败灭国，首领吾离被苫盖，蒙荆棘。按照常理，被苫盖就是泥土掩埋，在上面栽种荆棘，按理吾离应该是死了。但事实上没有，吾离投奔晋国去了，晋惠公体恤分田，安顿了吾离。那么，被苫盖，蒙荆棘显然是宣告对方战败的惩戒仪式，只是象征性的，即象刑。复考《汉书》卷八十四说：

莽尽坏义第宅，污池之。发父方进及先祖冢在汝南者，烧其棺柩，夷灭三族，诛及种嗣，至皆同坑，以棘五毒并葬之。而下诏曰："盖闻古者伐不敬，取其鲸鲵，筑武军，封以为大戮，于是乎有京观，以惩淫慝。乃者反虏刘信、翟义悖逆作乱于东，而芒竹群盗赵明、霍鸿造逆西土，遣武将征讨，咸伏其辜。惟信、义等始发自濮阳，结奸无盐，殄灭于圉。赵明依阻槐里环堤，霍鸿负倚盩厔芒竹，咸用破碎，亡有余类。其取反虏逆贼之鲸鲵，聚之通路之旁，濮阳、无盐、圉、槐里、盩厔凡五所，各方六丈，高六尺，筑为武军，封以为大戮，荐树之棘。建表木，高丈六尺。书曰'反虏逆贼鲸鲵，'在所长吏常以秋循行，勿令坏败，以惩淫慝焉。"①

根据《汉书》的记载，古代伐不敬的处置方式是：打败了"反贼"以后，在通路之旁，建立鲸鲵。"鲸鲵"的方式是封，也就是将象征"逆贼"（诸侯）身份的鲸鲵盖上土，上面树以荆棘，建立表木，木上书字"反虏逆贼鲸鲵"，表示震慑。比起《左传》的材料，《汉书》的记载更为详细清晰，而封鲸鲵的方式在西汉时期依然存在，东汉则未闻，所以曹操割发代首时就没有现实的法律依据，但符合传统的刑罚方式。又考《左传》宣公十二年丙辰说：

楚子曰："……古者明王伐不敬，取其鲸鲵而封之，以为大戮，于是乎有京观，以惩淫慝。今罪无所，而民皆尽忠以死君命，又可以为京观乎？"祀于河，作先君宫，告成事而还。古是役也，郑石

① （汉）班固撰，（唐）颜师古注：《汉书》卷八十四，中华书局，1962年，第3439页。

制实入楚师，将以分郑而立公子鱼臣。辛未，郑杀仆叔子服。君子曰："史佚所谓毋怙乱者，谓是类也。《诗》曰：'乱离瘼矣，爰其适归？'归于怙乱者也夫。"①

根据《左传》的记载，我们知道，封鲸鲵就是象刑。楚国战胜晋国以后，按照当时的惯例，要收集晋军的尸体堆积起来，上面封上土，叫作京观，以耀武扬威，炫耀子孙。但是，楚重不愿意，认为不能靠杀戮来取信诸侯；并以周武王为例，说明武的目的是体现懿德，古代的君王只是把诸侯的象征物鲸鲵埋封，那就是大戮了。鲸鲵就是鲸和鲵。杜预注："鲸鲵，大鱼名，以喻不义之人吞食小国。"② 雄曰鲸，雌曰鲵。《四库全书》本《帝范》的序云："敌无大而不摧，兵何坚而不碎，剪长鲸而清四海，扫枪廓八纮。"贾行注曰："剪，削也，削尽凶毒，清净四海……海，晦也，取荒远冥昧之称也。鲸，大鱼也"。又汉代李陵《答苏武书》说："妻子无辜，并为鲸鲵。"③

由此看来，封鲸鲵的方式自古以来一直存在，到西汉仍在适用。《尔雅·释地》说："九夷、八狄、七戎、六蛮，谓之四海。预览三十六引舍人云晦暝无识，不可教诲，故曰四海……皆言近于海也。"④ 天子富有四海，也就是四方，而诸侯或部落只有自己的一块属地，鲸鲵为鱼之大者，就成为他们的象征。东汉时应劭在其《风俗通》中说："帝者任德设刑，以则像之，言其能行天道。"⑤ 这应该是象刑的法理。

---

① （唐）孔颖达疏：《春秋左传正义》卷二十三，上海古籍出版社，1997 年，第 1882 ~ 1883 页。

② （唐）孔颖达疏：《春秋左传正义》卷二十三，上海古籍出版社，1997 年，第 1883 页。

③ （梁）萧统：《文选》，上海古籍出版社，1986 年，第 1848 页。

④ （晋）郭璞注，（宋）邢昺疏：《尔雅注疏》卷十五，上海古籍出版社，1997 年，第 2616 页。

⑤ 王利器：《〈风俗通义〉校注》，中华书局，1981 年，第 10 页。

三、仰韶、马家窑彩陶画象刑及其法理

那么，封鲸鲵是什么样子，又是从什么时候开始的呢？出土文献为我们提供了实证。1954 年到 1957 年，半坡遗址发掘中发现了 7 件绘有人面纹的陶器，2 件较为完整，最著名的是人面鱼纹盆，高 16.5 厘米，口径 39.5 厘米，在陶盆内壁，绘有对称的两个人面和两条鱼纹，因此得名，如下图所示，现藏于中国国家博物馆，①

鲸鲵（半坡“人面鱼纹盆”） 鲵（“人面鲵鱼彩陶瓶”，现存甘肃省博物馆）

“人面鱼纹盆”是发现时的命名，一直沿用至今，内涵定义为捕鱼，那么盆内的线条也就认定为渔网。之后陆续有人提出不同的看法，有装饰艺术、阴阳符号、天象历法、太阳崇拜、部落图腾、权力象征、氏族通婚②等 30 多种说法。为什么会出现那么多的判断，原因是先前的解释大家都不服气，不服气的根本理由是命名都出自猜

① 巩启明：《仰韶文化》，文物出版社，2002 年，第 201 页图 26。

② 陆思贤：《神话考古》，文物出版社，1995 年，第 121～125 页、第 165 页。陆思贤、李迪：《天文考古通论》，紫禁城出版社，2000 年，第 70～71 页。陈久金：《阴阳五行八卦起源新说》，《自然科学史研究》第 5 卷第 2 期，1986 年。

测，没有文献印证，因此这些论述不过相当于竞猜行为。半坡出土的人头鱼图像其实不是孤证，1957 年 10 月，甘肃马家窑也出土了一个人面鱼身的瓶子，高 38.4 厘米，口径 7 厘米，器身黑，彩绘鲵鱼纹，头似人面，鱼身细长。鲵鱼纹是马家窑文化石岭下类型彩陶最具特色的纹饰。国家文物局专家考察后认为，这是中国远古神话中人类始祖伏羲的原形。1996 年 9 月，经国家文物局鉴定，认为人面鲵鱼彩陶瓶为国家一级甲等文物，其图案是传说中龙的形象，是原始龙的雏形，是世界公认的原始氏族部落最早的图腾，堪称“中华第一龙”。① 天水有伏羲庙，传说伏羲出生在天水，因此，将瓶子上的花纹对号伏羲，这是一种直接的思维，应该没有什么不妥。但把鱼纹看成是伏羲，没有根据，伏羲为人首蛇身，不是鲵首鱼身（鲸鲵）。因此，无论是半坡的人首鱼身盆，还是鲵首鱼身瓶，其真实的名称就是鲸鲵，是诸侯的标志或者说权力地位的象征。仰韶时期的鱼纹盆为一鲸一鲵，马家窑则为鲵，也就是说，鲵瓶出土的地点天水曾经是西部文化中心，首领是位女性，和郡国关系和谐。

三国时代曹冏写了一篇叫作《六代论》的文章谈到汉代中央政府和地方诸侯关系时说：“至于孝景，猥用晁错之计，削黜诸侯，亲者怨恨，疏者震恐，吴、楚倡谋，五国从风。兆发高帝，衅锺文、景，由宽之过制，急之不渐故也。所谓末大必折，尾大难掉。尾同于体，犹或不从，况乎非体之尾，其可掉哉？……悲夫！魏太祖武皇帝躬圣明之资，兼神武之略，耻王纲之废绝，愍汉室之倾覆，龙飞谯、沛，凤翔兖、豫，扫除凶逆，翦灭鲸鲵，迎帝西京，定都颍邑，德动天地，义感人神。汉氏奉天，禅位大魏。”②

曹冏的文章论述汉朝征服诸侯的事情，他在分析诸侯（鲸鲵）

---

① 谢诚：《华夏文明的曙光》，《人民日报·海外版》2003 年 3 月 24 日第 8 版。

② （清）严可均：《全上古三代汉魏六朝文》，上海古籍出版社，2009 年，第 448 页。

的状态时说："尾同于体，犹或不从"，也就是说，首尾一体相连本表示服从，但在乱世出现复杂的情形。由此对照甘肃天水马家窑彩绘鲵瓶，正是尾同于体的形态，就是把鱼尾和鱼头相连，烧制这种形状异常的图案，表示诸侯与天子同心同德，这就是马家窑文化鲵瓶的真实含义。而仰韶文化时期的鱼纹盆，鲸鲵的首尾断开，尾巴比较大，即尾大不掉，显然是被封的对象了。核之相关的考古报告，出土时双鱼盆被反扣，这考古发现对象刑在细节上又做了一点补充。根据考古分析，仰韶文化和马家窑文化距今皆有五六千年，显然在传说的神农氏时代封鲸鲵的象刑制度就已经存在。

仰韶文化时期的描绘在盆瓶上的鲸鲵图案，也不仅仅上列两图，甘肃庆阳博物馆也有鲸鲵瓶发现，目前东部地区还没有见到。

四、上古象刑的流传和评价

根据《汉书》的记载，西汉初年曾经封鲸鲵五处，但是人们常常关注的象刑不是封鲸鲵，而是画衣冠异章服以为戮的治民方式。《全汉文》卷二汉文帝《除肉刑诏》（十三年五月）：

制诏御史：盖闻有虞氏之时，画衣冠异章服以为戮，而民弗犯，何治之至也？今法有肉刑三，而奸不止，其咎安在？非乃朕德之薄而教不明与？吾甚自愧。①

汉武帝《诏贤良》（元光元年五月）：

朕闻昔在唐虞，画象而民不犯，日月所烛，莫不率俾。周之成康，刑错不用，德及鸟兽，教通四海；海外肃慎，北发渠搜、氐羌徕服。②

汉武帝《元光五年策贤良制》：

盖闻上古至治，画衣冠，异章服而民不犯；阴阳和，五谷登，

---

① （清）严可均：《全上古三代汉魏六朝文》，上海古籍出版社，2009 年，第 133 页。

② （清）严可均：《全上古三代汉魏六朝文》，上海古籍出版社，2009 年，第 140 页。

六畜蕃，甘露降，风雨时，嘉禾兴，朱草生，山不童，泽不涸；麟凤在郊薮，龟龙游于沼，河洛出图书；父不丧子，兄不哭弟；北发渠搜，南抚交阯，舟车所至，人迹所及，跂行喙息，咸得其宜。朕甚嘉之。今何道而臻乎此?①

我们看到，一方面汉代封鲸鲵，另一方面画衣冠异章服，但是文献中论述古代象刑制度时不及封鲸鲵，似乎封鲸鲵作为象刑刑制被集体遗忘。抑或因此，后代出现了法起于兵、法起于礼的争论，更有象刑是否存在的争论。《荀子·正论》说："世俗之为说者曰：'治古无肉刑而有象刑。墨黥、澡婴，共艾毕；菲，对屦；杀，储赭衣而不纯。治古如是'。是不然，以为治邪？则人固莫触罪，非独不用肉刑，亦不用象刑矣；以为人或触罪央，而直轻其刑，然则是杀人者不死，伤人者不刑也。罪至重而刑至轻，庸人不知恶矣，乱莫大焉。"② 王先谦注说："古之治世也……象刑，异章服，耻辱其形象，故谓之象刑也。"将象刑只解释为形象刑。其实礼乐征伐自天子出，用兵是依礼用兵，都是治国的规范和制度，所以《左传》有礼乐征伐自天子出之言，孔子说天下有道，礼乐征伐自天子出；天下无道，礼乐征伐自诸侯出。东周王室式微，天子权威到汉代才重建，因此长期以来，天子之德（封鲸鲵）不作话题也就不足为怪。很显然，封鲸鲵和画衣冠、异章服是象刑的两个方面，前者为治理国家的象刑制度，后者为治理民众的象刑制度，合起来就是古代的象刑制度。司马迁在《史记·五帝本纪》中说："南抚交阯、北发；西戎、析枝、渠庾、氐、羌；北山戎、发、息慎；东长、鸟夷。四海之内，咸戴帝舜之功。"③《史记》的记载和汉代文武二帝的诏策有一个大致的倾向，即象刑是虞舜治国的成功经验，应该是虞舜时代的象刑比较系统完备，但生成很早。由于虞舜时代

① （清）严可均：《全上古三代汉魏六朝文》，上海古籍出版社，2009年，第139页。

② （清）王先谦：《荀子集解》，中华书局，1988年，第326～328页。

③ （汉）司马迁：《史记》，中华书局，1982年，第43页。

没有文字，历时弥远，所以具体情况也不清楚。

根据史料记载，东汉以后封鲸鲵制度消失，成为文学作品中带有记忆性质的典实，但堆聚京观依然存在。南北朝时南宋孝武帝大明三年（439年），竟陵王刘诞在广陵起兵反叛朝廷。孝武帝以始兴王沈庆之为车骑大将军，带兵讨伐刘诞。沈庆之“率众攻城，身先士卒，亲犯矢石”，数月后终于攻克广陵，刘诞兵败被诛杀。孝武帝在平定刘诞反叛后，下令把广陵城中士民，无论大小“悉命杀之”。经沈庆之请求，五尺以下获免，其余男子皆死，而女子则赏给军人为妻妾或婢女。最后被处死的仍有三千多人，负责行刑的校尉宗越首先把这三千多人“刳肠抉眼，或笞面鞭腹，苦酒灌肠，然后斩之”。孝武帝把杀掉的三千多人“聚其首于石头南岸为京观”。①

又《资治通鉴》卷一八五载：

唐高祖武德元年（618年），薛举进逼高墌，秦王李世民带领唐兵迎击，适逢李世民患上疟疾，不能指挥作战，便吩咐行军长史刘文静、司马殷开山：“薛举悬军深入，食少兵疾，若来挑战，慎勿应也。”但刘、殷二人不听劝告，私下“恃众而不设备”并和薛举军队战于浅水原，结果唐兵“八总管皆败，士卒死亡什五六”。李世民被迫退回长安，薛举“遂拔高墌，收唐兵死者为京观”。②

又《旧唐书》卷一九也载：

唐中和三年（883年）三月，“沙陀军与贼将（指唐末农民起义军将领）赵章、尚让战于成店，贼军大败，适奔至良天坡，横死三十里，王重荣筑尸为京观”。③

看了以上记载，我们对古代的京观应该有了大致的了解。“京

---

① （宋）司马光著，（元）胡三省音注：《资治通鉴》卷一百二十九，中华书局，1956年，第4048页。

② （宋）司马光著，（元）胡三省音注：《资治通鉴》卷一百八十五，中华书局，1956年，第5800~5801页。

③ （后晋）刘昫等撰：《旧唐书》卷十九下，中华书局，1975年，第714页。

观”一词，最早见于《左传·宣公十二年》：潘党曰：“君盍筑武军而收晋尸，以为京观”。[①] 杜预注曰：“积尸封土其上，谓之京观。”[②]

《资治通鉴·晋愍帝建兴元年》有“扫除鲸鲵，奉迎梓宫”句。[③] 唐卢纶《奉陪浑侍中上巳日泛渭河》诗：“舟檝方朝海，鲸鲵自曝腮。”明李梦阳《鄱阳湖十六韵》诗：“力屈鲸鲵仆，声回雁鹜呼。”太平天国洪仁玕《诛妖檄文》：“雍正、乾隆以下，奸奴和珅揽权，卖官鬻爵，荼毒等于鲸鲵。”康有为《遣人入北寻幼博墓携骸南归》诗：“鲸鲵横波斜日曛，誓起义师救圣君。”亦都提到鲸鲵，但是显然东汉以后京观只是作为一个典故和意象来使用。

至于治民之象刑，汉代应劭《风俗通义》说：“《周礼》：‘三王始作狱。’夏曰夏台，言不害人，若游观之台，桀拘汤是也。殷曰羑里，言不害人，若于闾里，纣拘文王是也。周曰囹圄，囹、令，圄、举也，言令人幽闭思愆，改恶为善，因原之也。今县官录囚，皆言举也。”[④] 又《周礼·秋官·司圜》说：“掌收教罢民，凡害人者弗使冠饰而加明刑焉，任之以事而收教之。”[⑤] 郑玄注：“弗使冠饰者，着墨幪，若古之象刑。”按照郑玄的观点，象刑在西周时期已经不传了。

《礼记·玉藻》说：“缟冠素纰，既祥之冠也；垂緌五寸，惰游之士也；玄冠缟武，不齿之服也。”[⑥] 玄冠缟武是指懒惰失业的人的服装，带有羞辱之义。不齿则是被抛弃的对象，说明象刑之风

① （唐）孔颖达疏：《春秋左传正义》卷二十三，上海古籍出版社，1997年，第1882～1883页。

② （唐）孔颖达疏：《春秋左传正义》卷二十三，上海古籍出版社，1997年，第1883页。

③ （宋）司马光著，（元）胡三省音注：《资治通鉴》卷八十八，中华书局，1956年，第2799页。

④ 王利器：《〈风俗通义〉校注》，中华书局，1981年，第585页。

⑤ 《周礼》卷三十六，中华书局，1998年，第231页。

⑥ （清）陈澔注：《礼记》，上海古籍出版社，1987年，第168页。

在西周依然作为一种制度存在。此外，还有周代的髡刑制度，即以发代首。《周礼·秋官·掌戮》说："髡者使守积。"[①] 髡首是刑罚的一种，其身份必须是王之同族，等级次于宫刑，说明髡刑与孝悌思维有关。战国时代的屈原《涉江》说到楚国的接舆，也曾被髡首。又《晋书·陈寿传》说："寿父为马谡参军，谡为诸葛亮所诛，寿父亦坐被髡"。[②] 《三国志》作者陈寿的父亲因马谡受了牵连，受了髡刑。髡刑是不是象刑的一种无从得知，但无疑体现了象刑的法治精神。《周礼·秋官·大司寇》称："凡害人者，置之圜土而施职事焉，以明刑耻之。"[③] 对于过失犯罪的人适用象刑，将其犯罪刑名写在板上挂在背后，促其悔过。"正月之吉，始和，布刑于邦国都鄙，乃县刑象之法于象魏，使万民观刑象。"[④] 正月朔日布五刑于天下，正岁还通过布宪方式再次昭告，县刑象就是悬挂图画刑罚方式，类似于普法。由此我们看出，周代的象刑制度相当完备，既有整体的昭告宣传，也有具体的区分，如对过失犯罪和王室成员的犯罪就采取象刑的方式。这样看来，和上古的象征警示、尧舜羞辱方式的目的意义上明显发生了一些变化，带有一定的特权意味。班固《白虎通》曾经详细解释象刑是在衣服上体现五刑：犯墨者蒙巾，犯劓者赭著其衣，犯髌者以墨蒙其髌，犯宫者扉，大辟者布衣无领，应该指的是尧舜时代。

根据以上的论述我们可以看出，象刑制度是我国最早的法治手段，约在六千年前的仰韶文化时期就已经出现了，鲸鲵、京观是常见的方式，主要是为了体现仁慈懿德的治国思想。到了尧舜时代，为了加强道德建设，按照当时的公序良俗，加入羞辱的成分。周代最为完备。之后，随着礼崩乐坏，逐步衰微，三国以后法律法规中只保存了部分象刑的成分，但并没有完全消失。总之，上古以来，

① 《周礼》卷三十六，中华书局，1998 年，第 232 页。
② 《晋书》卷八十二，上海古籍出版社，1998 年，第 1494 页。
③ 《周礼》卷三十四，中华书局，1998 年，第 219 页。
④ 《周礼》卷三十四，中华书局，1998 年，第 219 页。

德刑一体的行政思维前提下的象刑制度历史悠久，对于犯人改造、制止犯罪、社会安定起到了积极的作用。

五、象刑制度和当代法治社会建设

法治中国已成为我国根本性的治国方略。1997 年党的十五大以来，党中央提出和确立了“依法治国”、“依法执政”和“依法行政”的治国理政原则，还明确了“法治国家”、“法治政府”和“法治社会”的法治建设目标。2012 年 11 月 8 日，党的十八大报告明确要求，“提高领导干部运用法治思维和法治方式深化改革、推动发展、化解矛盾、维护稳定能力”。2013 年 11 月，十八届三中全会通过的《决定》，将“推进法治中国建设”确立为我国新时期法治建设的新目标和全面深化改革的重大内容。新华社 2014 年 10 月 14 日电：中共中央政治局 10 月 13 日下午就我国历史上的国家治理进行第十八次集体学习。习近平总书记在主持学习时发表了讲话。他强调：历史是最好的老师。在漫长的历史进程中，中华民族创造了独树一帜的灿烂文化，积累了丰富的治国理政经验，其中既包括升平之世社会发展进步的成功经验，也有衰乱之世社会动荡的深刻教训。我国古代主张民惟邦本、政得其民，礼法合治、德主刑辅，为政之要莫先于得人、治国先治吏，为政以德、正己修身，居安思危、改易更化，等等，这些都能给人们以重要启示。治理国家和社会，今天遇到的很多事情都可以从历史中找到影子，历史上发生过的很多事情也都可以作为今天的镜鉴。中国的今天是从中国的昨天和前天发展而来的。要治理好今天的中国，需要对我国历史和传统文化有深入了解，也需要对我国古代治国理政的探索和智慧进行积极总结。

究竟何为法治，如何法治？在西方学界普遍认为是一个没有结论的命题。习近平总书记的讲话为我们法治社会建设指明了方向。作为四大文明古国之一的中国，为人类的发展进步事业作出了重要贡献。历史这面镜子不仅会让我们看到自己的现在，也可发现我们的过去。作为我国长期实施的象刑制度，在今天就有着重要的现实价值和意义，需要我们正确把握和科学挖掘。

首先，近代以来，象刑制度似乎忽隐忽现，漂泊不定。1932 年“一·二八”事变以后，十九路军奋起反抗日本侵略，但由于孤军作战，伤亡惨重。廖仲恺夫人、著名民主党派人士何香凝女士，抱病前往慰问伤员，还亲赴南京求援，可是国民政府阳奉阴违，毫无作为。她气愤至极，寄了一女裙给蒋介石，并附一首打油诗：“枉自称男儿，甘受倭奴气。不战送山河，万世同羞耻。吾侪妇女们，愿赴沙场死。将我巾帼裳，换你征衣去。”这是走正常程序请愿失败的情况下采取的行为方式。给对手寄女人衣服并非何香凝首创，但在危机时刻，这种象刑方式产生了很大的积极的影响。

其次，象刑制度传承下来的很多已经分解为公序民俗，有时候还借鉴国外的做法，如司法工作者的服装。公安部有《公安机关人民警察着装管理规定》，目的是加强公安队伍正规化建设，规范公安机关人民警察着装管理，树立人民警察良好形象。最高人民法院关于印发《人民法院法官袍穿着规定》（2007）的通知指出：“为增强法官的职业责任感，进一步树立法官公正审判形象”。公安机关的形象是什么，没有进一步的表述，但这种通过服装体现执法的现象，不是想象，而是古老象刑制度中的獬豸冠的继续。法官审案时穿的服装受到国外的影响，但其性质与獬豸冠也是异曲同工。

最后，象刑仍有存在的必要或者说依然存在，那么首先需要正名，将象刑作为我们立法司法的理论范畴，而不是作为可笑的历史垃圾。其次，象刑对中国传统道德的影响深远，羞耻心、恻隐心、同情心往往会构成私情，成为公正、科学执法的负面因素。如果正确引导，把传统道德的力量作为法治的资源，将大大提高法治的力量和水准。另外，需要具体情况具体分析，违法犯罪复杂多元，应该有针对性地研究象刑的实施，特别是偶然的情景下犯罪和意外的过失犯罪，更多一些尊重人的生命和尊严，不能单单适用刑罚，也可以作出象刑的选择。这牵涉当代法律的一个致命弱点，那就是主要负责打击犯罪，而不愿意更多地担负挽救犯罪、和谐安定社会的责任。例如，偷窥，有的只是偶然好奇，并无多大恶意，而一旦以刑法处置，往往毁了一生。清人让偷窥者喝洗澡水的办法虽然未必还值得提倡，但至少给我们启示，能不留污点就不留污点。又如，乔太守乱点鸳鸯谱成为历史上著名的司法佳话，如果按照法律定罪为诱奸或者强奸，那么后果将多么糟糕。具体情况具体分析，就是利用象刑的原理，尽量挽救一些可以挽救的犯了罪的人，赋予法律更多的德性。还有，犯罪定罪尺度的细致区分将能更清晰地体现公平正义，如唐代对于杀人的戏杀、斗杀、误杀等情况的细致区分，就历来受到称颂。其原因之一是法律效应。法律效应及其普遍性是法治的基础，也是法治民主的重要内容，我们永远不能轻视。

（作者系中国政法大学人文学院教授）

正确认识传统法律文化
深入推进法治中国建设

董　燕

摘　要　中国虽然在对西方法律体系，尤其是大陆法系的借鉴、学习、参照中逐渐建立起自己的法律体系，但是，相较而言，法律制度的移植比较容易做到，而与之相适应的文化传统、文化观念却无法以相同的速度与模式移植过来。要实现中国社会的法治转型，必须充分认识传统法律文化的现代价值并继承和发扬其中的优秀部分，毕竟外来法律制度不能背离久远历史中形成的传统、固有文化观念，中国的法治建设应植根于传统法律文化的土壤之中。本文分析了传统法律文化的现代价值，并就深入推进法治中国建设、加快法治中国建设提出一些建议。

关键词　传统法律文化　现代价值

一、当前我国已进入法治建设新阶段

党的十八届三中全会通过的《决定》明确提出要推进法治中国建设。中国虽然在对西方法律体系，尤其是大陆法系的借鉴、学习、参照中逐渐建立起自己的法律体系，但是，相较而言，法律制度的移植比较容易做到，而与之相适应的文化传统、文化观念却无法以相同的速度与模式移植过来。因此，在法律环境的改变过程中，一方面是法律制度的快速发展与建立，另一方面则是文化观念的不相匹配。但并不能由此认为传统法律文化滞后于历史进步。这关涉正确评价传统法律文化的现代价值以充分发挥其在法治建设中的作用的问题。

二、传统法律文化的现代价值

要实现中国社会的法治转型，必须充分认识传统法律文化的现代价值并继承和发扬其中的优秀部分，毕竟外来法律制度不能背离久远历史中形成的固有文化观念，中国的法治建设应植根于传统法律文化的土壤之中。具体来说，传统法律文化的现代价值主要有如下几点：

（一）强调礼法结合

在古代中国，国家的各种律令法典都是在“礼”的影响下制定的，可以看成“礼”的延伸。“礼”起源于部落祭祀活动，逐渐演变为人们普遍认可并服从的世俗化的社会习惯法，具有法的性质，也就是说，人的行为如果超出了“礼”的要求，那么就会受到法的惩罚；但因“礼”看重的是人情，所以又具有伦理情感的劝化作用。

在中国几千年的法律文化演变过程中，礼与法逐渐形成了一个有机整体，共同维护着国家的政治秩序。可以说，法与刑注重“以力服人”，而“礼”则注重“以情服人”。例如，研究者指出：“礼与法是两种不同的治国手段，礼侧重于教化，目的在于通过道德感化，变人性中的‘善质’为善。而法侧重于用严厉的刑罚遏制人们恶性的发展，其主要针对下品之人而设。简单地说，礼是一种由里及表的统治方式，法是一种由表及里的统治方式，礼以扬善，法以惩恶。”① 而自汉朝以后，“礼法融合便成为中国法律发展的主旋律，‘德主刑辅’成为中国古代法律的主要特色。在礼法融合思想的指导下，古代法典向着儒家化、伦理化、道德化发展。”② 在古代中国，德礼之治优于政刑之治。即便在现代社会，礼治仍然是维持乡土秩序稳定的基础。随着新中国的成立，法治建设成为一个日渐清晰而坚定的目标，法律开始发挥其规范、指导、维护社会稳定、保障民众利益等作用。但礼法融合等传统法律文化仍是余韵悠长，在礼仪教化的制约下，人们普遍按照公认合适的行为规范处事，并将其内化为习惯准则，这有助于有效维持社会秩序稳定。

（二）推崇贤人之治

古代中国看重君子、贤人在社会治理过程中的作用。“君子者，法之原也”（《荀子·君道》），而且，“法不能独立，类（律）不能自行；得其人则存，失其人则亡”（《荀子·君道》）。因此，“有君子，则法虽省，足以偏（遍）矣；无君子，则法虽具，失先后之施，不能应事之变，足以乱矣。不知法之义而正法之数者，虽博每临事必乱。故明主急得其人”（《荀子·君道》）。也就是说，有了君子、贤人，法律即使简略，也足以应用在一切方面了；如果没有了君子、贤人，法律即使完备，也会形成混乱；法与律都不能独自存在，只有君子、贤人才能使它们运行。这样一来，治理国家必须把行法令和行善政结合起来，才能实现国家的善治。也即“徒善不足以为政，徒法不能以自行”（《孟子·离娄上》）。古代中国强调的是为政者的善察民情、以法治事，而法律本身并不会自行发生效力，治理国家离不开君子、贤人，这有助于加强道德伦理与法律的有机结合。

在德治思想、推崇贤人之治等传统法律文化影响下，衍生出了清官情结、清官崇拜等传统司法实践过程中的特点，并进一步成为传统法律文化的稳定构成。虽然清官在断案过程中往往缺乏现代法

---

① 马小红：《中国古代社会的法律观》，大象出版社，2009 年，第 62 页。

② 马小红：《中国古代社会的法律观》，大象出版社，2009 年，第 30 页。

治精神，而是着重察言观色，甚至要依靠刑讯逼供或神鬼指引，但是，由于“清官是百姓大众创造的一个法律方面的‘奇理斯马’式的人物”①，因此，在吏治腐败、社会黑暗的传统中国，他们仍然成为百姓追求公平正义的最后寄托。当百姓在经济上备受盘剥、政治上没有发言权、法律层面孤立无援无法保障自身权益的时候，他们便将实现公平正义的希望投寄在贤人—清官的身上，希望清官能够体恤民情、为民做主、伸张正义。例如，研究者所指出的，围绕这样一个神性人物展开的清官司法，虽然只是“一种无谓的心理‘幻象’，无谓的心理‘补偿’，说得直白一点则是‘画饼充饥’”②，但也“历来被看作非理想政治形态的一种补充，在某些历史条件下，也是有益于纠正种种政治弊病的一种调节方式”③（如果没有法律治理模式的相应改变，这种清官情结将一直影响国人的心理结构）。

当下对清官情结、清官文化的批判声音较多，例如，研究者提出：“清官的政治生命力是有限的，民众将政治的清明寄托于清官身上，这只会导致民众自主意识和独立人格的萎缩，使自己日益远离国家政治生活，对统治者产生强烈的依附。”④ 还有研究者提出“告别清官”的迫切要求：“如果历史可以借鉴，就必须对清官情结倍加警惕，大力培养人们的公民意识、公仆意识、民主意识，万

① 徐忠明：《中国传统法律文化视野中的清官司法》，载《中山大学学报》（社会科学版）1998 年第 3 期，第 109 页。徐忠明在论文中对“奇理斯马”的注释如下：“奇理斯马”（Charisma，也译卡里斯马）一词，借自西方社会学。……奇理斯马指的是在社会各行各业中具有原创性、富于神圣感召力等特殊品质的神性人物。

② 徐忠明：《包公故事：一个考察中国法律文化的视角》，中国政法大学出版社，2002 年，第 378 页。

③ 王子今：《权力的黑光——中国封建政治迷信批判》，陕西人民出版社，2006 年，第 212 页。

④ 王燕、唐爱芳：《清官情结探析》，载《理论月刊》2003 年第 2 期，第 126 页。

不可重蹈历史的覆辙。如果民为主官为仆，变子民为公民，就根本用不着寄希望于清官，清廉是所有官员最低级的要求，根本不必树清官为楷模。别了，清官！”① 对清官情结、清官文化的批判主要集中在其对“法律至上”观念的不良影响，司法、行政不分，“人治”色彩浓厚等方面，基本以法治社会的建立、司法制度的进步为核心。清官或清官情结、清官文化的确与法治、公民意识等现代理念相去甚远，对清官的依附心理也的确需要批判，但更需要批判的是依赖清官的社会制度。在一个权力恣肆、贪腐横行的社会，清官或清官情结、清官文化仍可在一定程度上满足民众的政治需求、心理需求，即使清官本身无法改变整个官僚体制，不能保证整个官僚阶层的清正廉明，但毕竟能够为民众提供个人救济，有其正面价值。

（三）重视情感因素

古代司法官在审判过程中非常注重“情”的运用和体现。法律有其自身的局限性。一是法律并不尽善尽美，总有人懂得如何规避法律、利用法律，以至于有时一些不公正现象能以“合法”的形式逃脱法律的制裁；二是社会生活中存在许多无法用客观标准进行衡量的领域，如伦理道德范畴的道德败坏、忘恩负义、始乱终弃等，在这些领域，法律常常力不从心。因此，当“情”与“法”产生冲突，“法”又不能实现“正义”的实质与精神时，司法官常常让“情”直接现身并参与到司法判决中，以维护纲常伦理和乡民社会的稳定。

从人类普遍情感的角度看，人类的基本情感是维持社会秩序的必备要素。“任何制度的存在，都必须从人的内心情感中寻找依据；而任何制度要得以维持，也必须从人的情感中得到解释。”② 同样，人的自然情感在司法领域具有重要作用，例如，美国学者认为，

① 高积顺：《告别清官》，载《检察风云》2005 年第 13 期，第 57 页。

② 胡玉鸿：《法律与自然情感》，载《法商研究》2005 年第 6 期，第 4 页。

"理想……希望、温柔、慈爱、自我克制以及一切'好'的东西仍然是驱使人在内心做到公正守法的最有力的、最本能的感情因素。"① 只有依赖人类共有的情感，法律才能产生应有的效果，从而获得良好的社会效应。正如研究者所言，"任何一种司法活动中都无法离开情感的作用，司法若不能借助于人们的情感，就难以在人们的内心中形成一种良好的司法认同。"② 可以说，司法过程中情感的参与是一种人性的需要。

法律源于人情，情理是法律的精神。不管是以成文法形式出现的国家正式法，还是以不成文法形式存在于社会中的伦理观念，都根植于特定的生活、实践情境。因此，"在中国的语境中，正义观念并不像一般西方思想家对正义的理性界定，而恰恰是一种以情为基础的伦理本位的正义观。"③ 正如俗语所说，"法不外乎人情"。在传统中国，人们高度重视情感，并将其作为道德伦理基础和价值判断标准之一。情感、民情是成文法的精神实质和基础，离开了情的支持，法就成了无源之水、无本之木，丧失了其产生、存在、延续的根基。从这个层面看，情具有西方"自然法"的意义。正如梁治平在《法意与人情》中强调的："法律赋予了地方官相应的自由裁量权，……他们依据法律，却不拘泥于条文与字句；明于是非，但也不是呆板不近人情。他们的裁判常常是变通的，但是都建立在人情之上，这正是对于法律精神的最深刻的理解。"④ 实际上，与工具化的法律相比，民众更愿意接受情理化评判标准，并由此形成法律的圆满须人情照顾的思维倾向，要求裁判者的情感态度尽可能

---

① ［美］约翰·麦·赞恩：《法律的故事》，刘昕、胡凝译，江苏人民出版社，1998年，第411页。

② 武建敏、卢拥军：《审判的艺术》，人民出版社，2009年，第38~39页。

③ 王铭铭、［英］王斯福主编：《乡土社会的秩序、公正与权威》，中国政法大学出版社，1997年，第564页。

④ 梁治平：《法意与人情》，中国法制出版社，2004年，第236页。

与大多数人保持一致。所谓法律的圆满须人情照顾，一方面是指“法律考虑‘情’的程度，也就是法律真正合法和符合正义的程度”。[①] 也就是说，只有法律能够恰当、正确地体现民众的普遍情感即“人之常情”时，法律才能获得稳定性和权威性，使人们自觉遵守；另一方面，中国民众对法律的理解、想象和认知总是从“情感”的角度获得的，“情理与法有着特殊的联系，而中国人似乎也有一种理解法律必得牵扯上情理的特殊情愫”。[②] 司法实践活动必然伴随着人对法律的情感体验和道德认知，离不开情感的参与，但这种情感并非偏激的私情、私欲，而是尽量同情地了解每一个人的独特处境。这是追寻法条之外的法律价值、追寻公平正义的特殊方式。可以说，正是情感的恰当运用才使相应的司法活动得到更多人的认同，更好地维护了公序良俗，判决结果也能获得更大范围的接受和有效性。

（四）追求无讼息讼

“无讼”、“和谐”是传统社会司法活动的基本价值取向，息讼是实现这一目标的手段。在古代社会，国家并未将社会治理的希望寄托于法律的完善之上，法律并不与权利、自由、民主等现代理念紧密相连，而是与绳索、牢狱、刑罚、打官司等联系在一起，是不得已而用之的工具。于统治者而言，“法即刑也”，法律更是“报虐以威”、“以刑去刑”的工具，即以暴去暴、“惨而不可不行者”。因此，法律这一治国手段显得不那么与人为善，与礼教相比，其只能攻身，不能攻心。同时，熟人社会的结构形态使民众更愿意维持人际关系的和谐敦睦，更倾向于追求情感化、伦理化、道德化的社会关系。在这样的文化历史背景下，打官司、争讼、对簿公堂等在

① 高道蕴、高鸿钧、贺卫方编：《美国学者论中国法律传统》，中国政法大学出版社，1994 年，第 314 页。

② 霍存福：《中国传统法文化的文化性状与文化追寻——情理法的发生、发展及其命运》，载《法制与社会发展》2001 年第 3 期（总第 39 期），第 1 页。

民众看来陌生而可怕，无讼、息讼则成为其司法实践活动的内在逻辑。与西方社会的“勇于兴讼”相比，无讼、息讼有忽视个人权利的弊端，但也能够节约司法资源、减少诉讼所造成的对抗性矛盾。因此，以合理的非诉讼途径解决纠纷，自有其正面价值。

三、加快建设法治中国的建议

现代以降，中国逐渐建立起外部形式上的现代法律制度并形成体系。与此同时，传统法律文化虽然在制度层面已不复存在，但却仍然影响着民众的法律心理、思维方式、行为习惯，成为一股与现代法治并存的内在的强大力量。为深入推进法治中国建设，应格外重视以下几点：

（一）充分认识文化的独特性

文化有其相对独立性，既可能促进现代法治建设，也可能阻滞其发展。中国建立法治社会必须考虑中国的文化传统与历史情境对于法治建设的内在要求和客观影响，对西方法律理念的简单移植或对中国传统法律文化的盲目否定都不可取。

（二）外来法律制度需要一个“本土化”的消化、吸收过程

要重视外来法律制度在中国社会的有效接受、消化吸收等问题。只有深入民众精神层面、内化为民众的行为准则和思维习惯的法律制度，才可能成为社会文化系统的至上规则，若只能依靠国家强制力才能贯彻而没有“本土化”过程，再优秀合理的法律制度也难以被成功移植。在此过程中，必须考虑法律文化传统的“土壤”问题。

（三）要实现传统法律文化的创造性继承和现代性转化

对待传统法律文化，必须“权其轻重，知其利弊，弃其糟粕，取其精华”，在借助本土资源的基础上，发挥本土资源优势，使其成为有利于传统法律文化创造性继承和现代性转化的因素，从而使其能够获得更多人的接受和认可。

（四）价值判断上应反对唯西方论

长期以来，人们惯于用通行于西方社会的标准僵化、机械地对

比、评价中国，从而片面强调传统法律文化对现实法治的消极作用，将法治建设过程中的诸多问题作简单化处理。然而，法的现代化不能简单等同于西方化，中西方法律文化中的精华都应作为现代法治建设的营养而被汲取。应当承认法律文化的优秀传统对建设法治中国的积极作用，摆脱以国势强弱论文化优劣的束缚，关注中国历史文化语境的独特性，正确评价传统法律文化的得与失，为现实社会的法治发展寻找传统动力。

新中国成立后，中国需要在党领导下逐步建立法治社会，这与西方通过自下而上的变革完成法治国家的建构有本质的不同，特殊的政治、经济、文化等因素决定了中国法治社会建构过程的特殊性。我们应正视社会现实，直面中国法治转型所带来的挑战，克服急于求成的急躁心理，在植根于传统法律文化的前提下实现现代法治的内在要求。在当下中国，既有传统法律文化的强大影响，又有现代法治精神的持续挺进，二者糅合在一起，相互影响。法治建设注定是一个长期的历史过程。

（作者系中国政法大学人文学院副教授）

我国古代儒家法文化中廉政建设思想的历史启示

郑　吕

摘　要　我国古代儒家法文化思想是思想史上的一笔宝贵财富。儒家法文化的内容包罗万象，包括忠孝文化、礼仪文化、廉政文化等。从儒家法文化中汲取优秀的廉政建设思想，有利于当前反腐倡廉工作的开展。目前在学界，关于近现代人物流派的廉政思想探究比较多，从中国古代儒家法文化中探讨的比较少。本文从儒家法文化和廉政建设的概念谈起，进而分别阐述了儒家代表人物孔子、孟子和荀子法文化思想中的廉政建设思想及其历史启示，以期提供一些有益的借鉴。

关键词　儒家法文化　廉政

了解或者探究一些问题，首先要界定所探究问题的概念。儒家法文化是指在儒家思想指导下制定的，在儒家代表性著作中体现出来的，以“仁”和“礼”为核心价值的具有自然法性质的法律概念、法律规则、法律原则、法律意识等。“廉政”一词有廉洁的含义，廉政建设就是拒腐防变，保持国家工作人员自身的清明正道，防止腐败贪婪，违法违纪。加强廉政建设，可以从中国优秀传统文化中寻找理论指导和价值指引。中国优秀传统文化博大精深，本文仅限于从中国古代儒家法文化中探寻廉政建设思想，主要以儒家三位代表人物，即孔子、孟子、荀子的政治法律思想中的廉政建设思想为例进行详细的解读。

一、孔子的廉政建设思想及其历史启示

（一）孔子的廉政建设思想

1. 为政以德

《论语·颜渊》中记载：季康子问政于孔子。孔子对曰："政者，正也。子帅以政，孰敢不正?"《论语·子路》中记载：子曰："其身正。不令而行；其身不正，虽令不从。"《论语·为政》中记载：子曰："为政以德，譬如北辰居其所而众星共之。"这里都强调了统治者要有良好的道德修养，只有自身刚正清明，下属或者被统治者才会服从命令，听从指挥。

2. 德主刑辅

《论语·为政》中记载：子曰："道之以政，齐之以刑，民免而无耻；道之以德，齐之以礼，有耻且格。"为政者应该注重道德教化，仅以严厉的刑罚来管理国家，只会适得其反，民众有诸多怨言而不敢发，要以德治国，用仁、义、礼、智、信等社会规范教化天下，民众才会归服而无怨言，治理国家才能达到事半功倍的效果。

3. 见利思义

《论语·宪问》中记载：子路问成人。子曰："若臧武仲之知，公绰之不欲，卞庄子之勇，冉求之艺，文之以礼乐，亦可以为成人矣。"曰："今之成人者何必然？见利思义，见危授命，久要不忘平生之言，亦可以为成人矣。"为政者要时刻注意义和利的关系，要见利思义，不能见利忘义。

4. 正言正行

《论语·宪问》中记载：宪问耻。子曰："邦有道，谷；邦无道，谷，耻也。""克、伐、怨、欲不行焉，可以为仁矣?"子曰："可以

为难矣，仁则吾不知也。”《论语·宪问》中还记载：子曰：“邦有道，危言危行；邦无道，危行言孙。”国家在政治清明时，要正言正行；国家在贪官污吏横流，腐败现象丛生时，为官者还要正直，但是要注意说话的方式和言辞的表达，要随和谨慎，以正视听。

（二）孔子廉政建设思想的历史启示

孔子研究院院长杨朝明认为，为政者如果是高尚的人，既有君子之位，又有君子之德，这个国家就好治理。对为政者的管理，要以“礼”驾驭他的内心，让君子有廉耻之节。孔子的思想对于我们现在社会的治理，党风廉政建设具有重要意义。孔子提出的为政以德、为国以礼、富而后教、修己以敬以及义利观、中和观念等，都对治国有积极影响。①

1. 重视个人道德修养

为政者要时刻注重自身的道德修养，只有内心的自律才是最根本有效地防止腐败发生的方法。为政者要注意培养和锻炼政德，要有一身正气，两袖清风，拥有良好的道德影响力和感召力。②“徒法不足以自行”，法律再完善、再严格，还是需要执法者来执行，如果执法者的素质不过关，再好的法律也是徒有虚名，浪费法治资源。

2. 分清德与刑的关系

法律不是唯一的治理社会的手段，即使在法治社会，也不是说仅仅依靠法律来治理国家。如果仅仅依靠法律来治理国家，容易产生严酷的刑罚，从而导致社会的动荡不安。还有另外一个原因，法律并不是万能的，在许多社会领域，法律是无能为力的，是调整不到的。所以，法治和德治需要结合起来，为政者应该熟知这个道理，这种国家治理模式才会产生清明的政治和稳定和谐的社会。

---

① 参见杨朝明：《孔子思想对于廉政建设具有很大意义》，新华网，2014 年 11 月 29 日访问，http：//news. xinhuanet. com/lianzheng/2014 - 09/09/c - 126966065. htm。

② 参见王蕙：《中国古代传统文化中的廉政思想探析》，载《青海师范大学学报》（哲学社会科学版）2014 年 7 月第 36 卷第 4 期。

3. 处理好义与利的关系

义和利的关系在为政者的身上体现出来的就是公与私的关系。作为人民的公仆，应该时刻把公共利益放在首位，把个人利益摆在后面，在有利可图的场合，应该要想起义字当头，义摆在心中，摆在前头。当面对任何金钱、权力、美色的诱惑时，应该见利思义。为政者切莫见利忘义，因为眼前的个人的利益、狭小的利益、短暂的利益而忘记了公共的利益、宏大的利益、长远的利益，从而得不偿失，因小失大，因为一时的贪婪而失去民众的信任和支持。

4. 注重个人的言行

为政者的一言一行都非常重要，因为他们的身上聚集了比普通人更多的目光。为政者要敢于说话，敢于说真话，特别是在国家政治不太清明时，要担负起反腐倡廉的重任。在中国古代，有风闻言事这种特殊的监察方式。康熙初年，风闻言事因为各种原因被严令禁止，这在一定程度上纵容了官场的腐败。康熙中期，由于吏治腐败，朝廷弊病百出，政治黑暗，民怨四起，康熙又下诏重开风闻言事。言路大开之后，虽然带来了相互攻击的弊端，但是在较短时间内，对发奸除弊，打击朋党，澄清吏治发挥了积极作用。为政者要广开言路，多倾听百姓的声音，自己也要敢于讲真话，说老实话，做老实事，说话正直，做事正派。

二、孟子的廉政建设思想及其历史启示

（一）孟子的廉政建设思想

孟子的思想主要体现在《孟子》一书中，书中主要表现了仁政思想和“民贵君轻”的民本主义思想，体现了天人合一的世界观和性善论的伦理观。[①] 通过阅读《孟子》一书，结合相关的研究史料，笔者整理出孟子的一些廉政建设思想，主要有以下几方面内容：

1. 存心养性

《孟子・滕文公下》中记载：居天下之广居，立天下之正位，

---

① 张伟仁辑，陈金全注：《先秦政法理论》，人民出版社，2006 年 4 月第 1 版，第 132 页。

行天下之大道；得志，与民由之；不得志，独行其道。富贵不能淫，贫贱不能移，威武不能屈，此之谓大丈夫。大丈夫在仕途得意的时候，应该时刻想着老百姓，和百姓共进退；不得志的时候，便要独自坚守自己的道德标准，走自己的大道。大丈夫在富贵时不能骄奢淫逸，在贫贱时也要保持良好的节操，在遇到黑恶势力时不能屈服意志。为政者是大丈夫，应该注重存心养性，不贪图功名利禄，不为各种诱惑所动，要保持高尚的品格。

2. 民本思想

《孟子·尽心章句下》记载：孟子曰："民为贵，社稷次之，君为轻。是故得乎丘民而为天子，得乎天子为诸侯，得乎诸侯为大夫。诸侯危社稷，则变置。牺牲既成，粢盛既洁，祭祖以时，然而旱干水溢，则变置社稷。"孟子指出"民为贵，社稷次之，君为轻"，认为政府要保障人民的利益，君主应以爱护人民为先决条件。因此，天命在于民心而不在于君主，若君主无道，人民便可反对他推翻他。为政者施行政令应该首先考虑人民的利益，以大多数人民的利益作为施政的立足点和出发点。

3. 施行仁政

《孟子·离娄下》中记载：孟子告齐宣王曰："君之视臣如手足，则臣视君如腹心；君之视臣如犬马，则臣视君如国人；君之视臣如土芥，则臣视君如寇仇。"君主对待自己的臣下如同自己的手足兄弟，那么臣下看待君主就如同自己的腹心；反之，如果君主看待臣下如同犬马，那么臣下看待君主就如同路人；如果君主看待臣下如同泥土草芥，那么臣下看待君主就如同仇人。孟子主张行仁政，必须效法先王（禹、汤、文、武、成王、周公）的王道统治政治，这样便能把仁政施行于天下。仁政的具体表现是国富民强，百姓安居乐业，要实行王道，必须尊贤使能。

（二）孟子廉政建设思想的历史启示

1. 养吾浩然正气

为政者要存心养性，廉政建设注重个人的道德修养，注重从自身找原因来防止腐败的发生。一切社会问题的根源在于人与人之间的问题，在于人性善恶的问题。如果人心向善，即使功名、利禄、美色唾手可得，但是为政者心存正气，善养浩然正气，那么在一切诱惑面前也自岿然不动。善于存心养性的为政者不是不敢腐败，而是不想腐败。不想腐败才是廉政建设的终极目标。

2. 注重以民为本

民为邦本，本固邦宁。法律有善恶之分，善法是代表广大人民利益的法律，这样的法律才能让人民产生敬畏感和信任感。为政者要重视民本思想，从人民的根本利益出发来制定各项政策，执行实施代表人民利益的善法，遵从善法，依法行政。心里装着老百姓的公务员才能廉洁为民，为民干实事，为民谋福利。

3. 注重施行仁政

孟子主张施行仁政，必须先有仁心，然后方可推行仁政。孟子认为人有不忍之心，乃有不忍人之政。仁政，是统一天下者必须具备的条件。仁政在现代社会的表现就是实现中国梦，实现中华民族的伟大复兴，国家富强，人民富裕。施行仁政是民本思想的实际行动，体现的也是民本思想。水能载舟，亦能覆舟，政府的公信力极其重要，如果人民都对政府人员失去了信心，那么政府官员离下台也就不远了。干群关系永远是一组重要的社会关系，这个关系处理好了，不仅廉政建设能取得巨大的成绩，而且离中国梦的实现也会越来越近。习近平总书记在国家博物馆参观《复兴之路》展览时说道："我们比历史上任何时期都更接近中华民族伟大复兴的目标，比历史上任何时期都更有信心、有能力实现这个目标。"施行仁政才能更早地实现中国梦。

三、荀子的廉政建设思想及其历史启示

（一）荀子的廉政建设思想

1. 人之性恶

《荀子·性恶》中记载：然则从人之性，顺人之情，必出于争夺，合于犯分乱理，而归于暴。故必将有师法之化，礼义之道，然后出于辞让，合于文理，而归于治。用此观之，人之性恶明矣，其善者伪也。《荀子·性恶》中还记载：今人之性恶，必将待圣王之

治，礼义之化，然后始出于治，合于善也。用此观之，人之性恶明矣，其善者伪也。荀子认为人性是恶的，需要君主的强权，礼义的教化，法律的刑罚才能使人免于走向恶的一端。体现在廉政建设中，就是需要党纪国法，需要奖惩处罚措施来规制腐败行为。

2. 立君为民

《荀子·王制》中记载：传曰："君者，舟也；庶人者，水也。水则载舟，水则覆舟。"此之谓也。故君人者，欲安，则莫若平政爱民矣；欲荣，则莫若隆礼敬士矣；欲立功名，则莫若尚贤使能矣。君主，好比是船；百姓，好比是水。水能载船，水也能翻船。统治人民的君主，要想安定，就没有比调整政策、爱护人民更好的了；要想荣耀，就没有比尊崇礼义、敬重文人更好的了；要想建立功业和名望，就没有比推崇品德高尚的人、使用有才能的人更好的了。君民关系融洽，君主善于用人才，才能善治。

3. 用人尚贤

《荀子·致士》中记载：人主之害，不在乎不言用贤，而在乎不诚必用贤。夫言用贤者，口也；却贤者，行也，口行相反，而欲贤者之至、不肖者之退也，不亦难乎！《荀子·君道》中记载：至道大形，隆礼至法则国有常，尚贤使能则民知方，纂论公察则民不疑，赏克罚偷则民不怠，兼听齐明则天下归之。《荀子·君道》中又记载：故古之人为之不然。其取人有道，其用人有法。取人之道，参之以礼；用人之法，禁之以等。行义动静，度之以礼；知虑取舍，稽之以成；日月积久，校之以功。故卑不得以临尊，轻不得以县重，愚不得以谋知，是以万举不过也。《荀子·君道》中还记载：有乱君，无乱国；有治人，无治法。羿之法非亡也，而羿不世中；禹之法犹存，而夏不世王。故法不能独立，类不能自行，得其人则存，失其人则亡。法者，治之端也；君子者，法之原也。故有君子，则法虽省，足以遍矣；无君子，则法虽具，失先后之施，不能应事之变，足以乱矣。不知法之义而正法之数者，虽博，临事必乱。故明主急得其人，而暗主急得其势。急得其人，则身佚而国治，功大而名美，上可以王，下可以霸；不急得其人，而急得其势，则身劳而国乱，功废而名辱，社稷必危。故君人者，劳于索之，而休于使之。荀子主张任人唯贤，不能任人唯亲，而且国家的治理在于依赖贤才，有才者治理国家，国家才会昌盛。

（二）荀子廉政建设思想的历史启示

1. 防范人之性恶

荀子人性恶的观点启示我们官员腐败是必然的，是人性使然，所以需要法律、道德、宗教规范、党纪党规来约束他的行为，来使他不敢贪腐，把自己恶的一面控制住而显露出善的一面。

2. 注重得民心

人民是历史的创造者，是历史前进的主要推动力量。政府的一切权力都是人民通过社会契约的方式授予的，政府不能行使人民没有授予的权力，如果超出了就是违法。政府公务员是政府行为的实际实施者，公务员与政府机关的关系是公务上的委托关系，所以为政者也必须在人民的授权范围内行使权力，否则就是违法。为政者应该处处为老百姓着想，做老百姓所希望做的事，这样的官员老百姓才会爱戴，这样的政府老百姓才会拥护。

3. 用贤人治国理政

国家的治理必须依靠优秀的人才，国家治理体系现代化的实现必须依靠人才的出谋划策。所谓“徒法不足以自行”，再好的法律没有贤能的人来执行它，善法也会带来恶果。所以，用人是关键，用人必须坚持“用人唯贤”的原则，不能“用人唯亲”。前者是法治社会的做法，后者是家天下的做法。用人尚贤，德才兼备者才能身居高位，个人的才能和职务职级相挂钩，而不能以和自己的亲疏关系作为官员选拔的标准。

（作者系西南政法大学行政法学院研究生）

关于法治文化引领和谐社会管理的若干思考

余进军

摘　要　法治文化反映了人类文明的先进理念，公民生存在法治文化的环境下，有一种归属感和安全感。让法治观念深植在社会每一个成员的心中，把先进文明的法治文化思想付诸自觉行动，成为一种生活方式和精神信仰，必须以法治文化引领和谐社会管理。

关键词　法治文化　和谐社会　管理

和谐与稳定是一个社会持续健康发展的前提，法治文化本身也是和谐社会建设的基本内容之一。公民和国家公职人员的法治态度、法治心理、法治立场、法治信仰等内容，其核心是要崇尚法治，建设以法治文化引领和谐社会管理的法治国家。公民生存在法治文化的环境下，有一种归属感和安全感。公民尚法的精神一旦在头脑中确立，那么，人就会有敬畏感，自己不做违法的事情，也不允许其他人做违法的事情，时刻保持着对法律的崇敬，维护着法律的尊严。

法治社会由于共同的法律信仰，法律成为社会正义的化身，因此法治文化便成了凝聚国家范围内公民力量的精神纽带。法治文化从维护法治社会结构的稳定性层面来说具有黏合剂的作用。法治文化是一种先进文化，它反映了人类文明的先进理念。这些理念要为全体国民所认同、掌握，就需要对他们进行传播和灌输。在普及过程中，不仅要求公民知晓和遵守现行的法律规定，掌握法律知识，而且要求公民了解法律知识背后所蕴含的法治文化。法治教育的重点必须放在对公民法治文化的教育上，放在公民法治理念的培养上，让法治观念深植在社会每一个成员特别是官员的心中。当然，要想真正在全体公民中形成法治思维和法治行为，不可能一蹴而就，仍需不懈努力。守法的关键是全民一视同仁，不分身份地位在法律面前一律平等，全体公民都有自觉守法的法律义务。党的十八大报告把全面推进依法治国放在推进政治体制改革的突出位置，为改革设计了法治的路径，其深意就在于保证中国社会的各项改革始终坚持中国特色社会主义道路，始终坚持党的领导、人民当家做主、依法治国有机统一。建构法治政府是历史和现实的必然选择，是深化政治体制改革的关键环节和重要内容，是促进社会主义市场经济发展的客观需要，是实现和谐社会的根本要求。笔者结合工作实践，就法治文化引领和谐社会管理谈几点粗浅的看法。

一、以法治文化引领和谐社会管理是依法治国的需要

作为和谐社会管理方式的法治文化，它把法治思想理论的指引和法律制度规范的要求贯彻落实到每一个社会成员，把纸面的法律变成生活中的法律和行动，从而实在具体地推动着法治文明的进步。然而，对于一个人口众多、封建文化影响深刻的国家而言，要把先进文明的法治文化思想付诸自觉行动，变成一种生活方式和精神信仰，必然需要一个长期艰难的过程，绝不可能一蹴而就。我国当前进行的社会主义法治国家建设，必须花大力气进行法治文化的建设。法治文化的强大作用表明，没有法治文化，就没有法治国家，法治文化是法治国家的思想先驱，是法治国家实现的应然状态，是法治国家的题中应有之义。法治国家是在法治文化的推动下

逐渐确立，在法治文化的精神保障下得以持久稳步发展。法治国家的水平影响着法治文化的发展水平。没有法治文化、完备的法律制度、素质优良的公民、高度发达的物质文明，就不能堆砌成和谐社会的大厦。笔者认为，法治文化引领下的和谐社会至少应包括三种意识：一是法律至上的意识，它是人们对法律的情感和态度反应，是法治得以实现的前提和基础；二是守法的意识，所有人都自觉地遵守法律；三是维护法律尊严的意识。

党的十八大及四中全会报告浓墨重彩地勾勒出一幅全面推进依法治国的法治蓝图，奏响了全面推进依法治国的黄钟大吕。十八大及四中全会报告关于法治的论述，其新表述、新论断和新要求充分昭示着依法治国基本方略的实施将进入全面推进的崭新阶段，中国法治建设将谱写依法治国的新篇章。建构法治国家，关键在于建构法治政府。建构法治政府，贯穿于政治制度、政治意识、政治行为过程之中，直接体现着政治制度文明、政治意识文明、政治行为文明的发展水平，是社会主义政治文明建设的重要组成部分、基本标志和有力保障，体现了我们党治国理政从理念到方式的革命性变化，具有划时代意义。当然，现代法治文化的精髓就是要尊重法律，限制权力。对于掌握权力的国家领导层而言，实行法治需要他们具有对法治的高度信仰，具有远见卓识。在实际工作中，国家领导层要带头树立强烈的法治观念，要信仰法治，践行法治，自觉约束自己的行为，防止以言代法、以权僭法。其身体力行与率先垂范对于广大民众具有强烈的示范效应。法治文化是对法治在制度、体制及其社会思想和心理基础上的综合反应，建设中国特色社会主义法治文化，必须坚持社会主义法治理念。

二、以法治文化引领和谐社会管理是维护人民切身利益的需要

在法治国家，法就是理性，就是正义。20 世纪 70 年代末，关于要“法治”还是要“人治”的问题曾在法学界引起一场广泛的争论。真理越辩越明，法治的思想和主张逐渐被大多数人所接受，

并且，在以后的党中央和全国人大会议上正式将“依法治国”作为治国方略确立下来，从而奠定了坚实的依法治国的思想理论基础。1999年3月，九届人大二次会议将“依法治国，建设社会主义法治国家”写入宪法。实施依法治国方略、推进法治国家建设，其中很重要的一个方面，就是要深入开展法治宣传教育，弘扬法治精神，不断提高广大干部和人民群众的法律意识和法治观念，特别是提高各级领导干部的法治观念和依法办事能力，形成良好的社会法治环境。只有切实加强了法治文化建设，才能保证依法治国方略得到全面长久的落实，才能建设真正意义上的法治国家。党的十八大及四中全会提出“全面推进依法治国”，并对立法、执法、司法、守法等各方面的工作作出了部署，更加明确了法治在国家治理和社会管理中的重要地位。党的十八大及四中全会报告中提出“科学立法、严格执法、公正司法、全民守法”，这充分表明我国的社会主义法治建设进入了一个新的、更高的阶段，法治文化建设也从此进入了全新的发展时期。

法治文化是维护人民群众切身利益的需要，是人民群众对于法治的一种观念、一种意识、一种态度、一种信仰，它融入人民群众的血脉并自发地或自觉地影响和左右着人民群众的各种行为和活动。在我国，人们文化素质低，是法治文化建设面临的最大障碍。现实生活中，许多人不仅不知道自己享有哪些权利，而且也不知道如何运用法律武器来保护自己的合法权利。我国著名法学家龚瑞祥教授指出：“所谓法治，其实不仅仅是以法治国的意义，而且还含有用于法治的法律必须遵循的原则、规范或理想的意义。”也就是说，法律是确定的、公正的理想，而非我们通常所认为的领导人或长官意志，法治是立法者和司法者用以检验法律能否生效的原则。党的十八大及四中全会报告提出“法治思维”概念，是对全面推进依法治国基本方略所作出的巨大的理论贡献，真正抓住了依法治国的精神实质。“法治思维”作为一个专有名词出现在党的十八大报告中，构成了十八大报告的一个“亮点”。十八大报告关于“法治思维”概念的提出，向每一个领导干部昭示，必须在工作方法和工作思维上进行改革。依法治国虽是一种国家行为，但法的实施却与人民群众有关。如果人民群众不守法，有关机关也不依法执法、司法，那么依法治国还是不会变成现实。然而，守法、执法和司法必须以知法为条件，所以，以法治文化建设引领和谐社会管理，让人民群众知法便成为依法治国的一项重要措施。依法治国就是要将人民的根本利益用法律的形式上升为国家意志，将人民当家做主的社会主义民主政治制度化、法律化。

三、以法治文化引领和谐社会管理是促进稳定的需要

法治国家的建设，是一项艰巨的系统工程。要建设强大的法治国家，就要建设强大的法治文化，让法治文化渗透到每一位社会成员的骨髓，让社会成员的每一个细胞都流淌着法治文化的血液。我国上千年的封建社会实行专制政治，进入社会主义以后，在“文化大革命”时期，法治又遭到了严重的破坏。不良的法治环境扼制了法治文化的生长，良好的法治环境有利于法治文化的形成和发展。近年来，随着法治建设的加强，我国的法治环境逐年向好，全民普法已经从普及法律知识，提升到弘扬法治精神、建设法治文化和推进依法治国的新高度。持之以恒、潜移默化的全民普法，正在深刻影响着全体公民的思想观念、思维方式和行为方式。于是提高各级领导干部运用法治思维和法治方式的能力成为当务之急。

加强法治文化建设是全面实施依法治国方略的需要，也是促进社会和谐稳定的需要。任何一种文化对人的影响都是潜移默化、润物无声的，但是这种文化一旦为人们所接受，其影响却具有根本性、长期性和广泛性。党的十八大及四中全会报告中关于“依法治国”的论述和要求，集中体现在“全”和“快”两个字上。“全面推进依法治国”是党的十八大及四中全会报告关于推进依法治国的空间要求，而“加快建设社会主义法治国家”则是党的十八大及四中全会关于推进依法治国的时间要求。依法治国，作为一种先进的治国方略与法治文化，是社会进步、社会文明的重要标志。社会主义法治是社会主义精神文明建设的有力保障，也是社会主义精神文

明在国家和社会生活中的重要体现。作为制度文明成果的法治文化，国家的政治制度、法律制度等，是法治文化的基本制度载体和重要存在方式。党的十八大，特别是四中全会从道路、理论、制度三个基本层面论述中国特色社会主义，而国家长治久安，则是建设中国特色社会主义事业的前提和基础。“中国要实现四个现代化，摆脱落后状态，必须有一个安定团结的政治局面，必须有领导有秩序地进行建设。”维护社会稳定，实现国家的长治久安，最根本、最有力和最有效的办法就是实行法治。因此，法治文化在引领和谐社会管理、促进社会稳定中大有可为。

（作者系中国法学会法制文学研究会副秘书长）

论法治文化在法治中国建设中的重要作用

李广仓

摘　要　法治中国建设是当代伟大的实践活动。以法治文化建设为支撑点，将法治文化建设与中国司法实践关联起来，找寻其间的契合点；发挥法治文化优势功能，推动法治中国软、硬平台建设；继承中国法治文化传统，汲取世界优秀法治文化基因，构建具有中国特色的法治文化，探索法治中国建设的途径。

关键词　法治文化　法治中国　途径

党的十八届四中全会决议全面勾勒出建设法治中国宏伟蓝图。决议指出，只有积极弘扬社会主义法治精神，建设社会主义法治文化，才能增强全社会厉行法治的积极性和主动性，形成守法光荣、违法可耻的社会氛围。在新文化语境下，如何继承中国法治文化传统，汲取世界法律文化优秀基因，构建具有中国特色的“现代性”法治文化，推动法治中国建设进程，已成为重要课题。本文从文化学视角切入，以当代法治文化建设为支撑点，将法治文化与当代司法实践关联起来，探索文化视角下法治中国建设的维度与途径。

一、法治文化的内涵及特征

要论证法治文化在法治中国建设中所起的特殊作用，首先要厘清法治文化与法治中国两个概念的含义、特征，以便考察两者在什么文化语境、何种现实维度、怎样法律形态情景下发生哪种层面上的关联。

（一）法治文化与法治中国的含义

这里所说的“法治文化”，是指当代政治、经济大视角下，党和政府依法治国实践中形成的复合型文化形态。“法”与“治”是名词、动词叠加构成的定语中心词，决定了它与通常所说的法制文化、法律文化在内涵上的区别，即突出了法治文化建设的动态化与当代性特征。法治文化是在继承中国传统文化优秀基因，吸纳人类法律文明成果的基础上，根据当代中国政治环境、经济形态、国民价值观认同、党的执政理念等实际情况，适时提出的一个文化概念，它已然挣破单纯的“法律文化”基本内涵，进入法律与政治、经济、意识形态、社会心理等相交叉的大文化领域。在当代文化语境下，法治文化其实就是“中国特色法治体系文化”的统称。它不但是法治中国建设的重要组成部分，更是法治中国建设的核心要素。法治文化的主要功能是凭借文化软实力，助推法治中国建设实践稳妥、高效、顺利实施。

所谓“法治中国”建设，其实就是党领导下社会主义法治体系建设的伟大实践活动，是“中国梦”的重要组成部分。其主要任务就是完善法律体系，推行依宪治国、依法治国；重视司法实践环节，体现司法公平正义；培育法治公民，构建法治政府，使中国跻身真正意义上的法治国家行列。

（二）对法治文化的分层理解

文化是人文社会科学一个超级概念，世存一百多种定义。根据现有“权威”定义，可将法治文化理解为“与我国法治文化建设相关的物质文化、精神文化的总和”。但这似乎等于什么也没说。若不忙于定义，而是对法治文化予以分层描述，则可从不同侧面企及法治文化本质内涵。

从行业与专业特征来划分，法治文化可分为显性法治文化和隐性法治文化。关于“显”与“隐”，也可从法治文化“软”与“硬”、内部与外部两个方面来理解。显性法治文化属于法律“硬文化”范畴，即是指通常所说的法制文化或法律文化，其特点是富有法律专业特性，属于法律内部知识范畴；隐性法治文化则属于法律“软文化”范畴，是法律文化向其他文化维度的浸润与延伸。例如，与法治中国建设密切相关的法治政治学、法治社会学、法治心理学、法治文学等，都属于法治软文化或外部延伸文化。

从逻辑认知层面来划分，法治文化从形而下到形而上，可分为法律器物层、法律文本层、法律解释层、立法精神层、司法实践层、法哲学与信仰层。

从结构主义系统论角度来划分，法治文化可分为历时性法治文化和共时性法治文化。从结构主义文化理论来看，任何文化传统既非一成不变，也非变动不居，而是文化系统的“结构—解构—再结构”的动态有序演变过程。这里的“解构”不是全盘否定，而是随着社会历史进程对不合理要素的扬弃。这一过程在时间维度构成“历时态”。而维持结构系统自身演变的“法则”，或曰“游戏规则”，是稳定不变的，构成系统的“共时态”。具体到法治文化，人类从古及今的法文化史就是一个历时态知识库。而自古及今延续不变的法律精神、法治信仰等“普世”信条，是法律制度得以运行的“行棋规则”，属于共时性知识范畴。

总之，法治文化是法律观念、法律制度、法律认知、司法实践、法律文本、法律器物、法治题材文艺等各方面的总和。无论从广义还是狭义来划分，上述法治文化的内涵与分层，都涉及法治文化建设的主体、客体、方法、核心价值观、司法实践等要素，它们都会对法治中国建设产生重大影响。

（三）法治文化的基本特征

1. 内涵的当代性：当代性是法治文化先进性的标志

这里所说的当代性是指国民对法律理性精神的崇敬与对当代社

会现实的正确认识，从法治国家建设的社会历史性、具体实践性两个方面，正视法律嬗变的现代化特征。坚持当代性，当然要继承民族传统，但主要还是立足当代，摒弃糟粕，丢掉情绪化指责，翻开新的一页。具体到法律文化，中、西方分歧很多，但最核心差异则是双方对“法律本体”的“异位”认识。从古希腊、古罗马时期开始，直到18、19世纪，西方国家一步步形成法律核心价值理念与信仰体系，将法律从一种人创契约，提升至超越一切主体管辖的“自主”客体或曰一种“本体”地位。在中国则不然，法律不可能是“无冕之王”，它仅仅是一种工具。这种工具具有特殊的主体操控性。西方法律信仰中的“法律面前人人平等”观念，在中国古代可轻而易举地转换为“刑不上大夫”这样的叙事。而“王子犯法与庶民同罪”，只不过是宋元话本中的小说家言①。这种认识上的差异性，制约着中国法治文化建设的当代性。

既然认为全盘“植入”西方理念是不可能的，那么，取得当代性的关键，就只能在当代司法实践上狠下功夫，争取在“法治成效”方面取得超越性成就。否则，就难以说服“全盘植入派”。当代性的获得，不是休克式全盘移植，亦非抱残守缺式传统延续，而是要在“移植”与“延续”中找到平衡点。由于我们与西方存在种族、地域、风俗、政治、意识形态差异，加之客观现实不可逾越的硬性规定，不可能走和西方法治相同的道路。在当下，亟待解决的问题是将法律文化精髓与法律具体实践相结合，将中国社会主义特色“法治成效”殊途同归地展现在世界面前，这是目前最好的当代性逻辑。否则就会陷入非此即彼的“二元对立”思维模式，造成法治文化逻辑混乱，导致法治文化心理失衡。因为任何一种法律体系的建立都不可能是“全新”植入，它有严格的继承性，是社会大文化结构体系的一部分。西方法治文化关于“为实现正义哪怕天崩

① 何勤华等：《法律文化三人谈》，北京大学出版社，2010年，第114～115页。

地裂"①的说法是中国传统与现实所不允许的。只强调当代性，忽视历史延续性与客观现实性，必然导致法治文化逻辑与现实实践的严重背离。也就是说，法治文化构建的当代性，只能是"结构系统"的调整，而非系统的倾覆；是新质的掺入，而非全盘移植；是实践成效的强调，而非法律理念的悬空争论。

2. 形式的多样性

无论显性还是隐性，可感器物还是精神理念，法治文化都表现出多样性特征。从当代印刷文本到古色斑斓的羊皮法典；从象征性法律器到当代公安法治题材文学，无不是法律精神借助文化形式的显现。古罗马"十二铜表法"以其新奇的文本形式，获得了无法估量的文化认知价值；我国法官法袍上四个红底黄色大纽扣所拥有的丰厚意旨，是法律象征文化表现形式；央视"法律大讲堂"以案说法讲述鲜活案例故事，则是法治文化新型传媒形式；公安法治题材影视剧（如电影《法官老张轶事》）中的法官人物形象，是法治文化审美表现形式；公职人员就职时宣誓效忠宪法，是法治文化仪式表现形式。

3. 价值的标引性

这是从文化的功能角度来说的。法律文化是人类文化中导引功能最强的文化形式。虽然经济基础决定上层建筑，但以法律制度、法律思想为代表的上层建筑要素，对经济基础的反作用是巨大的。一种成功的社会制度，必然有成熟的法律体系相匹配。如果缺少优秀法律体系的标引，社会制度就会因失去"罗盘"而丧失其正义性。因为法律制度、法律思想作为人类社会之"游戏规则"，具有可通约和可检验性，是公平正义社会制度的必要条件。当代法学理论认为，正是西方公平正义现代法律制度，才促成资本主义制度的不断完善。②而在中国传统文化中，人们对法律功能的认识有别于

① 刘进田、李少伟：《法律文化导论》，中国政法大学出版社，2005年，第3页。

② 何勤华等：《法律文化三人谈》，北京大学出版社，2010年，第123页。

西方。中国古人往往专注于法律的惩罚功能，忽视其关怀功能，认识不到公平正义对社会的心理抚慰作用，故法律的价值标引功能也就不甚突出。近代以来，中国法律界有识之士不遗余力地推动中国司法体系变革，也正是基于此种原因。也就是说，社会发展不仅仅在于政治信仰的价值标引，法治文化价值标引也是非常重要的。

4. 人性的终极性

这里所说的人性问题，绝非庸俗的滥情主义，而是基于人类良知意义上的宽厚、朴素、仁爱思想观念。在此语境下，某个人的行为、某件事的发生，是否符合人性，在价值判断上是不言自明的，所谓普世价值也只有在此意义上才讲得通。“人性终极”是人类精神价值判断不能再退的认知悬崖，一切与之相悖的思想、行动理由，不管多么光芒四射，在它面前都要作出让步。具体到法治文化，那就是在绝对正确的法律之上，还有绝对正确的人道主义。只有当法治文化获得这一终极坐标的牵引，法治中国建设才能不失航向。在法治软文化中，一些文本“故意”在人性和法律之间制造对立，通过情与法矛盾的两难抉择，让法治与人道保持一定的张力关系，例如，电影《被告山杠爷》《秋菊打官司》等。这些文本表层结构着意表达法不容情主题，并非为了撕裂情法关系，而是在深层结构中表明：法律离开人道是酷法，人道离开法律则滥情。法律是社会秩序小关怀，博爱才是人性大关怀。以程序正义才能达到人性博爱，两者辩证依存，保持悖立与平衡关系。

5. 进程的开放性

法治文化建设不是封闭的，而是一个逐步开放的建构过程。结构主义理论认为，一个结构系统只有具备了整体性、转换性和自我调节性①三个特征，方能自在延续。结构不是僵死的，它需要演变，需要通过新质的加入，新的规则的形成，达到结构的“解构”与“重构”，从而保持结构系统的生命力。具体到法治文化建设，也需

---

① 皮亚杰：《结构主义》，商务印书馆，1996 年，第 2 页。

要将其看作是一个既封闭又开放的结构形态：封闭是就其稳定性而言，开放是就其发展而言。也就是说，在建构过程中，由于时代变化，结构在保持其整体性的同时，必须有新要素不断加入，促使结构作出调整，达到一种继承性转换。现阶段，法治文化需要根据社会主义市场经济不可逆转之现实规定性，适时引入现代法治文化通则与核心理念，从而推动法治文化新结构的转换生成。这已是不争的事实，法治文化建设实践充分告诉我们，只有敢于接受新质对旧质的“解构—重构”挑战，才能构建真正意义上的现代法治文化。

二、法治文化构建“法治中国”之维

正是基于法治文化独特内涵及功能、特性，才决定了法治文化在法治中国建设中所起的舆论先导、司法改革、主体、客体培育等多方面作用。法治文化构建法治中国之维，主要表现在以下几个方面：

（一）营造法治氛围，凝聚社会共识

欲建法治中国，必先构建法治文化，以法治文化影响社会大众。国民是法治中国建设的主体，而事实是，中国人对法治文化的信仰，依然处于某种矛盾、短视或曰非现代性状态。其主要表现在对法律及其作用的理解上。对于法治核心理念，一些人往往似是而非，“知道，但并非真正知道”。至今仍然有人坚持认为法律是“冷酷无情”的“管人工具”，却忽视了法律对社会所起的人性温暖与疏导作用；另一些人则被法律文化所秉持的“法律至高无上”的精神信条所吓倒，害怕“至高无上”话语背后隐含的价值主张，冲击主流意识形态地位。其实，确立公正的法律体系，许多社会矛盾才可在光天化日之下按程序消解。对法治文化两个方面的曲解，必然迟滞法治中国建设进程。法律是社会安全运行的游戏规则，只要按规则行事，摒弃私心，正确操控，不但不会冲击主流意识形态，还会为政府起到“分谤”作用。

在日常话语中，一句口头禅经常被无意识地说出：“法还不是人定的吗?”每一个中国人都深谙此话背后隐含的意味玄机。这一

看似简单的话语，却凝结着深层法律负文化心理积淀。从话语分析角度来讲，话语述说主体根本就没有将法律纳入价值信仰体系，而是将现代国家标志的国体重器，理解成一件任人摆弄的权力工具。因此，要想真正树立人们的法治信仰，必须将法治纳入国家制度安排和技术设计层面考量，彻底摒弃法律的随意化、特权化、等级化观念，使法治成为社会治理的理性尺度，以柔性文化手段，最终达到刚性法治的目的。

（二）弘扬法律精神，树立法治自信

消除国民对法治文化的模糊认识，关键是要在人心中树起坚硬如铁的法律理性精神，坚持不懈地以文化方式进行“法之精神”启蒙。法律理性精神是法治文化的精髓，也是法治文化的核心价值观。诸如天赋人权、契约精神、法律面前人人平等、永恒正义、永恒理性等，只有真正理解了这些核心理念所秉有的超时代、超地域特性，真正理解了法治与自由、平等、公正、权利之间的密切关系，才能水到渠成地使法律精神成为当代人的精神信仰与核心价值观，使法治精神融入国家民族的血脉。

当前语境下，弘扬法律精神，树立法治自信，还有一个绕不开的扭结，即如何正确理解“一元”与“三分”辩证关系问题。一元是传统纽带，三分是现代语境；三分不是割裂式分立，应是一元下的独立分工。只有正确理解了两者之间的微妙关系，才能真正理解中国法治文化建设之智慧。这一问题之所以成为法治文化的“禁区”，究其原因，无论是法律内部还是外部文化，激进还是保守派别，都犯有非此即彼线性思维错误。因为两者都是从非实践、不妥协角度悬空论证中国法治建设实践的，忽视了中国法治建设中传统与现代彼此交融、互相征服的文化语境，忽略了中国法治建设的动态进程，忽略了中国法治文化超级整合力——将似乎不可能的东西融汇到一起的能力。这样说绝非武断，只要理性研究当代中国法律文化变迁史就可明白，在艰难但缓慢的“历时性”变革中，“共时性”规则也在不断丰富起来，这是一个可喜的进步。我们绝不可期望毕其功于一役、仓促间实现中国法治的现代转型。如果这样说稍显笼统，那么回到现实来看，当前围绕司法实践进行的一系列改革，如试行让法官、检察官“跳出”普通公务员序列等举措，看似老生常谈，实则意义非凡，是“一元”之自信、“三分”之智慧相结合的制度建设初步摸索。

(三) 涵养执法主体人格，培育高素质执法队伍

“徒法不能以自行”，法治中国建设，不仅需要文化氛围营构，还需要高素质法治人才的参与。司法是社会公平正义最后一道防线，一旦这道防线失守，必然导致司法链条的全线崩毁。如何获得高素质人才，仅仅靠应急培训、知识灌输是不够的，那样很有可能收获一部僵硬执法甚至投机执法的“机器”。一个唯命是从的被动主体，一部冰冷的法律机器，并不能称为高素质执法人才。只有通过先进法治文化的哺育，才能收获具有“圆整”人格的执法主体。由于法治文化具有自主性、持久性、非功利性等育人特征，在此情境下，主体对法治精神的理解则升华为一种敬仰，演化为一种内修为行为，形成坚决听从“法律律令”召唤的理性人格。有鉴于此，提升执法主体人格，必须立足法治文化涵养教育，建立真正有效的教育体系。不但实施法律业务知识、司法实操教育，还应从司法人员内部心灵教育着手，使自然法作为人性象征根植于头脑。培育其坚硬如铁的法律理性精神，勇往直前的英雄气概；涵养其对法律的敬畏之心、敬仰之情，做遵守法律、依法办事、不畏强权的楷模。

(四) 培育合格公民，宣扬法律认同

法治中国建设，只关注执法主体是不够的，十三亿中国人民才是法治中国真正的主角。党的十八届四中全会《决定》指出：“法律的权威源自人民的内心拥护和真诚信仰。人民权益要靠法律保障，法律权威要靠人民维护”。也就是说，人民群众才是法治中国建设真正的主体，是法治国家的最大获益者。因此，人民群众必须跟上法治中国建设的步伐，千万不可将法治建设当作“政府的事”而束之高阁。人民应切实体会、真正认识到法律对自身权利的保护作用，形成对法律的信仰、敬畏与尊重。当代中国进入改革开放深水区，随着财富积累的差异，社会成员的身份焦虑在所难免。如何

弥合族群间的鸿沟，怎样解决日益增多的利益纠纷，法治乃是最有效途径。只有选对了途径，才能在利益被侵犯时找到合适的法律武器，避免过激行为。因此，有了守法、信法、用法的公民，有了按契约行事的法治文化信仰，才能有效化解社会矛盾，使社会成员身份认同，由狭隘的亲朋认同、地域认同、种族认同、阶级认同转换为文化认同、法律认同。

（五）承载法律知识，推动法律理念传播

法治文化形式多样，不但具有承载功能，还具有巨大的传播能力。将理性化、条理化的法律、法典文本予以形象化、大众化、通俗化阐释，但又不失法律精髓，使之成为社会公民耳熟能详的“至理名言”，这就需要文化的参与。事实上，经过法律工作者提炼加工，一些精练的术语、谚语、格言、警句等文化话语，可将抽象的法律精神以通俗易懂的方式表达出来。诸如“契约胜法律”，“私约不损公法”，“公法易逝，私法长存”，“无证据、无诉讼”，“法庭之上只有证据，没有事实”，“一份不公平合同也好过一场冗长官司”[①]。这些精辟法律文化话语，积淀深刻，意味绵长，对于快速提升法律意识，形成法律认同，能产生醍醐灌顶之特效。

在一些法治软文化文本中，法律知识传播同样不可小觑。西方一些文学大师，如莫里哀、歌德、巴尔扎克、海涅、福楼拜、莫泊桑、托尔斯泰等，都有大学法律系学习经历，具有深厚法律文化积淀，所以，他们能以独特鲜明人物形象传播法律知识，使大众在欣赏文学名著过程中获得法律启蒙。

三、法治文化构建“法治中国”之途

法治文化凭借自身先天功能优势、宽广文化之维，扮演着法治中国建设推进器角色，为法治中国建设源源不断地提供精神文化动力。法治文化构建法治中国途径如下：

---

① 王娜娜、高健：《法律文化通识》，南京大学出版社，2011 年，第 198 ~ 199 页。

（一）文化建设顶层设计

将法治文化建设，置于国家文化战略发展优先地位，将国民法治文化教育提升至思想启蒙、政治启蒙的高度，纳入“中国梦”实践环节。通过提升主体法律意识，将法律至上理念，遵守契约精神，上升至国家、民族的集体无意识、政治无意识的文化心理层面。经济现代化必然导致法律现代化，这是不可逾越的法治规律。每一位公民，特别是各级领导干部，一定要秉承实事求是的精神，扎根基层，立足民间，主动认知体验，而非皮相了解法治文化；一定要真诚理解法治建设、依宪治国、依法治国方略对提高国家管理效率、提升我党执政能力、化解社会矛盾所起的巨大作用；一定要真正意识到排斥法治文化核心理念，惧怕法律无冕之王地位，是阻遏国家现代化、制约社会主义市场经济健康发展的“瓶颈”。

（二）法治文本建设

文本是法律的载体，是法治文化传播和应用的主流媒介。让法治文化走向基层，无论法律内部与外部文化、硬文化和软文化，都必须在多个层面做好文本建设工作。当前，在翻译消化西方法律经典文本的同时，应进一步挖掘整理中国古代优秀法律文化传统，在中西方法律文化碰撞中，确立中国法治文化建设价值取向。对于已颁布的法律条文，要以多种形式做好出版、发行、解读、宣传工作，让国民有更多机会接触法律文本，获得法律知识，涵养法律人格。一个老百姓对法律条文不闻不问的国度，焉能实现法治国家建设？因此，既可以利用传统宣传栏、文化走廊等形式进行法治文化宣传，也可以利用现代传媒技术，做好法律文本推介工作，使法治文化进入寻常百姓家。同时，加强法治软文化建设，借助法治题材小说、影视、案例等，做好法治宣传，用一流的文本塑造个性鲜明的警察、法官、检察官、律师形象，形成浓郁的法治文化氛围。

（三）文化宣传媒介建设

法治中国建设，离不开普法文化宣传工作。法治文化宣传形式多样化，但无论是案例宣传，还是条文阐释宣讲，都离不开现代传媒技术的助推作用。可以说，构建属于法治宣传的现代传媒网络，是法治中国建设的重要路径。关于法治文化宣传工作，党的十八届四中全会对普法对象、媒介、方法等都有精确论述，强调“健全媒体公益普法制度，加强新媒体新技术在普法中的运用”。在过去普法教育中，由于没有做到因材施教，加之缺少现代传媒技术辅助，导致法治教育效率低下。而借文化传播优势，携现代立体传媒技术，就可将法治中国宣传落到实处。在多媒体交互时代，可通过法治网站、微信、微博、短信平台，对公民进行法治文化宣传教育。充分利用文字、图片、视频交互技术，将枯燥法律条文可视化，促进国民对法治文化的消化吸收。近年来，通过网络传播的典型案例，如“孙志刚案”、“呼格案”、“聂树斌案”等，不但推动了法治中国建设的进程，而且对公民队伍建设起到了很好的促进作用。

（四）法律诉讼“硬”平台建设

法治中国建设，硬平台是极其重要的环节。完善各级法律诉讼硬平台建设，可有效化解各类社会矛盾、利益争端，给百姓的“争讼”以恰当出口。可以说，硬平台建设是法治中国最“形而下”也是最重要的实践活动。硬平台建设，将使法治文化更加有用武之地。国家花大力气构建具有中国特色的基层法律诉讼平台，正确把握“无讼”、“争讼”、“息讼”之间的平衡关系，唱好司法实践这台压轴大戏，将让人民群众充分享受法律整合带来的公平正义精神飨宴。在这一平台上，案件都可依据法律，公开、公平、公正审理，用千百次“眼见为实”的公正审判，逐步建立起人民群众的法律信仰；让群众在具体司法实践中学会打官司，不怕打官司，敢于拿起法律武器，维护自己的合法权利，充分享受诉讼背后隐含的公平正义精神慰藉；彻底走出走司法程序是“丑事”这一法治文化心理误区，宣扬其化解矛盾的正能量作用。另外，要正确看待诉讼成本与诉讼效果之间的关系，因为公平正义的实现，社会气正风清，人民富有尊严，是任何经济成本也换不来的。同时，要加强司法审判过程的严格监督，使无罪推定、罪刑法定等执法理念，以职业信仰形式镌刻在执法人员心中；加强律师队伍建设，给予他们宽松自由的活动空间，提升律师依法辩护水平，也是硬平台建设不可缺少的条件。

（五）善治政府建设

法治中国建设的文化逻辑是以实现权利保障和权力制约为目的，并通过形成法治政府、法治政党，最终完成法治国家建设历史使命①。唯其如此，一个特定阶段法治文化建设使命才算完成。但仅仅停留在这一认识层面还是不够的，还需要在更大结构体系中充分认知法治文化与法治国家的“结构关系”。即要在社会现实、道德理想、永恒人性、完备法律四个向度构成的结构关系中，考察法治文化发挥的坚强柱石作用。在这一宏大结构中，“社会现实—道德理想”形成横轴，“永恒人性—完备法律”形成纵轴，承载现代国家稳定结构。在四要素构成的坐标系中，法治文化起着中流砥柱作用，彰显理性魅力，是冰山的水下支撑部分；人性是永不缺席的价值观标引，现实是不可逾越的参照系，道德理想则是人梦想之升华，三者属于冰山水上部分。四者相互牵引、相互制约、相互支撑，形成稳定、理想的社会形态。

四、结语

总之，法治文化和法治中国建设，是相互包容、相互支撑的共建关系。法治文化以其无处不在的宏大力量，助推法治中国从低级到高级、从意识到行动，一步步向法治国家迈进。以文化建设为突破口，构建法治国家，既符合法治国家建设基本规律，又符合社会主义市场经济运行环境。法治中国的形成，虽然有很长的路要走，但只要尊崇法治观念，坚持法治文化启蒙教育，培育法律理性精神，形成全民法治信仰，一个全新的法治国家必将屹立于世界的东方。

（作者系中国人民公安大学人文社科部教授）

① 刘红臻：《“法治中国建设理论与实践研讨会”综述》，载《法治与社会发展》2013 年第 5 期，第 48 ~ 53 页。

社会主义法治信仰之我见

冯乃华

摘　要　法治之于中国，不仅是一种制度变革，而且是一场文化观念的革命。法是崇高的，人们赋予法的期望也是非常迫切的。实现科学立法、严格执法、公正司法、全民守法的社会主义法治国家，毫无疑问将极大地接近人们理想的社会。社会主义的法治，应该是良法善治，它必须被信仰，而信仰的力量是无穷的。

关键词　良法善治　法治信仰

党的十八届四中全会《决定》中，第一次以执政党最高政治文件的形式，对建设中国特色社会主义法治体系、建设社会主义法治国家作出整体部署和战略安排，对在新形势下通过全面推进依法治国促进和保障中国特色社会主义建设，通过加强法治建设推进国家治理体系和治理能力现代化，通过法治方式推进全面深化改革，为全面建成小康社会、实现中华民族伟大复兴的中国梦提供制度化、法治化的重要保障。《决定》诠释了我们党运用依法治国基本方略和法治基本方式治国理政的政治理念和战略思维，绘制了建设社会主义法治国家的宏伟蓝图。《决定》中明确指出："法律的权威源自人民的内心拥护和真诚信仰。人民权益要靠法律保障，法律权威要靠人民维护"。

一、科学立法是社会主义法治信仰的基础

中国特色社会主义法治是一个庞大系统，它主要由以下三个层面的内容组成：

一是中国特色社会主义法治的理论价值和精神文化，包括社会主义法治价值、法治精神、法治意识、法治理论、法治信仰、法治文化、宪法法律权威等。这是中国特色社会主义法治的精神支柱和理论基础。

二是中国特色社会主义法治的制度体系和运行体制，包括完备的法律规范体系、高效的法治实施体系、严密的法治监督体系、有力的法治保障体系、完善的党内法规体系等。这是中国特色社会主义法治的法律制度支撑和运行机制。

三是中国特色社会主义法治的行为活动和实践运行，包括科学立法、严格执法、公正司法、全民守法，有法必依、违法必究，依法执政、依法行政，办事依法、遇事找法、解决问题用法、化解矛盾靠法等。这是中国特色社会主义法治的实现方式。

怎样才能做到科学立法、民主立法？

首先，必须坚持以中国特色社会主义理论体系为指导。中国特色社会主义理论体系，是马克思主义中国化的最新成果，是党和国家工作的行动指南，是全党全国各族人民团结奋斗的思想基础。党的十八大以来，习近平总书记的系列重要讲话，极大丰富了中国特色社会主义理论体系，特别是关于全面推进依法治国的系列讲话，构成了中国特色社会主义法治理论的核心内容，为坚持科学立法、民主立法，不断提高立法质量指明了方向。我们要深刻理解讲话精神，通过立法，科学调整与规范国家和社会生活的各种关系，处理好改革开放和现代化建设中的各种复杂问题。

其次，科学立法、民主立法的核心，是立法要尊重和体现社会

发展的客观规律、尊重和体现法律所调整的社会关系的客观规律以及法律体系的内在规律。立法要体现我国社会主义国家性质，顺应时代发展要求，推动国家发展进步，保障人民各项权利。立法要从国情和实际出发。习近平总书记指出，不是所有的法都能治国，不是所有的法都能治好国。要立良善之法，立管用之法，建立科学的立法体制机制，使每一项立法都能科学合理地规范国家机关的权力和责任，规范公民、法人和其他组织的权利与义务，使法律符合经济社会发展的需求。法律是治国理政的科学，立法必须遵循法律体系的内在规律和立法工作规律，遵循立法程序，注重立法技术，努力实现立法过程的科学化。要明确划分不同法律关系的调整对象和界限，形成和维护符合国家发展目标的法律秩序。

再次，民主立法要坚持人民的主体地位，其核心是立法要为了人民、依靠人民，使法律真正反映广大人民的共同意愿、充分保障广大人民的各项权利和根本利益。实现民主立法，必须在立法工作中贯彻党的群众路线，通过各种方式使立法更好地汇聚民意、集中民智，体现人民的利益和需求。习近平总书记指出，人民对美好生活的向往，就是我们的奋斗目标。实现党的主张、人民的意愿和依法治国的有机统一是立法机关的使命和责任。一部法律制定出来，最根本的检验标准是能否顺应广大人民的意愿，维护广大人民的利益，使法律成为增进人民福祉、增进社会认同的最大公约数。

最后，科学立法、民主立法必须坚持中国共产党的领导。党的十八届四中全会审议通过的《决定》，鲜明地回答了党的领导和依法治国的关系，提出了一系列加强和改进党对全面推进依法治国领导的重大举措。党的领导和依法治国的关系是法治建设的核心问题。坚持党的领导是全面推进依法治国的题中应有之义。我国宪法明确规定了中国共产党在中国特色社会主义事业中的领导核心地位，全面推进依法治国必然要求坚持党的领导。党的领导必须依靠社会主义法治。随着全面建成小康社会进入决定性阶段，改革进入攻坚期和深水区，我们党要更好地统筹社会力量、平衡社会利益、调节社会关系、规范社会行为，使社会在深刻变革中既生机勃勃又井然有序，实现经济发展、政治清明、文化昌盛、社会公正、生态良好，就必须充分发挥立法的引领和规范作用。党的领导和社会主义法治是一致的。宪法和法律是党领导人民制定的，党在领导立法过程中，“善于使党的主张通过法定程序成为国家意志”。宪法法律实际上就是党和人民意志的法律化表达，保证宪法法律实施就是保证党和人民共同意志的实现。党的领导是社会主义法治的根本保证。中国特色社会主义法治体系是中国特色社会主义制度体系的重要组成部分，而党的领导是中国特色社会主义最本质的特征。只有在党的领导下依法治国、厉行法治，人民当家做主才能充分实现，国家和社会生活法治化才能有序推进。

二、法治政府是社会主义法治信仰的引领

《决定》明确提出：“法律的生命力在于实施，法律的权威也在于实施。各级政府必须坚持在党的领导下、在法治轨道上开展工作，创新执法体制，完善执法程序，推进综合执法，严格执法责任，建立权责统一、权威高效的依法行政体制，加快建设职能科学、权责法定、执法严明、公开公正、廉洁高效、守法诚信的法治政府。”

我们的政府是人民的政府，政府是否依法行政，是人们对法律信仰的一个先决条件。我们政府的全体工作人员，必须忠诚于宪法，忠实于人民，以民之所望为施政所向。把努力实现人民对未来生活的期盼当作神圣使命，以对法律的敬畏、对人民的敬重，敢于担当，勇于作为，造福全体人民，为建设强盛国家而努力奋斗。要把法律置于神圣的位置，无论任何人，办任何事，都不能超越法律的权限，要用法治精神来建设现代经济、现代社会、现代政府。综观新中国成立以来的经验，法制完善，社会稳定；法治彰显，政府有为，才能保持国家的正确航向和长治久安。因此，政府不应该辜负人民对社会主义法治信仰的寄托，着力打造法治政府。新一届国家领导层不约而同地高举法律大旗，并非偶然，近年来，我国的法治进程不断推进，领导层越来越认识到立法和法治的重要性；另

外，这也是权力自觉接受监督和制约的体现。最近，“把权力关进制度的笼子里”颇受关注。如何关？关进什么样的制度笼子？这个笼子的名字应该叫法治，或者起码应该包括法治。没有法治，就关不住权力，权力被关进了笼子也能昂然走出来；没有法治，法律就可能被糟蹋成一纸空文，法律的尊严荡然无存。“法律必须被信仰，否则它将形同虚设”。如何树立公众对法律的信仰、确保法律公正、关键还在于，掌握权柄的人必须以身作则，带头遵纪守法，公众才会信服和跟从；如果掌握权柄的人不带头维护法律尊严，就会瓦解人们对法律的信仰、对司法的信任、对政府的信赖。权力对待法律的态度，往往决定着法律的地位，也影响着法治国家的进程。当法律处在神圣位置，任何人办任何事，都不能超越法律权限，那么法治国家、法治政府便不再遥远。

依法全面履行政府职能是深入推进依法行政、加快建设法治政府的必然要求。党的十八大明确提出，到 2020 年全面建成小康社会时，依法治国基本方略全面落实，法治政府基本建成。所谓法治政府，就是行政主体按照合法行政、合理行政、程序正当、高效便民、诚实守信、权责统一的要求，行使权力，履行职责，承担责任。这一方面要求政府在法治化轨道上行使行政权力，防止权力任意扩张，行政行为的主体、权限、依据和程序都要严格遵守法律规范，做到不越权、不滥权；另一方面，要求政府全面履行法定职能，经济调节、市场监管、社会管理和公共服务等方面职能都要履行到位，该管的一定要管住管好，做到不缺位、不失职。同时，要有强烈的责任意识和担当精神，积极回应社会公众的需求和关切，对人民群众反映强烈的问题，事不避难，敢抓敢管，切实履行好法定职能。

中国特色社会主义法律体系已经形成，国家和社会生活的各个方面总体上实现了有法可依。法治建设站在新的历史起点上，要更加注重保证法律的有效实施，做到有法必依、执法必严、违法必究。行政机关是实施法律法规的重要主体，我国 80% 以上的法律法规都是由行政机关执行的，依法全面履行政府职能是法律实施的重中之重。忠实执行宪法和法律，是各级政府的神圣职责。只有作为国家和社会事务管理者的各级政府充分发挥引领和表率作用，带头信仰法治、坚守法治，自觉运用法治思维和法治方式深化改革、推动发展、化解矛盾、维护稳定，做到所有行政行为都于法有据、程序正当，才能在全社会牢固树立法律的尊严和权威，使人们充分相信法律，自觉运用法律，形成全社会对法律的信仰，从根本上保证法律得到有效实施。

依法全面履行政府职能是更好地发挥政府作用的重要保障。当前，我国正处在全面深化改革和加快转变经济发展方式的关键时期。深化社会主义市场经济体制改革、创新社会治理体制、加快经济发展方式转变，核心问题是处理好政府与市场、政府与社会的关系，在充分发挥市场在资源配置中决定性作用和充分发挥社会力量作用的同时，更好地发挥政府作用。这就要求政府必须加快转变职能，坚持有所为、有所不为，最大限度地减少对微观事务的干预，把精力主要放在营造公平竞争的市场环境、提供必需的公共服务、维护社会公平正义上，实现从“全能政府”向“有限政府”转变。政府具体哪些该放、哪些该管，可以行使哪些权力，应当承担哪些责任，最终要通过法律形式予以明确。只有这样，才能对政府与市场、社会的边界作出清晰界定。

依法全面履行政府职能是提高政府公信力和执行力的迫切需要。公信力和执行力是政府的生命力，也是执政党执政能力的具体体现，关乎人心向背、事业兴衰。政府只有自觉接受法律约束，行使法定职权，遵循法定程序，并承担法定责任，才能树立守规则、可信任的良好形象，形成稳定的社会预期，并有效引导其他社会主体的行为。同时，各级政府要以高度的责任感和主动性，全面履行法定职责，对上级的工作部署不折不扣地执行，对群众反映的问题全力以赴地解决，健全监督体系和问责制度，切实提高行政效能。

坚持职权法定是依法行政的基本要求，是依法全面履行政府职能的基础。要依法规范行政机关的职能和权限，科学合理地设置政府机构，核定人员编制，推进政府职责、机构和编制法定化，实现组织法定。行政机关不得法外设定权力，是法治政府的基本特征，是把权力关进制度笼子的关键。坚持全面履职是处理好政府与市场、政府与社会关系的核心环节。只有各级政府全面履行好法律赋予的经济调节、市场监管、社会管理和公共服务职能，才能促进经济社会持续健康发展。坚决纠正不作为、乱作为，坚决克服懒政、怠政，坚决惩处失职、渎职等行为。坚持权责统一是法治政府的内在要求。政府的权力是人民通过法律赋予的，要为人民服务、对人民负责。权利与义务统一、职权与职责统一，是法治的基本要求，是现代责任政府的基本理念。坚持权责统一，要依法做到执法有保障、有权必有责、用权受监督、违法受追究、侵权需赔偿。有权必有责，有权要尽责，不允许存在无责任的权力；用权受监督，监督要全面，不允许存在不受监督的权力。

三、公正司法是社会主义法治信仰的生命

党的十八届四中全会强调，公正是法治的生命线。司法公正对社会公正具有重要的引领作用，司法不公对社会公正具有致命的破坏作用，必须完善司法管理体制和司法权力运行机制，规范司法行为，加强对司法活动的监督，努力让人民群众在每一个司法案件中感受到公平正义。《决定》从全面推进依法治国的高度，深刻阐述了公正司法的重大意义，就保证公正司法、提高司法公信力作出了一系列重要决策部署。

司法公正既是社会公平正义的重要内容，也对社会公平正义发挥着重要的引领、保障作用。司法公正主要体现为程序公正和实体公正。没有司法公正，社会公平正义是不完整的。

司法公正是社会公平正义的重要保障。亚里士多德曾经把正义分为分配正义和矫正正义两种形态。分配正义主要解决的是如何在社会成员之间分配权利、义务和责任的问题；矫正正义则是指当分配正义的规则被违反后，对被侵害的权利和利益进行弥补的恢复性正义。司法所承担的就是实现矫正正义的职能。司法审判在权力行使上具有独立性，在纠纷解决上具有终局性，在法律实施上具有强

制性，这些特点决定了司法对于社会公平正义具有不可替代的作用。从一定意义上讲，司法是维护社会公平正义的最后一道防线。司法公正对社会公平正义具有引领作用。司法不仅能够在个案中实现矫正正义，而且能够通过案件的处理，发挥价值评判、强制规范、教育引导等功能，特别是信息化时代，裁判结果传播得尤其迅速广泛，这使司法裁判蕴含的价值观更容易广为人知，更有利于引导和影响公民的行为方式，从而对社会公平正义发挥引领作用。要充分认识到司法不公对社会公平正义的破坏作用。司法权是终局性的权力，社会中许多矛盾纠纷的是非对错，最终要由司法机关来作出定论。由于司法职能的特殊性，人民群众对司法公正廉洁的关注度更高、期望值更高，对司法不公、不廉的反映也更强烈。这就要求司法机关更加注重自身的纪律建设，确保司法公正廉洁。

司法公正是主观与客观的有机统一。一方面，司法公正有客观的标准，这就是事实和法律。案件事实是客观发生的，不以人的意志为转移。法院认定的案件事实只能无限接近客观事实，而不可能等于客观事实，越接近客观事实，案件处理就越公正。如果案件认定的主要事实与客观事实相违背，就不能说实现了司法公正。法律一旦制定出来，就具有客观性。我国是成文法的国家，案件裁判必须遵循确定、具体、客观的法律规范。案件的处理只有符合法律规定，才能说是公正的，背离法律寻求公正，是不可能实现的。另一方面，司法公正具有主观性的特点。这种主观性，主要体现在评价主体利益角度的不同、价值取向的不同、对法律的认知程度不同。司法公正评价标准的复杂性，说明司法公正的实现是一项艰巨的任务。司法机关不仅要依法、依程序审理好每一起案件，还要考虑当事人和人民群众的主观感受，通过深化司法公开、加强司法宣传、做好判后答疑等方式，努力争取人民群众对判决的理解和接受。

在当前新的历史时期，人民群众对司法公正的要求越来越高，司法公正的内涵也越来越丰富。司法公正的内容随着时代发展发生了深刻的变化。这种变化主要反映在公民或法人注重总体公正与个案公正相统一，从注重结果公正到注重实现结果公正与过程公正相统一，从注重实质公正到实现实质公正与可感受公正相统一。人民司法应该切实做到让人民群众在每一个司法案件中都感受到公平正义。这种公平正义不但要求公正要实现，还要以人民群众看得见、听得着、感受得到的方式来实现。同时还要求司法人员树立良好的形象、优良的作风、规范的行为，恪守司法职业道德和司法礼仪，让人民群众充分信任司法公正，让人民群众看到、听到、感受到公正是怎么实现的。

司法公正的关键是要大力加强司法队伍的素质能力建设。要使全体司法人员坚定法治信仰，坚定建设社会主义法治国家的信念，坚定对中国特色社会主义司法制度的信心，坚守法治的核心理念，坚守职业良知。要提高司法能力，着重提高查明事实的能力、法律适用的能力、释法说理的能力以及新媒体时代的公共关系能力。要改进司法作风，从思想深处解决权力来源问题，树立群众观念，把“执法如山”与“执法如水”结合起来，坚决杜绝高高在上、盛气凌人的衙门习气，坚决杜绝冷硬横推、拖延扯皮等行为，让群众进入法院能够感受到公正、方便、文明，感受到尊重和体恤。

四、全民守法是社会主义法治信仰的基石

增强全民法治观念，推进法治社会建设，增强全社会厉行法治的积极性和主动性，形成守法光荣、违法可耻的社会氛围，使全体人民都成为社会主义法治的忠实崇尚者、自觉遵守者、坚定捍卫者。中国特色社会主义法律体系是以全社会成员的共同意志为内容形成的法律规则体系，其生命力也必然在于全民守法。

全社会树立法治意识，是培养全民法治信仰的基础性工作。法治信仰是人们对法律发自内心的认可、崇尚、遵守和服从。习近平总书记指出，法律要发生作用，首先全社会要信仰法律。如果一个社会大多数人对法律没有信任感，认为靠法律解决不了问题，那就不可能建成法治社会。因此，一定要引导全社会树立法治意识，使人们发自内心地对宪法和法律信仰与崇敬，把法律规定内化为行为准则，积极主动地遵守宪法和法律。只有这样，才能为全面推进依

法治国，实现科学立法、严格执法、公正司法、全民守法奠定坚实的思想基础。

深入开展法治宣传教育，是培养全民法治信仰的重要手段。《决定》明确提出，要坚持把全民普法和守法作为依法治国的长期基础性工作，深入开展法治宣传教育。开展全民普法，把法律交给亿万人民群众，是人类法治发展史上的一大创举。1985年以来，我国已制定实施了6个五年普法规划。近30年的法制宣传教育，有力提高了全体公民的法律素质，增强了全社会的法治意识。从法制宣传教育到法治宣传教育，内涵发生了深刻变化，既包括对法律体系和法律制度的宣传，也包括对立法、执法、司法、守法等一系列法律实践活动的宣传，更加突出了法治理念和法治精神的培育，更加突出了运用法治思维和法治方式能力的培养。要认真贯彻落实党的十八届四中全会精神，深入开展法治宣传教育，传播法律知识，弘扬法治精神，在全社会形成宪法至上、守法光荣的良好氛围。

我们要把全民普法和守法作为依法治国的长期基础性工作，要持之以恒地开展法治宣传教育，深入学习宣传以宪法为核心的各项法律法规，深入学习宣传中国特色社会主义法律体系，使全体公民广泛了解和掌握相关法律知识。注重对法治理念、法治思维和法治信仰的培育，通过多种形式和途径，弘扬社会主义法治精神，培育社会主义法治文化，使人民群众充分相信法律、自觉运用法律，形成遇事找法、解决问题靠法的行为习惯。

领导干部带头学法、模范守法，使之成为全民法治信仰的模范。要认真做好并不断深化领导干部的学法用法工作，完善国家工作人员的学法用法制度，努力使各级领导干部掌握履行职责所必需的法律知识，增强依法执政、依法行政意识，带头维护宪法和法律权威，自觉依法办事，提高运用法治思维和法治方式深化改革、推动发展、化解矛盾、维护稳定能力。把宪法和法律作为党委（党组）中心组学习内容，列为党校、行政学院、干部学院、社会主义学院必修课，推广领导干部任前法律知识考试制度和公务员法律知识考试等做法，增强领导干部和国家工作人员的法治观念和法律素质。

将法治教育纳入国民教育体系和精神文明创建内容，是全民树立社会主义法治信仰的重要途径。要坚持法治教育从青少年抓起，把法治教育纳入国民教育序列、列入中小学教学大纲，在中小学设立法治知识课程，保证在校学生都能得到基本法律知识教育。建立学校、家庭、社会一体化的青少年法治教育网络，充分利用第二课堂和社会实践，组织开展青少年喜闻乐见的法治教育活动，增强青少年法治教育的吸引力、感染力。把法治宣传教育纳入精神文明创建，把学法、尊法、守法、用法等情况作为精神文明创建的重要指标，纳入精神文明创建考核评价体系，推进法治宣传教育不断深入。

如何创新新形势下普法宣传的形式，事关法治理念入心、入脑化为行动。我们要认真贯彻落实习近平总书记“要创新宣传形式，注重宣传实效”的重要指示精神，努力推进普法教育工作创新。创新工作理念，进一步树立服务大局的理念，紧紧围绕党和国家工作大局来谋划和开展普法工作；进一步树立以人为本的理念，大力宣传与人民群众生产生活密切相关的法律法规；进一步树立普及法律知识与培育法治观念并重的理念，注重法治理念和法治精神的培育；进一步树立普法教育与法治实践相结合的理念，积极推进多层次、多领域依法治理和法治创建活动；进一步树立注重实效的理念，探索建立普法宣传教育效果评估标准体系和跟踪反馈机制。创新方式、方法，善于抓住重点、分类施教，针对不同对象，采取不同方法，提高法治宣传教育的针对性和实效性。广泛开展群众性法治文化活动，大力推进法治文化阵地建设，积极开展文化产品创造和推广，增强普法宣传教育的渗透力。建立健全媒体公益普法制度，推动普法宣传公益广告在公共场所、公共区域全覆盖。要加强新媒体、新技术在普法中的运用，为公众提供更多、更便捷的学法渠道，提高普法实效。

培育全民法治信仰，还要坚持依法治国和以德治国相结合，大力弘扬社会主义核心价值观，加强公民道德建设，全面提高公民道德素质，使法治成为人们的道德追求。习近平总书记多次强调，要坚持依法治国和以德治国相结合，把法治建设和道德建设紧密结合起来，把他律与自律紧密结合起来，做到法治与德治相辅相成、相互促进。我国古代的德治思想十分丰富，儒法并用、德主刑辅是我国历史上常用的治理方式。要弘扬中华优秀传统文化，深入挖掘和阐发中华优秀传统文化讲仁爱、重民本、守诚信、崇正义、尚和合、求大同的时代价值，增强法治的道德底蕴。通过教育引导、舆论宣传、文化熏陶、实践养成、制度保障等，把道德建设融入法治建设各环节，强化规则意识，倡导契约精神，弘扬公序良俗，用良好的道德风尚引领全体公民自觉守法，维护法律权威，全面提高公民道德素质。“国无德不兴，人无德不立”。一个国家的公民道德素质在一定程度上影响和制约着法治进程。要加强社会公德、职业道德、家庭美德、个人品德教育，深入实施公民道德建设工程，加强和改进思想政治工作，深化群众性精神文明创建活动，广泛开展志愿服务，引导人们自觉履行法定义务、社会责任、家庭责任。广大党员干部要模范践行社会主义核心价值观，树立良好的道德风尚，争做社会主义道德的示范者、诚信风尚的引领者、公平正义的维护者。

法治之于中国，不仅是一种制度变革，而且是一场文化观念的革命。法是崇高的，人们赋予法的期望也是非常迫切的。实现科学立法、严格执法、公正司法、全民守法的社会主义法治国家，毫无疑问，将极大地接近人们理想的社会。社会主义的法治，应该是良法善治，它必须被信仰，而信仰的力量是无穷的。只要全社会、全体公民都树立法治信仰，我们的法治国家必将展现出美好光明的前景。

（作者系中国法学会法制文学研究会驻会副秘书长）

社会主义法治文化建设的路径与措施

刘 斌

摘　要　在推进法治文化建设进程中，存在的问题主要有五个方面：第一，我们国家不具备法治文化的传统。第二，法律应有的权威和作用尚未形成。第三，法治观念淡薄，法治精神没有深入人心。第四，立法质量和效率有待提高，司法不公和公信力有待纠正与提高。第五，法治工作队伍素质参差不齐，法治宣传的力度和广度不够。加强法治文化建设，应当着重从以下九个方面着手：①提高公民的法治素质；②构建法治文化价值体系；③完善法治理论与法治体系；④理顺党与法治的关系、从严治党；⑤让政府守法；⑥搞好队伍建设；⑦强化宣传教育力度、营造法治文化氛围；⑧建设五个体系；⑨实施“六化”。

关键词　法治文化　路径　措施

党的十八届四中全会提出建设社会主义法治文化的重大课题，在笔者看来，法治是人类文明发展到一定阶段的产物，是人类社会一种治国理政模式；法治文化则是一个社会呈现出来的一种文化状态和精神风貌。具体而言，法治文化是指融注在人们心底和行为方式中的法治意识、法治观念、法治原则、法治精神及其价值追求，是一个国度的法律制度、法律组织、法律设施所具有的文化内涵，是人们在日常生活、工作中涉及法治的行为方式，是法律语言、法治文学艺术作品和法律文书中所反映和体现的法治内涵及其精神。

一、为什么要加强法治文化建设

众所周知，中国由于几千年封建专制及历史惯性，法治中国的建设是在一个缺乏法治文化传统的背景下进行的。我们在全面推进依法治国的进程中，社会上还存在着诸多与社会主义法治原则与法治精神不相和谐甚至相悖的深层次矛盾和问题，党内也存在不少不适应新形势新任务要求、不符合党的性质和宗旨的问题。这些矛盾和问题的深层次原因就在于还没有形成与现代法治要求相适应的法治文化。

法治文化是全面推进依法治国的精神内涵，是建设社会主义法治国家的文化基础，是科学立法、严格执法、公正司法的内在动力，也是全民守法的内在因素。法律的制定与实施受人们的心态、意识、观念、情感、行为趋向的影响，法治文化一旦形成，就会根植于人们的心中，自觉或不自觉地融入自己的工作、生活和行为处事之中，进而把法治观念、法治原则、法治精神、法治思维渗透到国家的政治、经济、文化和社会生活的各个方面。

法治文化还具有教化与调控的功能，具有软约束力，在精神与思想深处为人们的行为方式确定基调，它可以形成一种“场效应”，内化为人们的个体思想意识，从而约定着人们的行为方式。法治文化对于法治中国的建设具有推动力，因为人们的社会行为总是要接受文化的指令，法治文化可以使人们在更深层次上把握法律的要求，根据法治的精神推动立法、执法、司法和守法走向更高的层次；法治文化还具有判断力，当人们面对复杂多变的现实或出现立法空白和冲突时，就会借助于自己的法治文化理念作出是非或可否判断。法治文化建设关系到法治中国的建设，关系到国家的长治久安。因此，党的十八届四中全会提出的加强社会主义法治文化建设，是一个既具有时代性又具有深远历史意义的课题。

二、法治文化建设中存在的问题

我们在推进法治文化建设的进程中，还存在不少问题。概而言之，主要有以下五个方面：

第一，我们国家不具备法治文化的传统。中国古代社会家长制、君主制、宗法等级制、皇权至上、衙门作风等给我们留下了沉重的负担，至今人们脑中还存在着严重的官本位思想，以官本位为内核的文化源远流长，根深蒂固。我们现在的制度设计得很好，实际运作不理想；文字规定得很好，实际执行得较差；表象上接近现代化，思想意识更靠近传统，其主要原因就在于这种文化的制约。

第二，法律应有的权威和作用尚未形成。我国的司法部门权威和地位不够高，各方面干扰司法的行为比较多见，权大于法、以言代法、以权压法、徇私枉法的现象经常发生，文件比法律条文管用的现象比较常见，政府行为的随意性很大，重大决策缺乏应有的法律程序，权力未能在法治的轨道上运行。尤其是宪法的权威和地位尚未达到应有的位置，权力漠视权利，公民权利的实现依靠权力赐予的情形在各地不同程度地存在。

第三，法治观念淡薄，法治精神没有深入人心。现实生活中，许多人认为权比法大，即使维护自己的合法权益，也宁愿走信访渠道而不选择诉讼，认为领导或政府干预更直接有效。有些领导干部的法治观念更为淡薄，以权压法的情形时有发生，有法不依、执法不严、违法不究的现象也经常出现。法律尚未成为公民的真诚信仰，守法光荣、违法可耻的社会氛围尚未形成，全社会缺乏厉行法治的积极性和主动性。

第四，立法质量和效率有待提高，司法不公和公信力有待纠正与提高。我们在立法领域依然存在一些突出问题，立法质量与立法效率需要进一步提高，有的法律法规全面反映客观规律和人民意愿不够，解决实际问题有效性不足，针对性、可操作性不强；立法工作中部门化倾向、争权诿责的现象较为突出，有的立法实际上成为一种利益博弈，一些地区也利用地方法规实行地方保护主义。同时，在司法领域我们的司法体制不完善、司法职权配置和权力运行机制不科学、人权司法保障制度不健全，还有一些司法人员作风不正、办案不廉，办金钱案、关系案、人情案，因而严重影响了司法的公正和司法的公信力。

第五，法治工作队伍素质参差不齐，法治宣传的力度和广度不够。我们现有的法治工作队伍思想政治素质和业务工作能力参差不齐，基层法律组织的工作人员文化水平普遍不高，不少人缺乏对法律知识的系统学习，处理问题只凭经验和热情，不能从法治思维的角度去思考问题，不能用法治的方式去解决问题。法治工作队伍的职业道德水准有待进一步提高，正规化、专业化、职业化任重道远。此外，我们的法治宣传多是注重法律法规条文的宣传，缺乏系统性和完整性，形式单调，手段落后，并非人民大众喜闻乐见，我们的宣传力度不够，宣传广度也不够。

三、法治文化建设的路径与措施

加强法治文化建设，我认为应当着重从以下九个方面着手：

（一）提高公民的法治素质是法治文化建设的历史责任

法治素质是指一个公民应具备的法律知识、应持有的法律态度、应秉承的法治理念、应奉行的守法行为以及运用和维护法律的能力。应具备的法律知识是指至少要知晓与自己工作、学习、生产、生活相关的法律常识；应持有的法律态度是指要信仰法律、遵守法律、运用法律、维护法律；应秉承的法治理念是指要坚持公平正义、民主自由、依法办事、权利与义务相统一等理念；应奉行的守法行为是指要自觉遵守法律、履行义务；运用和维护法律的能力是指能够运用法律维护自己的权益，勇于同违法犯罪行为作斗争。法治文化建设就是要通过宣传法律知识、传递法治理念、弘扬法治精神，增强公民的法治意识、培育公民的法治信仰，达到提高公民法治素质的目的。

（二）构建法治文化价值体系是法治文化建设的基本任务

法治文化价值体系应当以民主、权利、公平正义、法律至上为基石。民主是指由人民当家做主，按照平等和少数服从多数、同时尊重少数人权利的原则来共同管理国家事务；权利是指公民在一个国家的权利体系或社会生活中应当享有的地位与权利；公平是指公民参与政治、经济、文化及其他社会活动的权利、机会、程序和结果公平，正义包括政治、社会、法律正义等，体现在司法领域主要是指程序公正、及时高效和依法公正审判；法律至上是指法律成为评判公民、法人和国家机关行为最基本的准则，其他任何规范都不能与法律相冲突，任何组织或者个人都不能有超越宪法和法律的特权。

（三）完善法治理论与法治体系是法治文化建设的基本内容

应当说，我国的法治理论建设尚处于初级阶段，表现为理论框架体系尚未建立、研究基本处于解读文件水准、有分量的理论著述较少、缺乏系统全面深入的探讨。我们应当开展多层次、多形式的社会主义法治理论研究，完善社会主义法治理论的丰富内涵，夯实法治文化建设坚实的理论基础。此外，我国虽然初步建成社会主义的法律体系，但法律体系只是法治体系的一个方面，党的十八届四中全会把建设中国特色社会主义法治体系作为总目标，并把它作为总揽全局、牵引各方的总抓手，这对于法治文化的建设具有重大意义。

（四）理顺党与法治的关系、从严治党是法治文化建设的关键

党和法治的关系既是法治建设的核心问题，也是法治文化建设的关键问题。新形势下，党要想履行好执政兴国的重大职责，就必须完善党内法规制定的体制和机制，形成配套完备的党内法规制度体系，党应当依据党章从严治党，运用党内法规把党要管党、从严治党落到实处，提高党员干部法治思维和依法办事能力。中国共产党作为执政党，必须依据宪法治国理政，必须在宪法和法律范围内活动，真正做到党领导立法、保证执法、带头守法。

（五）让政府守法是法治文化建设的重中之重

法治的重心在于依法治官，规范权力，制约权力，用法律把政府的权力关在笼子里。政府是执法主体，必须做依法行政的楷模，对执法领域存在的有法不依、执法不严、违法不究甚至以权压法、权钱交易、徇私枉法等突出问题，老百姓深恶痛绝，需要花大气力解决。政府守法是法治文化建设的关键，法治文化建设的重心就在于将各级政府的工作纳入法治的轨道，建设一个职能科学、权责法定、执法严明、公开公正、廉洁高效、守法诚信的法治政府。

（六）搞好队伍建设是法治文化建设的基本保证

法治文化建设需要建设一支思想政治素质好、业务工作能力强、职业道德水准高、忠实于法律的法治工作队伍。我们需要着力推进立法、司法、行政执法专门队伍的正规化、专业化、职业化建设，构建社会律师、公职律师、公司律师等优势互补、结构合理的律师队伍，发展公证员、基层法律服务工作者、人民调解员队伍。同时要创新法治人才培养机制，重点打造一支高水平的法学家和专家团队，建设高素质的法学专、兼职教师队伍，培养造就熟悉和坚持社会主义法治体系的法治人才及后备力量。

（七）强化宣传教育力度、营造法治文化氛围是法治文化建设的基本手段

强化法治文化宣传和教育的目的在于使全体公民掌握法律知识、培育法律信仰、增强法治意识、坚持法治原则、弘扬法治精神、提高法治素质，营造浓厚的法治文化氛围，增强全社会厉行法治的积极性和主动性。我们需要加大普法宣传的力度，改进现行的普法方式，加强法治文化的阵地建设，使全体公民循着学习法律—知晓法律—信仰法律—遵守法律—维护法律的路线前行，成为社会主义法治的忠实崇尚者、自觉遵守者、坚定捍卫者。

（八）建设五个体系是法治文化建设的主要抓手

法治文化建设是一项系统工程，建设什么？怎样建设？主攻目标在哪里？主要抓手是什么？这些问题必须弄清楚。十八届四中全会《决定》中提出要形成完备的法律规范体系、高效的法治实施体

系、严密的法治监督体系、有力的法治保障体系、完善的党内法规体系，明确了法治文化建设的主攻目标，这五个体系的建设就是法治文化建设的主要抓手。

（九）实施“六化”是法治文化建设的基本途径

“六化”：一是政治的民主化，民主政治是依法治国的精髓，是建设法治中国的前提，没有真正的民主政治就不会有真正意义上的法治；二是立法的人本化，立法应当以人为本，顺应人性的正当需求，讲究科学和民主，以保障公民的自然权利和社会权利为基本价值取向；三是司法的人性化，是指司法机关在办理案件和诉讼活动中要体现出一种人文情怀；四是执法的文明化，政府部门不得法外设定权力，要消除权力设租与寻租空间，在有法可依的基础上，在不损害法律权威与尊严的前提下，讲究执法态度和执法方式，尊重执法对象的人格和名誉；五是守法的常态化，是指全体公民要在行为处事中信奉法律、遵守法律，形成守法光荣、违法可耻的社会氛围；六是监督的高效化，在建立健全权力制约机制的同时，使法律、纪检监察、审计、新闻舆论、民主党派等监督真正发挥作用，而且高效率地发挥作用。

（作者系中国政法大学光明新闻传播学院常务副院长、教授）

后 记

2014 年 12 月 30 日，以“法治文化与法治中国”为主题的中国法学会法制文学研究会 2014 年学术年会在北京召开。中国法学会党组书记、常务副会长陈冀平出席会议并作重要讲话。司法部原部长邹瑜，民盟中央副主席、中国作协副主席、著名作家张平等领导特致电祝贺。来自全国各地的法治文化研究者和法律实务部门代表 100 余名参加了会议。

这次年会是中国法学会法制文学研究会深入贯彻落实党的十八届四中全会精神和习近平总书记在文艺座谈会上的讲话精神的一次重要会议，同时也是中国法学会法制文学研究会一年一度定期面对面进行学术交流的重要平台。

陈冀平书记在题为《用法治文化夯实法治中国建设根基》的讲话中，充分肯定了中国法学会法制文学研究会一年来的工作。他强调，党的十八届四中全会通过的《决定》中明确要求，“必须弘扬社会主义法治精神，建设社会主义法治文化”，中国法学会党组批复同意以中国法学会法制文学研究会为基础，组建中国法治文化研究会，就是落实四中全会的一个重要举措，目的就是要把研究会建设成为以法治文化服务法治中国建设的智囊团和思想库。他特别指出，法治文化的研究，既有很强的理论性，又有很强的实践性，它涉及调动一切文化形态，诸如法治文学、法治影视、法治书画、法治书刊网站传播等为法治中国建设服务。中国特色社会主义法治文化研究，就是要旗帜鲜明地巩固马克思主义在法治意识形态领域的指导地位，旗帜鲜明地坚持四中全会决议所提出的五项原则，旗帜鲜明地反对一切与四中全会决议精神不相符的错误观点；要以问题为导向，研究问题，找到解决问题的办法；要有超前性、导向性和引领作用。他指出，要增强全体人民的法治信仰，做好宣传教育非常重要，法治文化工作者在这方面大有可为、大有作为。

中国法学会法制文学研究会会长岳宣义作了题为《肩负起建设中国法治文化的崇高使命》的主旨报告。报告对中国特色社会主义法治文化作了系统的阐述，对法治文化工作者在建设社会主义法治国家中如何肩负起中国法治文化的光荣使命提出了明确要求。岳宣义会长指出，法治文化要为法治中国建设做好服务，关键在于：一要汲取古今中外法治文化营养，丰润社会主义法治文化沃土；二要弘扬社会主义法治精神，建设社会主义法治文化；三要培育全民法治信仰，汇聚建设法治中国的力量。针对 2015 年研究会的工作重点，岳宣义会长作了明确部署，一是充分发挥拟组建的中国法治文化研究会在法治中国建设中的积极作用，二是加强社会主义法治文化学科体系建设，三是大力推动社会主义法治文艺大发展、大繁荣，四是积极投身法治宣传教育，五是大力建设高素质法治文化队伍。

这次年会共安排了 12 位论文作者进行演讲。年会演讲密切关注我国法治文化研究的发展趋势，积极开拓新的法治文化研究领域，创新法治文化研究方法，分析回答现实生活和法治实践中迫切需要解决的重大法治文化理论问题，努力打造符合我国实际的法治文化话语体系。围绕本届学术年会主题，专家学者们提交的学术论文，涉及立法、执法、司法、守法各个方面，是法治文化界对法治中国建设中的文化问题进行研究的最新成果。我们现将这些研究成果结集成《法治文化与法治中国》，列入“中国法治文化读本系列”丛书出版，以期促使这些研究成果转化成推动法治中国建设的重要力量。

编者

2015 年 1 月